旅客機・空港の謎と不思議

Tanigawa Hitomi

谷川一巳［著］

東京堂出版

はじめに

日系航空会社の大量発注によってボーイングの新型旅客機開発が始まりましたが、エアバスはまもなく超大型旅客機を完成させます。今後ますますアメリカとヨーロッパの航空機開発競争は激しさを増していきそうです。ところで航空業界ではボーイングVSエアバスの競争に話題が集中していますが、利用者としては乗り心地にどんな差があるのでしょうか？　気になるところです。また新しい機体と古い機体、どこがどう違っているのでしょうか？　旅客機の素朴な疑問も考えてみました。

旅客機と切っても切れない関係なのが空港です。成田空港が民営化され、中部空港が完成、神戸空港も建設中ですが、利用者にとって便利な空港とはどんな空港なのでしょうか？

新規参入航空会社などの登場で空の旅は年々身近なものになりましたが、一方で分かりにくくなったのが運賃です。国内線でも分かりにくいのですから、国際線の運賃ともなればなお複雑です。さらに最近はマイレージ・プログラムが流行っていますが、こちらも上手に利用しないとマイルは貯まりません。

本書では旅客機のハード、ソフト、素朴な疑問、空港に対する疑問、運賃やマイレージ・プログラムのからくりを考えてみたいと思います。本書を読んでもらうことで、空の旅がより楽しく、そして賢く利用できるようになれば幸いです。

本書執筆にあたっては、編集をしていただいた㈱東京堂出版の太田基樹氏に多大なご協力をいただきました。改めて感謝します。

２００５年2月

谷川　一巳

旅客機・空港の謎と不思議●目次

本文イラスト＝瀬々倉匠美子

1章 旅客機の不思議

日本で最もなじみのある海外の航空会社といえば、ノースウエスト航空だが、路線の約半分はエアバスが飛んでいる。手前がエアバス機（A330）。奥はボーイング747ジャンボ機。（成田空港）

謎001 日本の旅客機の特殊な事情

～鉄道、バス、船は国産なのに、旅客機だけは国産ではない。

日本には国産旅客機がYS－11しかない。ジェット旅客機に至っては皆無である。日本の交通機関の特色は、諸外国に比べてほとんどの乗物が国産で賄われているというところにある。

鉄道、バス、船の場合、日本で使われているのは、ほぼすべてが日本製だ。現在使われている車両、船舶で、海外から新品を輸入した例は、ごく一部の路面電車、2階建てバス、電気バス、ジェットフォイルなどわずかしか見いだせない。これは世界的には特異な国である。韓国に開業した新幹線は韓国生産ながらフランス技術、アジア諸国を走るバスはヨーロッパ製や韓国製が多い。香港を走る2階建てバスもイギリス技術によるものだ。

日本のように1カ国で完結している例は少ない。それだけ日本は内需維持、工業技術発展に邁進してきたといえるが、航空機だけは例外だ。航空機開発には莫大な開発費が必要なことから、日本としても旅客機は海外の旅客機メーカーから輸入した方が得策と考えたのであろうか。

しかし、以前の日本には、優秀な航空機製造技術があった。第二次世界大戦中、日本軍で活躍した零戦に代表されるように、日本の戦闘機技術水準は高かったのである。ところが、敗戦の代償として、日本はアメリカによって航空機開発を戦後10年近くにわたって禁止される。軍事技術に転用されるような技術開発を封印されたのだ。

その後1952年に航空機開発禁止が解かれ、日本は「日本航空機製造」という会社を立ち上げ、戦後初の国産機YS－11を開発する。YS－11は1965年以来、日本のローカル国内線で活躍、座席数60～65席という手頃さから海外にも輸出される。その後1969年には、YS－33という、100～150席程の旅客機開発構想も持ち上がるが、需要が見込めず構想だけに終わった。

「日本航空機製造」は政府出資の特殊な会社だったこともあり、YS－11の1機種のみを開発しただけで、当時の通商産業省はYS－11のプログラム終了を決定し、「日本航空機製造」は解体された（1971年）。

結局YS－11は182機が生産された。日本の航空機技術の発展、産業界の育成という面では大きな功績があったが、182機の生産では、利益追求の航空機メーカーとしては成功とはいえないだろう。これ以降、国産旅客機は現れていない。

日本には三菱重工、富士重工、川崎重工業などの航空機メーカーがあるが、いずれも自衛隊機やヘリコプターを製造しているだけで、より安全性や快適性が問われる旅客機の製造はYS－11以降は行われていない。

しかしながら日本の工業技術界が旅客機製造に関与していないというわけではない。実は大いに関与しているのだ。アメリカではボーイング製航空機の部品に占める日本製の割合は大きい。中型ワイドボディ双発機B767では機体価格の約15パーセント、さらに現在ボーイング社にとって最新機材の大型ワイドボディ双発機B777では機体価格の約20パーセントが日本製部品で占められている。20パーセントといえば5分の1だから、かなりの割合を占めている。では、いったい何を造っているのだろうか？

具体的には、胴体パネル、胴体と主翼接合部のフェアリング、主翼、主翼インスパーリブ、ギアボックスの蓋（車輪が収納される部分の蓋）など、航空機の骨格に重要なものが日本で造られている。「日本製部品」と記したが、すでに部品の域ではなく、骨格は日本製といってもいいだろう。さらに細かな部品としては、ギアボックス、前縁フラップ、油圧機器、高度計、化粧室、ビデオ・エンタテイメント・システムに、日本製部品が多く使われている。このように、アメリカ製航空機といっても、アメリカ以外で造られている部分は多い。B767では、イタリアも多くの部品を提供している。

旅客機業界を世界的視野で眺めてみると、アメリカのボーイング対ヨーロッパのエアバスという構図があり、現在は、エアバスに勢いがある。それまではボーイングなどアメリカ製旅客機が世界の中で大きなシェアを維持してきたが、年々エアバスがシェアを伸ばし、現在ではエアバスの方が多くの受注を得ている。

図１　日本でも多く使われているボーイング社のB777。すでに、機体の部品の20パーセントは日本製である。（長崎空港）

日本にいると、日本の航空会社で使われている機材の多くがボーイングなので「まだまだ航空機はアメリカ製が世界の主流」と思われがちであるが、世界的に考えると、日本は極めてアメリカ製機材が多い国といえるのだ。その理由は、日本がB767やB777の開発にも大きくかかわっていることにある。つまりこれらは準国産旅客機といえないこともない。

さらにボーイングでは次期中型ワイドボディ双発機として、B767の後継機にあたる7E7を開発中だ。2004年、ANAが大量発注を決めたことにもよるのだが、日本の三菱重工、富士重工、川崎重工業の3社は開発の35パーセントにかかわる。B777の20パーセントから一挙に2倍近くかかわることになるのである。B767、B777のときは、あくまでもボーイング社の下請けで部品を提供する程度であり、ボーイング社が日本のメーカーに部品を発注するスタイルだった。しかし、7E7では国境を越えての共同開発になる。つまり、日本側もリスクをともなうのである。ちなみにアメリカ側の開発も日本と同じ35パーセント程度に抑える見込みで、残りの30パーセントがイタリアなどが参加しての共同開発になる。

では、なぜアメリカは今まで通りの航空機開発を行わず、日本を航空機開発のパートナーに選んだのだろうか。日本の大手2航空会社がボーイング製ワイドボディ機材における世界最大のカスタマーであることがその理由だろうが、ボーイングにしてみれば、ここのところ受注が減少しており、開発段階から日本をパートナーにすることによって、日系航空会社などからの受注をもくろんだように思える。そのもくろみ通り、ANAが50機という大量発注をしたことによって、7E7は開発が決まった。また日本側からすれば、世界的には遅れている日本の航空機産業を世界にアピールするよい機会ととらえたのかもしれない。

そして7E7は、これまでのボーイング製機材とは少し素性の異なる旅客機になる可能性があるのだ。そのことについては、1章003で後述する。

謎002 日本唯一の国産機YS-11誕生の謎

～旅客機として日本の空を飛ぶのは、あとわずか。

アメリカによる航空機開発禁止が解かれたのは、1952年。当時の運輸省に国産旅客機生産の計画が持ち上がり、1957年には「財団法人輸送機設計協会」が設立された。YS-11の「YS」は、輸送機設計協会の「輸送機」の〝Y〟、「設計」の〝S〟が由来だ。しかし当時の日本は、1964年に開業する東海道新幹線が国家的なプロジェクトで、多くの予算が新幹線につぎ込まれ、航空機の開発は予算の少ない中でスタートした。

1959年、三菱重工などの技術者がこのプロジェクトに参加し政府が支援する形で、「日本航空機製造」というYS-11を開発・製造するための特殊法人が立ち上がる。実際の生産は国内の6社が参加した。三菱重工が胴体、川崎重工業が主翼、富士重工が尾翼を担当、このほか新明和工業、日本飛行機、昭和飛行機というメーカーも部品を製造し、総組み立ては三菱重工で行われた。また、純国産旅客機とはいわれるが、エンジンはロールスロイス製のものが使われた。しかし航空機の世界では、機体メーカーとエンジンメーカーが異なるのは当たり前で、現在でもエンジンはエンジン専門のメーカーで製造されている。ボーイングやエアバスといえどもエンジンは製造していない。

こうして誕生したYS-11は、1962年に初飛行したものの、定期便に就航するのは1965年まで待たねばならなかった。1963年にアメリカ連邦航空局の審査を受けるが、横方向の安定性と方向舵ペダルの不備を指摘され、それらの改良に1年を要したため、審査にパスしたのは1964年のことだった。YS－11は輸出も考えられていたので、アメリカ連邦航空局の承認は必須条件だったのである。

1965年、YS－11は当時の日本国内航空（現在は日本航空と統合した日本エアシステムの前身の1社）の東京～徳島～高知便に飛び始めた。東京から高知への便が徳島経由というルートに時代を感じてしまう。また、東亜航空（日本エアシステムの前身のもう1社）、全日空にも納入され、それまでこれら航空会社の主力機材だったコンベア240、ビッカースバイカウント、フォッカー27フレンドシップなどを置き換えていった。当時、まだアメリカから返還されていなかった沖縄を運航していた南西航空（現在の日本トランスオーシャン航空）にも導入された。

また路線就航前、1964年の東京オリンピックでは聖火を運ぶ栄誉に恵まれたことから、全日空に導入されたYS－11には「オリンピア」という愛称もついた。現在のように地方空港がジェット化されていなかったので、日本中の空で活躍し、「国内線といえばYS－11」という時代になった。その頃にしてみれば「行く末は、鉄道や自動車同様に、旅客機も将来はほとんどが日本製になる」と思われていたのではないだろうか。

ジェット機の巡航速度が時速900キロ程だったのに対し、ターボプロップ機YS－11はジェット機の半分強の時速469キロだった。しかしこのゆっくりしたスピードゆえに、現代にはないユニークな便もあった。それが国内線を飛んでいた深夜便だ。

東京～大阪・福岡・札幌へは、今ならジェット機で1、2時間の距離だが、YS－11深夜便はその約2倍の時間をかけて飛び、札幌行きには

「オーロラ」「ムーンライト」「ポールスター」という愛称がついていた。

深夜便は急な出張客や、当時東京と大阪を忙しく飛び回っていた芸能人などがよく利用していたという。現在なら騒音問題でとても運航できないところだが、当時はプロペラ便ということで特別に許可されていて、最盛期には一日5往復の深夜便が飛んでいた。ある意味では、便利な世の中であったようにも思える。

しかし徐々に騒音が問題視されるようになり、1974年には深夜便は廃止された。

また、YS－11は、驚くことに国際線にも飛んでいた。大阪〜釜山間に日本航空便として飛んでいたのである。機体は日本国内航空からのリース、大阪〜福岡間は国内線扱いで飛んだ。現在の日本では、国内線がそのまま国際線になるという便はなく、当時は、機材運用が柔軟だったともいえる。この頃がYS－11にとっての黄金時代だった。

その後は、地方空港の滑走路がジェット機対応の長さに整備され、国内線のジェット化が進んでいくにつれ、YS－11はローカル線、離島路線へと活躍の場を追われるようになる。YS－11を運航していた全日空は、プロペラ便の運航をグループ会社のエアーニッポンに移管、日本エアシステムも日本エアコミューターに移管、主要路線のほとんどがジェット化された。1971年にYS－11のプログラムは終了し、後継機はないままに「日本航空機製造」も解体されてしまう。最後のYS－11が生産されたのが1973年だ。

しかし、この国産第一号旅客機はその後も元気に飛び続けた。ボーイングの航空機は通常、経済寿命を20〜25年程度に設計していたが、YS－11はボーイングの約3倍の頑丈さで設計された。当時の双発ターボプロップ機としてはサイズが大きく、短い滑走路での離発着ができるなど、世界的にも優れた性能の機体なのであった。

それゆえ、ＹＳ－11の生産終了後も日系各航空会社では後継機がなかなか決まらなかった。オランダのフォッカー、スウェーデンのサーブ、カナダのボンバルディアなどの機体が候補に挙がったものの、ＹＳ－11よりサイズが小さいため、「これで決まり」という機体ではなかった。最終的にはボンバルディアの機体にサイズの大きい新機種が現れ、同社のＤＨＣ－８が後継機に選ばれた。結果的にはフォッカーとサーブは、アメリカ同時多発テロなどの影響を受けて航空機生産から撤退するので、ボンバルディアしか選択の余地はなくなってしまうのだが。

そしてＹＳ－11は、いよいよ終焉を迎える。機体は頑丈にできていて、まだまだ飛べるのだが、引退しなければならない理由ができたのだ。

２００１年から日本国内を飛ぶ定員30人以上の旅客機にはニアミスなどを事前に防ぐＴＣＡＳ（衝突防止警報装置）の搭載が義務づけられることになった。すでにその時点で飛んでいる航空機に対しては２００６年までという猶予が与えられたが、ＹＳ－11にこれからこの装置を搭載するのはあまりに不経済ということになり、２００６年までに日本の民間航空からは引退することになる。

現在、日本エアコミューターに残る機体が、西日本のローカル線と鹿児島をベースにした鹿児島県の離島路線に飛んでいるが、いよいよお別れである。残る日本のＹＳ－11は、海上保安庁や航空局などの機体だけになる。

だが、ＹＳ－11に乗るチャンスがまったくなくなるわけではない。海外に渡ったＹＳ－11があり、フィリピンのアジアン・スピリット、タイのプーケットエアーなどの国内線で運航されており、プーケットエアーではチェンマイ～チェンライ間といった、日本人観光客の利用する区間でも使われている。海外でならまだ会えるチャンスがある。

謎003 ボーイング7E7はどんな機体なの？

～機体の性能とコストはどう変わるのか。

2004年4月、アメリカの航空機産業界にとって、久びさに明るいニュースが飛び込んできた。ANAがボーイングの次期開発候補機だった7E7を50機という大量の数で発注したのだ。

これによって、それまで開発計画でしかなかった7E7の開発が正式に決まった。引き渡しは2008年からになる。ローンチ・カスタマーで50機の大量発注というのは今までに例がない。

ローンチ・カスタマーとは、最初の発注をした航空会社ということである。7E7でいえば、ANAが購入を決めたことで開発が決まるのだが、7E7は計画段階だから、まだ実機はない。ANAは、まだ実際の商品を手にとって見ることができないものを、50機も購入することを決めたことになる。

しかし、大量発注することで、性能や仕様に関して、ANAの意向が機体に反映されることになる。また、先行発注することで割引もあるはずなので、そのメリットをとったともいえる。

その後、ニュージーランド航空もこの7E7を発注したが、その数はわずか2機。ANAの50機発注というのがいかに多い数かが分かるだろう。

では、日本もアメリカと同じ35パーセントという大きな比率でかかわることになるボーイング7E7とは、どんな機体なのだろうか？　そして、なぜボーイング社はこの機体を開発しようとしているのだろうか？

７Ｅ７の性能を見てみよう。ボーイングでは、ワイドボディ双発機で中型機サイズになる。３種類のバリエーションがあり、基本型は３クラス２００席で航続距離９７８２マイル、短距離型は２クラス３００席で航続距離４０２８マイル、機体を延長したストレッチ型は３クラス２５０席で航続距離９５５１マイルだ。座席配置は、エコノミークラスで８席（横２－４－２席）になるので、エアバスのワイドボディ機と同じ、ボーイングでは初めての座席配置となる。ボーイングでは７Ｅ７を「ドリームライナー」と名づけ、２００４年末にも開発に着手、２００７年には初飛行、２００８年の就航を目指している。

これをボーイング７６７と比べてみよう（客席数はすべて３クラスの標準として）。Ｂ７６７－２００ＥＲが１８１席で航続距離７６７７マイル、Ｂ７６７－３００ＥＲが２１８席で航続距離７７０７マイル、Ｂ７６７－４００ＥＲが２４５席で航続距離６４９５マイルだ。実際の運用を例にすると、ＡＮＡでは国内線用のＢ７６７－３００は２８８席、国際線用のＢ７６７－３００ＥＲは２クラスで２１６席、国際線ではアジアほか、ホノルルまで飛んでいる。

７Ｅ７とＢ７６７を性能的に比べてみると、確かに座席定員ではＢ７６７に似たサイズになるが、航続距離では７Ｅ７はＢ７６７の性能を大幅に上回り、現在最も長い航続距離を誇るエアバスＡ３４０－５００型にも匹敵する航続性能になる。７Ｅ７は、２００人程度の定員ではあるが、成田～ニューヨーク間などを軽々と直行する性能を持つことになる。そして見逃せないのはその経済性で、Ｂ７６７に比べて約20パーセント低燃費になる。運航コストが20パーセント安いというのは航空会社にとって大きな魅力だ。

現在でもB767は製造されている。では、なぜ後継機が必要なのか。7E7の特徴は、長い航続距離と低燃費にある。言い換えれば、機体のサイズからB767の後継機になっているが、性能的にはB767を大きく上回っている。

7E7開発には、ボーイングの航空機需要予測も関係している。ボーイングでは、今後、世界の空港が整備され、中型長距離機材需要が高まるとしている。B747、B777といった大型機は、一度に350人以上の旅客を運べるが、一方、設備などが貧弱な空港では、離発着回数を増やせないので、少ない便数で多くの乗客を運ばざるをえないから、結果として大きな機材を使っている。長らく滑走路1本だった成田空港がこれにあたる。

しかし空港施設さえ整備され、離発着回数が増やせるのであれば、1000人の需要がある路線なら、500人乗り機材が2便飛ぶより350人乗りの便が3便、あるいは200人乗りが5便飛んだ方が便利である。ボーイングでは将来、このような理由により、現在より中型機材の需要が増すと予想している。実際、空港が貧弱といわれる日本でも、成田空港に2本目の滑走路が暫定的ながら完成した。アジア諸国でも新空港が続々と完成しており、空港の発着容量は確実に増えている。2009年には羽田空港の拡張も完成予定だ。

こういった需要予測を基にすると、200人乗り程度の中型機サイズで、9000マイルを超える長距離性能を持つ双発機は現在ない。もしこういった需要を現在の機材で代用するとすれば、ボーイングでは大型のB777にするか、エアバスでは4発エンジンのA340になってしまう。機体サイズに合わせるとエアバスA330－200型ということになるが、その航続距離は7400マイル程で、たとえば成田～ニューヨーク間などの長距離は飛ぶことができない。

7E7は将来、有望ということなのだ。

謎004 崖っぷちのボーイング

～エアバス相手に苦戦の連続。

前項で述べた７Ｅ７という新機材の開発は、順風満帆とも思えるが、ボーイングの需要予測は、やや７Ｅ７の開発に都合よくできている気もする。というのもここのところボーイングの航空機は売れ行きがよくない。世界の旅客機は長らくアメリカが圧倒的なシェアを維持していたが、現在はエアバスに追い抜かれてしまった。

ボーイングでは、マクドネル・ダグラスから開発を受け継いだ機材を除くと、Ｂ７３７、７４７、７５７、７６７、７７７の5機種をつい最近まで製造していた。Ｂ７３７はナローボディ双発小型機、Ｂ７４７はワイドボディ4発大型機、Ｂ７５７はナローボディ双発中型機、Ｂ７６７はワイドボディ双発中型機、Ｂ７７７はワイドボディ双発大型機というラインナップだ。多くを製造しているようだが1機種として同じカテゴリーのものはなく、それぞれに異なる用途を持っている。

航空機は開発費が莫大に必要なことから、1機種を開発すると派生系が生まれる。たとえばＢ７３７には、－１００型から－９００型まであり、最も機体の短いバージョンと長いバージョンを比べると10メートル以上の差を生じ、標準定員も１０８席から１７７席までと幅がある。つまり、ある形式の機体をストレッチした結果、それより１ランク大きな機材と同じ程度の定員になり、結果的に、ボーイングの中だけでもお互いに需要を潰しあうということがあった。

そしてアメリカ同時多発テロが大きく影響して、B737とB767の狭間でサイズも中途半端だったB757は生産中止になった。決してB757の性能が劣っていたのではなく、少なくなった需要に対し、全機種をそろえておけなくなったのだ。現在、ボーイングの機材で売れているのは、B737とB777だけ、さらにいえばよく売れているのは価格の安い小型のB737だけである。

B747はジャンボ機として世界の空を飛んだが、今となっては、双発大型機の経済性にはかなわない。現在、B747で売れているのは貨物機バージョンが中心で、旅客機バージョンの新規発注はほとんどない。

また、B757に続いて同時期に開発されたB767も、B737とB777の狭間といえなくもない。さらに、初飛行からすでに20年以上が経過しており、B767サイズの需要の多くは、後発のエアバスA330に奪われてしまった。

世界の旅客機は長らくアメリカ製が支配していたが、1998年からエアバスの受注が上回るようになった。2003年におけるボーイングとエアバスの受注数は、ボーイングが250機に対して、エアバスは284機も受注を受けている。250対284なら数字だけで見ると、ボーイングもまだまだがんばっているとも思える。しかし受注額ではボーイングの状況はかなり深刻である。

ボーイングが受注した250機のうち、ワイドボディ機は、B747が4機、B767が11機、B777が13機の合計28機しかない。受注のほとんどは価格の安いB737で、200機以上を占めている。対するエアバスは、受注した284機のうち、ワイドボディ機は、A300が6機、A330が54機、A340が35機、A380が34機で、価格の高い機材が129機も売れている。エアバスは受注数の約半分がワイドボディ機で、各機種がまんべんなく売れているのだ。

好調なエアバスは、現在総2階建ての大型機A380の開発を進めており、2006年には就航予定である。エアバスがこの機材の開発を決めてから、ライバルのボーイングもただ手をこまねいていたわけではない。エアバスに対抗して、ボーイングで最も大型機になるB747－400型に改良を加えて、機体を延長したB747Xを、さらには現在の旅客機より若干巡航速度の高い中型亜音速機「ソニッククルーザー」の開発を発表するが、ともに世界の航空会社はあまり関心を示さず、構想だけに終わってしまった。

B747Xは大型機なので、A380と真っ向からの勝負を目指した。「ソニッククルーザー」ではA380のような大量輸送ではなく、中量ながら高速輸送を目指したもので、当初はA380と勝負をするつもりだったものが、同じ領域での競合を避けた選択を行った。だが、ともに実現は無期延期になってしまった。

7E7はボーイングにとってはまさに「三度目の正直」、言い換えれば後がないともいえる。現在ボーイングは世界の主要航空会社50社程から7E7に対する意見を聞いているという。

7E7はボーイング製とはいうものの、アメリカは日本と同じ35パーセントしか開発にかかわらない。ボーイングにとっては社運をかけての新機種だが、売れなかった場合のリスクを日本などに求めてきたともいえる。さらにいえば、共同開発のパートナーにしておけば、少なくとも日本では売れると見ているのだろう。そのもくろみ通り、ANAの発注が7E7の開発を決めたといっていい。ボーイングにとって日本市場は、航空機市場における最後の砦である。7E7開発への日本の参加は、うまくいけば日本の航空機技術の発展に大きく貢献するが、失敗するとかなりのリスクを背負い込む可能性もある。

謎005 初代ジェット旅客機はヨーロッパの完敗だった

～ジェット旅客機はいつから飛びはじめたのか。

ジェット旅客機の歴史は浅く、100年に遠く及ばない。歴史を振り返ると、アメリカ勢とヨーロッパ勢が刺激しあって築いてきたことがわかる。

ジェット旅客機の第1号が初飛行したのは1949年、定期旅客便就航は1952年だ。イギリスのデハビランド社のコメットが就航した時で、ブリティッシュ・エアウェイズの前身の1社BOACによって運航された。路線はロンドン～ヨハネスブルク便、航続距離は最大でも約3200マイル（約5000キロ）だったので何カ所も経由を繰り返して運航した。今からたった50年前の出来事だ。それまで日本からは、アメリカへもヨーロッパへもプロペラ機で何十時間もかけていた。

コメットはBOACによって1953年にはロンドン～東京便にも就航する。旅客定員80人程と小型サイズながら4発エンジンで、現在のように主翼にぶら下げるのではなくプロペラ機のエンジンのように主翼を貫通するスタイルで取りつけられていた。現在よりスマートなスタイルともいえる。

ところがこのコメット、就航1年後の1953年から1954年にかけて立て続けに謎の墜落事故を起こす。1回目はインドのカルカッタ（現・コルカタ）で墜落、これがジェット旅客機初の事故であった。続けてローマで2回も墜落する。すべてBOAC機だった。コメットは短期間に3回も事故を起こし、さすがに運航中止になる。墜落した残骸を回収して徹底的な原因究明が行われたが、どれもが墜落というより空中分解だった。

それまでの航空機といえばプロペラ機だったが、ジェット機はエンジンのパワーがあるため、より空気抵抗の少ない高空を飛ぶ。高空は気圧が低いため機体はさらに与圧されるが、離陸・着陸を繰り返すと何度も機体は与圧されたり減圧されたりすることになる。このことで、機体には予想以上の負担がかかっていたようで、金属疲労によって機体がバラバラになってしまったことが判明した。人類にとってジェット旅客機というものが初めてだったので、当時の技術では金属にかかる負担を正確に計算することができなかったのだ。

すぐに設計変更されたが、コメットは評判も失墜し、初のジェット旅客機コメットは100機程の生産で、短命に終わってしまう。日本の航空会社で運航されることもなかった。

一方、アメリカ製のジェット旅客機第1号はボーイングが1954年に初飛行させたB707だ。ボーイングはそれまでに第二次世界大戦中、東京を空襲したB29などの爆撃機でジェット機を数多く開発しており、いわば軍用機で培われた技術を民間機に活かすという形でB707は誕生した。定期便初就航は、B707を最初に発注した民間航空会社パンナムによる1958年のニューヨーク～ロンドン便である。

ちなみにB707は民間、軍用双方で使える航空機として開発されており、民間機として就航する以前に、軍用機としてすでにデビューしていた。その後、ボーイングは民間機開発に力を入れるが、当時のボーイングはどちらかというと軍用機メーカーで、B707開発にあたっても、民間・軍用どちらにでも使えるようにし、もし売れなかった場合のリスクを軽減していた。

しかしB707は失敗したコメットでの教訓を踏まえて開発されたのと、コメットを発注していたものの、生産中止になってしまい、ジェット旅客機導入ができないでいた航空会社からの発注が集まった。またコメットと同じ4発機ながら、定員は150席程に倍増、航続距離も太平洋を越えられるまでになった。B707は最終的には800機以上が製造され、B707の軍用機バージョンも800機以上生産された。ただしB707は、日本の航空会社には導入されていない。

アメリカでは、ボーイングとはその後ライバルになるダグラスもB707とほぼ同じサイズ、性能になるDC-8を1958年に初飛行させる。このB707とDC-8を世界の主要航空会社が導入したことによって、世界の国際線はジェット機が当たり前の時代を迎える。

1960年には日本航空にもDC-8が就航、東京~サンフランシスコ便に投入された。日本航空がB707ではなく、DC-8を導入したのは、第二次世界大戦中、ボーイングの爆撃機B29が日本を爆撃、ボーイングのイメージがよくなかったということも理由のひとつとされている。

B707とDC-8はライバル機といわれ、パンナム、アメリカン航空、エールフランス、ルフトハンザドイツ航空などはB707派、ユナイテッド航空、デルタ航空、スイスエアー、スカンジナビア航空などはDC-8派だった。最終的にDC-8も500機以上が製造されている。

このジェット旅客機創世記には、ほかにもさまざまな旅客機が誕生していた。アメリカではコンベアがCV880を開発、1959年に初飛行する。アメリカではすでにB707とDC-8が市場において認められていたため、後発のコンベアは特徴を出すためにB707やDC-8よりも速い巡航速度を達成したが、そのために機体は細くなり、B707やDC-8が横3-3席の6列配置なのに対しCV880は横2-3席の5列となってしまい100人程の定員しかなかった。

1960年にデルタ航空に就航、この機体は日本航空のアジア内国際線にも導入されるが、世界に普及することはなかった。定員を多くするために、機体を長くしたCV990も1960年に初飛行、1962年にアメリカン航空に就航するが、CV880、CV990あわせて100機たらずしか生産されず、コンベアは民間機生産を断念する。

イギリスでは、コメットが短命に終わってしまったが、アメリカの独走を許すわけにはいかず、ビッカースがVC－10を1962年に初飛行させる。エンジンは後部にまとめて4発、B707やDC－8とは異なるスタイルだったが、性能的には定員130人程の長距離国際線用機材で、B707などと対抗する目的だった。

しかし実際には当時のBOAC、イギリス空軍が導入しただけで50機程を生産したにとどまった。その後この機体はブリティッシュ・エアウェイズにも引き継がれたのでロンドン～アンカレッジ～成田～香港便で運航した時期もあり、そのユニークなスタイルは成田空港でも異彩を放っていた。

ソ連では、イリューシンIℓ－62が1963年に初飛行、1967年から当時のアエロフロート・ソ連航空のモスクワから極東方面への国内線に就航した。当時は東西冷戦状態だったこともあり、もともと世界制覇をもくろんだ機体ではなかったが、ソ連だけで大きな需要があったほか、東ヨーロッパや中国、キューバなどでも導入された。4発のエンジンをすべて後部に装備するなど、イギリスのビッカースVC－10にスタイルがそっくりだったため、VC－10のコピーなどとも罵られたが、最終的にはVC－10よりずっと多い200機以上が製造され、アエロフロート・ソ連航空のモスクワ～成田便などでも長らく運航された。

初代ジェット旅客機は、イギリスで誕生したものの、世界を制覇したのはアメリカ製の機材で、ヨーロッパは完敗といった状況だったのだ。

謎006 明暗を分けたジャンボVSコンコルド

～期待された機体と期待されなかった機体。

初代ジェット旅客機はアメリカ製のB707、DC－8が世界を制覇する。これらは4発の長距離用機材だったが、ジェット機は近距離便にも波及、ボーイングでは3発の中距離用B727、双発の短距離用B737を、ダグラスは双発の短距離用DC－9を開発、ますます世界の旅客機に占めるアメリカ製のシェアは高くなる。

その後、ジェット旅客機は意外な展開を見せる。ボーイングで、次に登場するのがB747ジャンボジェット機になるのだ。その当時はワイドボディ機（通路が2列ある）すらなく、最も大きい機体がダグラスDC－8の機体延長型、それでも200席程度だった。それが300席クラスを通り越して、3クラスで390席、エコノミークラスだけなら500席というB747へと飛躍する。B747は、世界初のワイドボディ機で、B767、B777だけでなく、DC－10やA300より早く登場している。これらの機体の開発構想すらなかった頃に、B747は登場しているのだ。

その時点で最大でも200席程度の機体しかなかったのに、なぜ一挙にその倍以上の機体が開発されたのであろうか？

B747の開発が始まったのは1966年。民間旅客機の中で、B747だけは誕生の経緯が他の機体とは異なる。そもそも500人乗りの旅客機を開発する意図はなかった。B747は軍用輸送機不採用案の転用で生まれている。1960年代初め、アメリカ軍は各国に駐留していたが、反発も強かった。そこで駐留の代わりに大型輸送機を開発、有事の際はすみやかに兵隊や兵器を運べる構想を立てた。空軍CX輸送機計画である。ボーイング案とロッキード案が競われ、設計としてはボーイングが優れていたが、政治的判断でロッキードのものが採用される。それが後のロッキードC5Aギャラクシーで、この機体は日本のアメリカ軍基地にも頻繁に飛来している。

悔しい思いをしたボーイングの開発陣は、せっかくの案を構想のまま終わらせたくないということから、民間機への転用を模索、最大で500人が運べる旅客機構想を発表した。ところが、世界の主要航空会社は冷ややかな反応だった。当のボーイングの役員会でも反対される。無理からぬ話で、当時はジェット旅客機といえば100~200席が常識、500席の旅客機を運航できる航空会社はなかった。またヨーロッパでは、超音速旅客機コンコルドの開発がフランスとイギリス共同で始まっており、これからの民間機は大きさではなくスピード化の時代が来ると思われていた。

それでもボーイングは、将来的には大型旅客機の時代は必ず来る、という信念を持ってB747開発を進める。

ボーイングはそれまで売れる旅客機を開発してきた自信もあった。そして超大型機の計画に関心を示す航空会社も現れる。当時アメリカで最大の国際路線を持つパンナムだった。当時のボーイングの社長はパンナムの会長と友人関係で、20機購入の約束を取りつけ、この約束を元に役員会を乗り切った。こうしてB747は1969年初飛行、1970年にパンナムの定期路線に就航、ニューヨーク~ロンドン間を飛ぶ。パンナムは実際には約束より多い25機を発注、それに刺激されるようにトランス・ワールドエアライン、BOAC（ブリティッシュ・エアウェイズの前身の1社)、ルフトハンザドイツ航空、日本航空と続き、他の世界各国の主要航空会社もB747を発注する。

しかしボーイング社とて、まったく不安がなかったわけではない。「もし売れなかったら」という懸念はあった。実はB707開発時も同じような不安があったが、その時は、もし旅客機として売れなくても軍用機として使えるという逃げ道を持っていた。そしてB747開発時は、もし旅客機として使えなくても、これだけ大きい機体なら貨物機として使えると考えていた。ボーイング社にもやはり、次世代はコンコルドのような速い旅客機が主流になるのでは？　と考える向きもあったのだ。

B747はこのような経緯で誕生した旅客機だった。ほとんどの旅客機は、需要があって生まれた機体といえるが、B747だけは、大きな機体を持つ旅客機の開発が先に検討され、需要の方が機体に追随したといえるだろう。B747就航に対して、パンナムの貢献度は高く、当時のパンナムは先見性があったといえるが、皮肉にもそのパンナムは後に倒産してしまう。

このB747の就航によって、空の大量輸送時代がやってきた。一度に大勢の乗客を運ぶことで、運航コストは安くなり、航空運賃も安くなった。B747登場までは海外旅行などそう簡単にできるものではなかったが、B747が海外旅行を身近な存在にしてくれたのである。

B747は「ジャンボ」の愛称がつくが、この経緯も変わっている。

通常、機体の愛称というのは、ロッキード社の「トライスター」のように航空機メーカーが自らつけるか、シンガポール航空B747－400型の「メガトップ」のようにカスタマーである航空会社が名づけるが、「ジャンボ」は、当時このB747を取材した記者達によって名づけられた。

B747は初飛行で大西洋を越えてロンドンへ飛ぶが、当時ロンドンの動物園にいた象の愛称が「ジャンボ」だった。そしてジャンボ象のように大きいということからのネーミングだった。しかし象では、重くてとても空を飛ぶイメージではない。ボーイング社は「ジャンボ」という愛称を嫌い、否定に奔走したという。

ところが「ジャンボ」は世界に広まり、ついにボーイング社も「ジャンボ」と呼ぶようになった。

ちなみに「ジャンボ」というのはB747型機につけられた愛称で、本来ならB767やB777を「ジャンボ」とは呼ばない。日本ではテレビのニュースなどでも、大きなジェット機は「ジャンボ機」などと呼ぶ傾向があるが、それは誤りである。

B747ジャンボ機とは対照的に、コンコルドは高燃費、高騒音、さらにはオゾン層を破壊するなどの環境問題から、世界に普及することはなかった。コンコルドはたったの16機を生産するにとどまる。

コンコルドは1976年に、開発当事国である両国のエールフランスとブリティッシュ・エアウェイズの2社でそろって就航したが、意外な路線に使われた。エールフランスはパリから西アフリカのダカール経由でブラジルのリオデジャネイロへ、ブリティッシュ・エアウェイズはロンドンから中東のバーレーンへの路線だった。騒音などの問題でコンコルドを受け入れてくれる空港が少なかったのだ。路線就航したこの1976年に、皮肉にもコンコルドの生産は中止されている。

B747ジャンボ機は、現在でも製造されており、すでに1300機以上が世界の空を飛んだ。開発時に世界中の期待を受けたコンコルドに対し、B747ジャンボ機は、世界から「500席の旅客機など必要ない」と罵られてのスタートだったが、完全に明暗が分かれてしまったのである。

謎007 エアバス、シェア獲得への道のり

～「3度目の正直」経済性重視の機体で成功。

初代ジェット旅客機に続き、超大型機VS超音速機の開発でもヨーロッパはアメリカに完敗し、ヨーロッパの航空機産業界は消沈してしまった。一方のアメリカでは、ダグラス社もDC－10を開発、それまでジェット旅客機開発を行っていなかったロッキード社もL1011トライスターを開発と、次々とワイドボディ機の生産を始め、アメリカの航空機産業界は活気づいた。

しかしヨーロッパでも、このまま終わらせるわけにはいかないと、新たな旅客機開発を模索する。初代旅客機コメットは、イギリスのデハビランド社の単独開発、超音速機コンコルドはフランスのアエロスパシアル（現在はドイツのDASAと統合されてEADSになる）とイギリスのBAESシステムズ（当時はホーカーシドレーで、後にデハビランドなどと統合されてブリティッシュ・エアロスペースになる）の共同開発だったが、新たな航空機製造に向けて今度は4カ国（英・仏・独・西）が手を組む。

エアバスは当初、会社形式はとらず、日本の「日本航空機製造」のような、各企業のまとめ役のような存在であり、ヨーロッパ共同の航空機メーカーとして立ち上がった。つまり、ヨーロッパが結束して次期旅客機開発をスタートさせたのだ。胴体はドイツのダイムラー・クライスラー・エアロスペース（DASA）、主翼はホーカーシ

ドレー（後のブリティッシュ・エアロスペース）、尾翼はスペインのCASAと分担して製造され、最終組み立てはフランスのツールーズにあるアエロスパシアルで行われた。

コンコルドの失敗の要因はいくつかあった。超音速を出すために、通常のジェット旅客機が飛ぶ高度3万フィート台の倍に当たる高度6万フィートという高高度まで駆け上れるよう、戦闘機のようなアフターバーナーつきのエンジンにしたが、これが高燃費を招いた。航空会社にとって燃料費のかさむ機体は好ましくない。高燃費の割には機体が小さく、100席しかないから、空の大量輸送時代にそぐわなかった。戦闘機のようなエンジンは騒音もひときわ大きい。離陸滑走にも3500メートル程が必要で、コンコルド機を就航させるためには4000メートル滑走路が必要だった。そして高高度を飛ぶことによってオゾン層を破壊してしまうという新たな問題が表れ、結局、開発当事国であるフランスのエールフランスと、イギリスのブリティッシュ・エアウェイズの2社が8機ずつ購入するにとどまってしまった。

高燃費はそのまま運賃に跳ね返り、コンコルドには、通常のファーストクラス、ビジネスクラス、エコノミークラスという概念はなく、全席が「スーパーソニッククラス」となり、ファーストクラスより高い運賃になってしまった。

コンコルドの反省から、エアバスは低燃費でたくさんの乗客を運べる旅客機開発という道を選ぶ。最も簡単に低燃費にするには、エンジンの数を減らせばよい。当時のアメリカ製の旅客機は、ボーイング707・727といった200席以下の機体でも4発、3発が当たり前で、低燃費という考え方はなかった。エアバスでは、この低燃費の旅客機というのを念頭におき、さらにボーイングは150席程度の機体から、B747という最大で500席以上の旅客機に一挙に飛躍したので、そ

図７　エアバスは当初、ヨーロッパ各国の航空会社に納入、ヨーロッパ内を飛ぶことが目的だった。（A300、パリ・シャルルドゴール空港）

の間を埋めるように、３００席程度の旅客機開発を計画した。言い換えれば、当時のヨーロッパでは、アメリカ製と真っ向からの競合では勝ち目はないとみて、競合しない分野での旅客機開発の道を選ぶという、いわば消極的な方法での開発だった。そして３００席程度の機体を目指したことからＡ３００と名づけられ、１９７４年に就航した。

当初Ａ３００を導入したのは、エールフランス、エールアンテール（当時のフランス国内航空会社で、後にエールフランスと統合）、ルフトハンザドイツ航空、イベリア・スペイン航空、アリタリア航空、スカンジナビア航空などで、ヨーロッパの国営だった航空会社ばかりが購入、開発当事国での導入が主だった。開発時からアメリカにはかなわないと思いつつ計画がスタートしたので、いわばヨーロッパ内で使われることを想定しており、ヨーロッパの航空会社を中心に導入されることは計算済みだった。つまり「そんなには売れないだろう」と思いつつのスタートだった。

ところがオイルショックなどを経て、低燃費、経済性重視のエアバスの機体は徐々に世界の航空会社から注目されるようになる。

日本でも当時の東亜国内航空が国内線用にエアバスを発注、アジアの航空会社でも、アジア内国際線用にエアバスを導入する航空会社は多くなる。タイ国際航空、マレーシア航空、大韓航空、チャイナエアラインなどでは、アジア内路線の主力機として導入する。

そしてついに、当時のイースタンエアラインズがアメリカの航空会社としては初めてエアバスを購入、世界の空をエアバスが飛び始めた。

東亜国内航空に対しては、当時のA300に施されていたデモンストレーション用のデザインで飛ぶことを許可、イースタンエアラインズに対しては、お試し期間として、無料でA300を貸し出してのセールスに当たった。銀行の協力も得て、低利での融資を行い、発展途上国の航空会社などにも新機材を購入しやすくした。

当時、世界の旅客機の市場では、ボーイングなどアメリカの航空機メーカーは、主にアメリカの大手航空会社に旅客機をセールスし、大手航空会社を退役した中古機材が南米などに流れるという構図があった。しかしエアバスでは、フランス政府の強力な後押しを得て、発展途上国でも新機材を導入できるような構図を作り、世界に売り出したのだ。それまでの双発機材では150席程度だった旅客定員が、2倍の300席ほどになったのに、2基のエンジンで運ぶという機体の経済性は、やがて認められていく。

そしてA300の就航から約10年後の1983年には、2機種目のA310が就航する。A310はA300の性能はそのままにして機体を短くし、浮いた重量分を燃料にあてた長距離型だった。約10年かけてエアバスは世界で認知されるようになり、新機種生産にこぎつけたことになる。A310も座席は200席に満たないが、双発で長距離を飛べることから、主に需要の少ない発展途上国の航空会社などに浸透していく。

アメリカ製の旅客機は、主にアメリカ大手航空会社などの使い勝手を重視した設計だったのに対し、エアバスは経営難の弱小航空会社にも優しい設計だったといえるのだ。

謎008 エアバスの利点はどこにあるのか

～ボーイング衰退で旅客機市場はエアバス優勢に。

勢いづいたエアバスは、今度はアメリカ製との勝負に出る。A300はアメリカ製にはなかった機体サイズとして、いわば競合を避けて開発したが、世界の旅客機で最も需要が大きいのは200席以下の小型機といわれる分野だ。旅客機として世界制覇するためにはどうしてもこのサイズの機体で大きなシェアを勝ちとらねばならない。

エアバスは初のナローボディ機として150席のA320を開発、1988年に就航させた。これは現在でもボーイングで最も売れているB737と同じサイズで、ボーイングの牙城を崩すきっかけになった機体だ。「フライ・バイ・ワイヤ」という操縦系統を電気信号で行うシステムを旅客機で始めて採用している。

エアバスの勢いは止まらず、1993年にはA300の機体を基本にした4発の長距離用A340が就航、1994年にはA340を双発にしたA330とA320の胴体延長型のA321が就航、1996年にはA320の機体短胴型A319が就航、さらに2003年には、A319の短胴型A318が就航と、次々に新機種が登場する。そして現在総2階建ての超大型機A380を開発中で、2006年には就航予定だ。

アメリカ製とは競合しないサイズとして300席程度を目指したA300で始まったエアバスの旅客機開発だが、30年を経て、現在ではエアバスだけで小型、中型、そしてまもなく大型も、そして短距離用から長距離用まですべての領域をエアバス一社でカバーするまでになった。そしてすべての機材が満遍なく売れている。

Ａ３８０が就航すると、世界で最も大きい機材、最も長い機材、最も長距離を飛べる機材、すべてがエアバス製になる。ちなみにエアバスはフランスのツールーズで製造されていたが、Ａ３２１登場からはツールーズだけでは間に合わず、ドイツのハンブルクにあるＤＡＳＡの工場でも生産されるようになった。

一方アメリカでは、Ｌ１０１１トライスターでジェット旅客機に初参入したロッキード社はＬ１０１１の1機種だけを生産してジェット旅客機開発から撤退する。この機材はダグラス社のＤＣ－10と競合する機材だった。日本航空がＤＣ－10購入を決めた頃、全日空もＤＣ－10購入を検討中だった。それを、政治家を巻き込んでまで全日空に売り込み、「ロッキード事件」に発展するが、結局Ｌ１０１１の生産は２５０機で終わり、現在では旅客便としてはほとんど使われなくなった。

さらにボーイングとともにジェット旅客機生産の老舗メーカーだったマクドネル・ダグラス社がボーイングと統合される。当時、ボーイングとマクドネル・ダグラス2社だったアメリカ製機材とエアバス製機材が世界のシェア争いを行っていたが、エアバスの攻勢に対して、アメリカ国内の2社がお互いにシェア争いをする余裕がなくなったことからの統合だった。

統合とはいうものの、旧マクドネル・ダグラスの機体で、ボーイングに引き継がれたのは、後にＢ７１７になるＭＤ－95の1機種のみで、それ以外の機材は統合と同時に生産は打ち切られた。

このようにアメリカの航空機メーカーは大手2社が統合して、ヨーロッパのエアバスの攻勢を迎え撃ったが、それでもエアバスのシェア拡大は止まらなかったわけだ。それどころか、それまでマクドネル・ダグラス機材のカスタマーだった航空会社の多くが、後継機種にエアバスを選んだ。ある面ではボーイングとマクドネル・ダグラスの統合は、アメリカ航空機産業界にとって裏目に出たといえなくもない。

エアバスはA300に始まり、新機種を次々に開発したものの、胴体を輪切りにするとワイドボディ機とナローボディ機の2種類しか造っていない。横2－4－2席8列のワイドボディ機と、横3－3席6列のナローボディ機の2種類だけなのだ。

A300に始まったエアバス機だが、A300の胴体を短くしたA310、A300と同じボディに新機軸を取り入れたA330、A330を4発にしたA340と、ワイドボディ機に4種類あるが、胴体直径はすべて同じだ。

ナローボディ機も4機種あるが、最初に登場したA320の胴体を長くしたのがA321、逆にA320の胴体を短くしたのがA319、さらに短くしたのがA318だ。なので、胴体直径はすべて同じ、効率よくさまざまな機種を用意し、最大公約数的な開発で多くのニーズに対応できた。

その点ボーイングでは、結果的にワイドボディ機の胴体直径が3種類、ナローボディ機の胴体直径が1種類ではあるが、1機種ごとに0から開発が行われたため、開発費に費用がかさんでいる。

一方、近年人気がないのがボーイングのワイドボディ機だ。ワイドボディ機は航空会社の看板機材なので、空港にいるとボーイングの衰退とエアバスの攻勢ぶりを感じることができる。

まだまだ数でいえば、以前から高いシェアを誇っていたボーイング機材の方が多いが、年を追うごとにエアバス機材が多くなっている。

代表的な同じスケールの機体を比べてみよう。ボーイングのB777－200ERは標準配置で305席、航続距離7245マイル、価格1億2600万ドル、対するエアバスのA340－300は標準配置で295席、航続距離7150マイル、価格1億200万ドルだから、性能や機体価格はさほど変わらない。この数字を見ただけではエアバスの優位性は見えてこない。

しかしエアバスは基本的な設計が今のところワイドボディ機とナローボディ機の2種類しかなく、共通する部品などが多い。操作性なども共通化されているので、さまざまな機体を取りそろえた場合の部品の互換性、またパイロットの種類を増やさなくて済むなどの、総合的な経済性が優れている。その点、ボーイングの旅客機開発は、1機種ごとがまったく異なる機体だった。

ところで、利用者の立場から見た乗心地などでは、必ずしもエアバスが好ましいとは思われない。

エアバスのワイドボディ機は、標準配置がすべて横2－4－2席の8列なので、3－3－3席など「3席」という座席の多いボーイング機材よりは使いやすいそうだ。しかし、胴体直系の大きさの割に大きな貨物コンテナを収納できるようにしたため、機体の最も幅のある部分に座席がなく、やや窮屈さを感じる。その点ボーイング機材は客室内がゆったりしている。

航空会社には人気のエアバス機材だが、利用者の好みとは必ずしも合致しないところはある。やはり新機材の選定は、航空会社側から見た経済性で決まるものといえそうだ。

エアバス人気で無視できないものに、操縦性がある。A320以降の機体では「フライ・バイ・ワイヤ」といって、操縦系統を電気信号で行う方式にし、できる限り操縦性を統一している。パイロットは機種ごとに操縦免許が必要だが、エアバスの機種は操縦方法が極めて似ているため、1人が複数機種の運航に携わることができるようになっている。

謎009 ANAに7E7就航で日本の空は変わるか？
～運航コストを抑えつつ、増便も可能。

世界に先駆けてANAがボーイングの次期旅客機7E7を50機というまとまった数で発注した。まだ実際の機体が出来上がっていない状態で50機もの発注をするというのは前代未聞といえる。

これは、計画段階で発注することによる機体価格の割引、開発段階で大量発注することによって、細部の仕様や性能にANAの意向が大きく反映されるなどのメリットをとったといえる。ボーイングはそれまで計画段階だった7E7をANAの発注に合わせるように正式に開発することを決めた。

では7E7の大量導入で、日本の空はどう変わっていくのだろうか？　機体サイズから考えると7E7はB767の後継機とされている。ANAは多くのB767を保有していて、国内線と東南アジア、ハワイへの国際線として使っている。当然、現在B767が使われている路線への後継機として7E7が導入されることは容易に想像がつくが、7E7を大量に導入する理由として、もっと広範な運用が考えられる。

そもそも7E7を開発するにあたって、世界の空港が整備され、今までより発着枠が多くなれば、B747をはじめとする大型機で一度に多くの乗客を運んでいた路線に7E7を投入、便数を増やして利便性を高められるという狙いがあった。

日本がまさにそういう状態にある。羽田空港沖合展開計画の進展で、2009年には大幅な発着枠増加が見込まれている。現在、伊丹、福岡、新千歳便など、B747やB777が使われている路線に7E7を投入すれば増便ができ、利便性は高まる。便数を増やせば運航コストも余計にかかるが、7E7の経済性ならそれをカバーできる。

7E7はB767の後継機といわれているが、それは機体サイズでの話であって、長距離性能はB767をはるかに凌いでおり、国際線での活躍範囲はB767の比ではない。

成田空港に暫定的な長さながら2本目の滑走路ができた。この2本目の滑走路では、現在B747で運航しているヨーロッパ便などは離陸も着陸もできないが、7E7なら離陸は4000メートル滑走路が必要でも、着陸は2本目の滑走路で可能だ。すると、現在一日1便しか飛ばせないロンドンやパリ行きを、発着枠に余裕のある2本目の滑走路を併用することによって、現在の滑走路のままで一日2便に増便することが可能になる。

現在運航するANAの国内線・国際線は、7E7の1機種のみで運航することも可能となるだろう。これが実現すれば、運航コストを抑え、増便などでサービスを充実させることが可能で、さらに機種を少なくすることで部品の共通化やパイロットの合理化などができることになる。

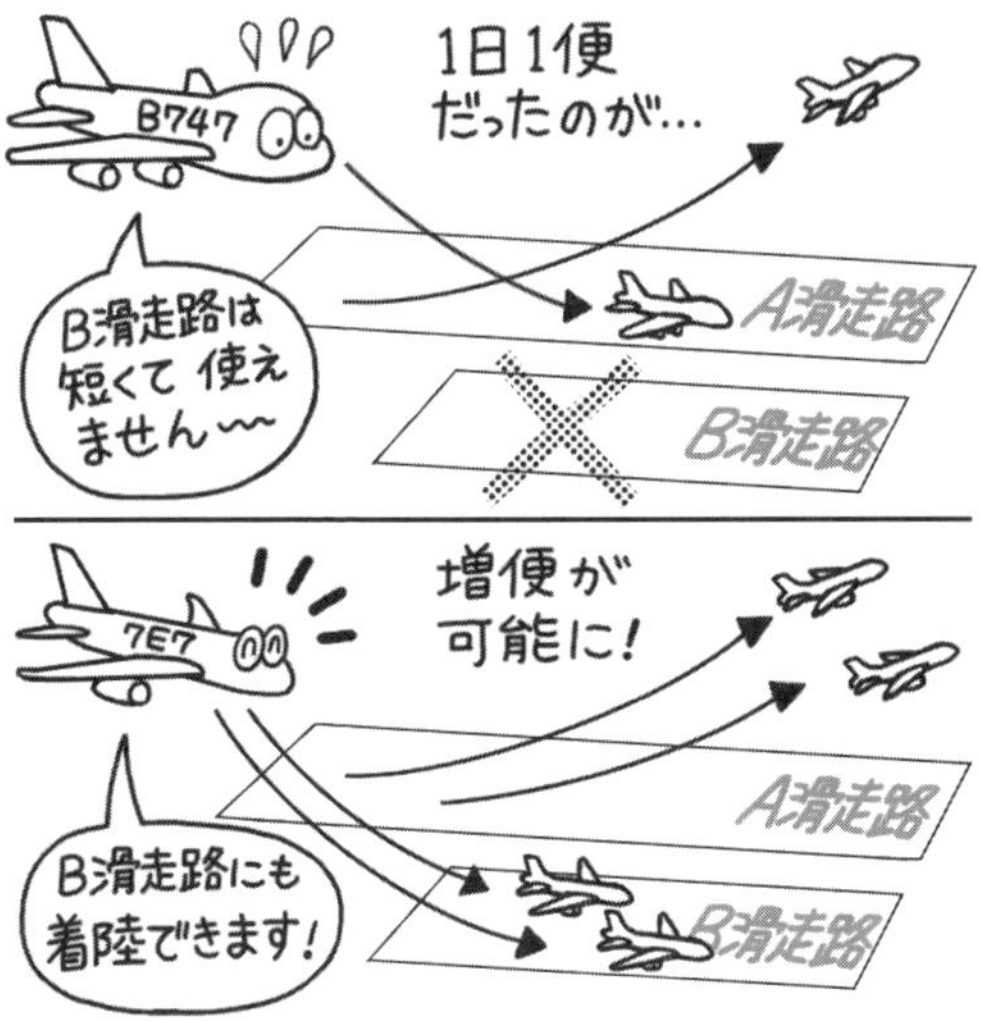

図9　7E7の導入で、どんなことができるのか。

謎010 日系航空会社はA380を導入するか？

〜ボーイング一色の日本の空が変わるとき…。

旅客機で世界制覇を目指すエアバスは、現在総2階建ての次期巨人機ともいえるA380の開発が最終段階だ。2006年にはシンガポール航空に導入され、同社のロンドン便、また日本路線に就航させる計画もあるという。

受注も順調に伸びていて、エミレーツ航空の22機を筆頭に、ルフトハンザドイツ航空が15機、カンタス航空が12機、シンガポール航空、エールフランスが10機。このほか大韓航空、マレーシア航空、カタール航空、ヴァージンアトランティック航空もA380を発注している。

また意外にも、アメリカの航空会社もA380を発注していて、ILFCというアメリカ大手旅客機リース会社とアメリカ大手貨物航空会社フェデックスも10機ずつの発注を行っている。A380では、当初から貨物専用機バージョンも用意されている。A380は、まだ初飛行すら行われていないが、すでに100機以上の受注を受けているのだ。

こんな中、日系航空会社もA380を発注するのではないか？　と噂されているが、今のところ発注はない。ちなみに日系航空会社は世界一のB747ジャンボ機カスタマーで、日本は巨人機の割合が大きい。日本は巨人機好きだから、A380を大量に発注してもおかしくない、と世界は思っているに違いない。

ＡＮＡの７Ｅ７の大量発注によって日本におけるボーイング製機材のシェアはますます高くなっている。現在日本の空を飛ぶエアバス機材は、ＪＡＬと統合した旧日本エアシステムが保有していたＡ３００とＡＮＡが保有するＡ３２０、Ａ３２１のみだが、すでにＡ３２１の引退は決まっている。さらに他の機種も現在増備は行われておらず、日本の航空会社に納入される新機材はもっぱらボーイング製である。世界的にはエアバスのシェアが年々高くなっているものの、日本だけは別世界で、ボーイングの新機材開発に日本がかかわっているという理由があるものの、ちょっと異常な状態ではある。

というのも、アメリカの航空会社だからといってすべてアメリカ製機材ということはなく、エアバスを使っている航空会社は意外なほど多い。それもまとまった数で導入されている。

ユナイテッド航空にはＡ３１９、Ａ３２０が１００機以上、ノースウエスト航空にはＡ３１９、Ａ３２０、Ａ３３０が１００機以上、ＵＳエアウェイズにもＡ３１９、Ａ３２０、Ａ３２１、Ａ３３０が１００機以上飛んでいる。ＵＳエアウェイズでは、大西洋便などに使う看板機材がエアバスだ。格安運賃を武器にした新興航空会社ジェットブルーは機材をエアバスに統一、すでに50機以上のエアバスを保有する。つまり、アメリカの大手航空会社もエアバスの大口カスタマーで、アメリカのエアバスのシェアは低くはないのだ。

日本に乗り入れている航空会社の中で、エアバスを１機も保有していないのはデルタ航空、コンチネンタル航空、ヴァリグ・ブラジル航空のみで、さらに過去も含めて自社発注のエアバスを１機も使ったことのない航空会社はない。

そんな中、ＪＡＬは、現在でこそ日本エアシステムとの統合によって、グループ内にエアバスが存在するが、過去にエアバスを一度も発注したこ

図10　日本ではまだ少ないエアバス機。ＪＡＬは、ＪＡＳとの統合で旧ＪＡＳが保有していたエアバスを運航しているが、自社ではエアバスを１機も発注したことがない。このような航空会社は世界でも稀な存在だ。（A300、広島空港）

とがないという世界でも稀な航空会社だ。アメリカの航空会社ベスト5であるアメリカン航空、ユナイテッド航空、デルタ航空、ノースウエスト航空、コンチネンタル航空は、過去も含めると何らかの形でエアバスを購入している。意外かもしれないが、日本ほどアメリカ製機材の占める比率の高い国はないのだ。

日本にいると、エアバス優勢の実感がわかない。ＡＮＡの７Ｅ７大量発注で、ますますその傾向は大きくなったともいえる。

どうして日本はボーイング一色なのであろうか？　理由はいくつかある。

日本はボーイング製旅客機の製造にかかわっている。そんな関係で以前からボーイング製機材が多く、保守、部品の互換性、パイロットの免許などからその後もボーイング製機材が増備され続けた。

また、現在のＡ３８０と７Ｅ７の対比では、将来の輸送需要予測が、日本での予測とボーイングの予測が合致しているのかもしれない。エアバスでは「将来も大型機の需要も伸びる」としているのに対し、ボーイングでは「中型機の需要が増える」としているが、日本では空港の整備がさらに進むと、「大型機で一度に大勢を運ぶ」から「中型機で増便」という方向になる。

そしてパイロットの養成ということもかかわっている。ボーイングとエアバスでは操縦系統の設計思想が根幹のところで異なっており、これだけボーイングの旅客機が多くなった日本では、新しい機体を使っていくのには膨大なエネルギーが必要なのかもしれない。

世界的には、日本の「エアバス嫌い」は「食わず嫌い」などとも囁かれているが、旅客機の日本市場はとても大きいから、エアバス社は日本への売り込みに力を入れている。日本はボーイングの、最後の牙城といったところなのだ。

しかし将来的には、日系航空会社もA380を導入するのではないかと思われる。たとえば、シンガポール航空ではA380が導入されると、順次B747を退役させることになっている。ボーイングでは次期巨人機の計画はなく、B747が売れなくなったらやがてB747も製造中止になるだろう。いよいよジャンボジェット機の時代も終わろうとしている。

すると巨人機を運航するのであれば、A380しか選択肢がない。だからいずれはB747の後継機を考えなくてはならない。

B777より大きな機材は必要ありません、ということならそれでもかまわないが、やはり日本では、一度に500人以上が乗れる巨人機の需要は継続するであろう。だから、日系航空会社もいずれはA380の導入に踏み切るのではないだろうかと思われるのである。

謎011 コンコルドだけではなかった超音速旅客機

～アメリカも関心を持っていた超音速旅客機。

フランスとイギリスが、次世代の旅客機はスピード化に向かうとして超音速旅客機コンコルドを開発している頃、アメリカでは大量輸送に向かうと考え、ボーイングがB747ジャンボ機を開発していた。コンコルドの定員が約100席なのに対し、B747はエコノミークラスのみにすれば500席以上の定員なので、大きさはかなり違う。しかしコンコルドは、B747などの2倍以上の速度が出せる。同じジェット旅客機ではあるが、目指すところがまったく違っていたといえる。

しかしアメリカは、超音速旅客機に関心がなかったわけではなかった。実は超音速旅客機に大いに関心を持っており、アメリカにもSST（スーパー・ソニック・トランスポート）計画があった。

ボーイングでは1966年からB2707という機体が計画されていた。その頃、ジェット旅客機の花形だったB707の頭に「2」を冠したわけだ。B2707はコンコルドより機体が40メートルほど長く、全長は100メートルを超えていた。現在の旅客機で最も長い全長を持つのはエアバスA340‐600型の74メートルなので、もしB2707が実現していたら、とてつもない長さの旅客機が存在していたことになる。

胴体は通路が2列あるワイドボディ機で、横2‐3‐2席配置なので、現在のB767が100メートル以上の長さまで伸びたスタイルといえる。最大で300席、実現していればコンコルドの3倍の大きさという、超音速でなおかつ大量輸送ができる機体となっていた。

先進的だったのは主翼構造だ。コンコルドでは戦闘機のようなデルタ翼が採用された。デルタ翼とは、その名の通りで、上から見ると三角形の形状をしており、主翼と水平尾翼が一体になっている。デルタ翼は音速を超えるような高速時には向いた形状だが、離着陸時には大きな角度をつけないと揚力が得られない。そこでコンコルドでは、大きな角度で離着陸しても、コックピットから前方の視界が得られるように、機種部分が折れ曲がる構造をしていた。

ところがB2707では、一時は可変翼を計画した。可変翼とは、主翼が通常の旅客機のような形状をしていて、後方に折れ曲がると尾翼と一体になってデルタ翼に変身するというものだ。戦闘機では実用されていて、こうすることで離着陸時も高速巡航中も安定した揚力が得られる。これを旅客機に採用しようとしたのだ。

B2707が実現していればコンコルドより高性能の超音速旅客機になっていただろう。当時のボーイングはB747の開発に力を入れており、超音速機と並行しての開発というのは需要に対して矛盾するが、アメリカとしても将来は超音速機の時代は来ると思っており、その時点でB747は貨物機にでも転用しようという発想だった。

アメリカではボーイングのほかにロッキードでもL2000というSST計画があり、選考の結果、ボーイングの案がアメリカの超音速旅客機案として選ばれる。そしてSST計画は、アメリカ政府推してのプロジェクトだったので、開発予算がつくはずだった。ところがヨーロッパのコンコルドが、燃費の悪さ、騒音の大きさ、果てはオゾン層の破壊、音速の壁を越える際の衝撃波の地上への影響などで問題になり、結局アメリカ製の超音速機は実機を見ることなく、ＳＳＴプログラムは終了した。コンコルドの初飛行から2年後の1971年のことだ。

コンコルド以外に超音速旅客機を実機にまでたどり着いていた国がある。それが当時のソ連で、ツポレフＴｕ－144というコンコルドとうり二つの機体があった。実はＴｕ－144は世界初の超音速旅客機で、コンコルドの初飛行が1969年なのに対し、1968年にすでに初飛行を行っている。商業飛行という意味でも、コンコルドは1976年にエールフランスとブリティッシュ・エアウェイズによって路線就航するが、Ｔｕ－144はやはり1年早く1975年、当時のアエロフロート・ソ連航空が国内の荷物・郵便輸送に就航させた。Ｔｕ－144が旅客を乗せての路線就航は1977年で、やはりソ連の国内線だった。

しかしいくら広い国土を持つソ連といえども、当時のソ連国内線に超音速旅客機の需要があったとはいえず、Ｔｕ－144には、ソ連の航空技術を世界に誇示する以外の目的は見いだせなかった。

また、就航以前にＴｕ－144は大きな汚点を残している。1973年、パリのエア・ショーでデモンストレーション飛行を行ったが、こともあろうにこのデモ飛行中に大勢の観客の目前で墜落してしまったのだ。その時点でＴｕ－144の信頼は大きく失墜していた。結局17機を生産しただけに終わり、商業飛行も短命に終わった。

このように超音速旅客機は、フランスとイギリス共同開発のコンコルド以外にも、アメリカ、ソ連でも開発、または開発計画があったのだ。1960年代後半から1970年代にかけては、世界中で超音速旅客機の時代が来ると思われていた。日本においても、プラモデルやおもちゃの世界では日本航空の超音速機もあった。そして「マッハ」という言葉も、先進的なものやスピード感のあるキャラクターなどに多用されていたのである。

謎012 「ボーイング777-300」の謎

～後半の数字の意味は？

旅客機形式のつけ方はどうなっているのだろう。たとえばボーイングにはB767やB777といった形式があるが、さらにB767-200型、-300型といったバージョンがある。これらは何を示すのだろうか？

ボーイング製機材でいえば、7で始まり7で終わる形式がつけられている。現在B707、B717、B727、B737、B747、B757、B767、B777とある。

B707で4発、B727で3発、B737で双発機と開発、B747は大型ワイドボディ4発機になり、B757はB727の後継機として中距離の中型ナローボディ双発機、B767は中型ワイドボディ双発機、B777は大型ワイドボディ双発機として開発した。

だが、B717は経緯が異なる。ボーイングはライバルだったマクドネル・ダグラスと合併したが、その際、旧マクドネル・ダグラス機材は生産中止となった。しかし当時、マクドネル・ダグラスが開発を進めていたMD-95に関しては、ほとんど開発が終わっていたのと、航空会社からの発注も受けていたので、唯一ボーイングは開発・製造を受け継ぐことになったのである。そして形式をMD-95とはせず、ボーイングの形式で欠番になっていたB717にはめ込んだ。

B717はB707の次に開発されたような印

象を受けるが、実際はB777より新しい機体ということになる。なぜB717が欠番になっていたかというと、B707の開発当時、B707の軍用機バージョンをB717とする予定があり、空けておいたのだ。結局、違う形式になり、以来ずっと欠番になっていた。

いずれにしても共通していえることは、形式ごとに開発されたということで、形式が異なれば、サイズ、用途、基本設計が異なる。ちなみにすでに引退しているが、ボーイングにはもう1種類、B720という機体があった。B707の胴体を短くしたタイプで、現在の形式命名方法でいえばB707‐X00型となったところだ。初期の段階ではまだ命名の法則が確立していなかったということだろう。

では、B777‐200とかB777‐300の「‐200」や「‐300」にはどういう意味があるのだろうか？ 旅客機開発には莫大な開発費用が必要となる。ひとつの機種を開発して、それを事業として成功させるためには、最低でも200～300機は売れないことには利益は出ないといわれる。そのため1機種を開発したら、さまざまなバリエーションを用意する。基本形の胴体を長くしたり、短くしたりし、さまざまなサイズ、航続距離のタイプを用意、航空会社ごとに異なる需要にこたえられるようにするのである。具体的にはB777‐200型の胴体を延長したタイプがB777‐300型だ。

長期にわたって製造されている機体では、基本設計が同じというだけで、バージョンによってはまったく別の機種と思えてしまうほどに内容が異なっている。B747は1969年の初飛行以来、1300機以上が製造されているベストセラー機だが、‐100型、‐200型とエンジンの出力が高くなり、‐300型ではアッパーデッキが延長されたが、‐400型からは操縦系統が大幅にコンピュータ化され、－300型まではコックピットクルーが3人乗務だったのに対し、－400型では2人乗務に改められた。

同じB747でも－300型までと－400型では、機体の長さなど外観はそれほど変わらないものの、中身はまったく異なる機材であり、パイロットの免許も異なる。－300型までの操縦資格では－400型は操縦できないのだ。

1967年の初飛行以来、4700機以上が製造されているB737ともなると、バージョンは－100型から－900型までの実に9種類にのぼる。－300型からは低騒音の高バイパス比エンジンの採用により、まったく別の機種ほどの性能差になっている。

9種類にもなってしまう理由は、ベストセラー機として長期間製造されているからである。年を経て異なってくる性能に対して、胴体を短くしたり長くしたりしてさまざまな需要にこたえている。

同じB737でも全長は28メートルから42メートルまで、標準定員も108席から177席までと幅がある。また、－200型までのターボファンジェットエンジンに変わって、－300型からは高バイパス比のターボファンエンジンに変わった。だが、高バイパス比のエンジンは太い直径を持ち、それをB737に吊り下げると地面を擦ってしまうため、おむすび型のエンジン形状が採用された。これも、長期間製造されている機体ならではの事情だ。

ダグラス社はどうだろう。ジェット旅客機はDC－8から始まるが、この「8」は、それ以前から製造していたプロペラ機の形式を受け継いでいる。DC－8以前は、DC－6、DC－7といったプロペラ機があった。そして、4発の長距離用DC－8で始まり、双発のDC－9、ワイドボディ3発機DC－10と開発されていく。また、ボーイング機同様に、基本形から胴体を長くする手法が採られ、DC－9には、10型、20型、30型、40型、50型、そして80型と徐々に機体が延長されたタイプが誕生した。

1967年、ダグラス社は、戦闘機専門に製造していたマクドネル社と合併することになり、それ以降に開発する旅客機は、DCからMDという形式に変更された。その時点ですでに発展系のなかったDC－8とDC－10は形式が変わることがなかったが、DC－9の最も新しいバージョンだったDC－9－81は、MD－81と形式が改められた。つまりDC－9－81とMD－81は同じ機体ということで、合併を境に形式が変わっただけだ。DCからMDに変わったのだが、DC－9－81の「81」の部分が形式を表す数字になったので少しややこしくなった。

その後、MD－81、MD－82、MD－87、MD－88と開発された。これらの機体は、ダグラス時代、DC－9－80シリーズと呼ばれることになっていたため、マクドネル・ダグラスになってからはMD－80シリーズと呼ばれることになった。

さらに高バイパス比エンジンのMD－90と発展系ができるが、これらの機体は形式が異なるものの、元はといえばDC－9ファミリーということができ、形式が異なるほどの性能差はない。さらにMD－90の短胴型であるMD－95の開発途中にボーイング社と合併になった。またDC－10の後継機は、数字のみになり、その次の数字ということでMD－11となっている。MD機は、11の次が80まで数字が空いているのにはこういう理由がある。マクドネル・ダグラス社がボーイング社と合併したのは、1997年のことだ。

エアバス社は、これまでに合併などを行っていないが、旅客機の形式は整理されていない。

初代エアバスは、300人乗りの機体を目指して開発したことからA300とネーミングされたが、2番目に開発されたのは、そのA300の性能そのままに胴体を短くし、浮いた分の重量を燃料にあてた長距離用機材で、A310となった。A300より定員は少なく、2機目の機体なのに、数字が定員を表すという最初の法則は早くも崩れてしまった。

その後もA320、A330、A321などと登場するが、その数字は定員と何ら関係ない数字だ。A320の胴体を長くしてA321、短くしてA319、さらに短くしてA318となる。エアバスでは別形式になっているが、ボーイング風に命名すれば、A321はA320－300型、A319はA320－400型などと呼ばれていたかもしれない。エアバス社がA300を開発した当時は、その後これほどにまで多くの種類になるとは思っていなかったのであろう。

このように、旅客機形式の命名自体、各社でかなりの差がある。だから、同じように見えても別機種、違うように見えても同一機種ということはよくある。

形式やバージョンは主に性能で分けられているが、実際には用途で機体はかなり違ってくる。たとえばB747－400型には、－400Mといわれる後方30パーセント程のスペースが貨物室になっている貨客混載型（M＝ミックスの意）、－400Fといわれる窓がない貨物専用機（F＝フレイターの意）、－400Dといわれる日本の国内線用でウイングレットと呼ばれる翼端の折れ曲がりがない機体（D＝ドメスティックの意）、－400ERといわれる長距離用機（ER＝エクステンデット・レンジ）などとあり、同じ－400型でも、外観が異なるほどに差がある。

旅客機の形式がわかりにくいのは、各社で共通したルールがないこと、メーカーの合併などが繰り返されたこと、そして機体の性能という外観や番号の数字からでは見分けにくいものによってまず分類されているからといえるだろう。

謎013 政府専用機ってどんな飛行機？

～いつできて、何機あるのか。

日本の政府専用機は、1992年にB747－400型が2機導入され、航空自衛隊が管理する。運航にあたっては1993年、航空自衛隊に特別航空輸送隊が結成され、キャビン・アテンダント（スチュワーデス）も自衛官が行っている。

ふだんは羽田空港ではなく、自衛隊千歳基地でスタンバイしていて、政府首脳外交の際は、千歳基地から羽田空港に回航してから目的地に向かう。

同じ機体が2機用意されているのは、1機は予備という考え方だが、1機が使われている時に、もう1機は千歳で休んでいるわけではなく、2機で行動し、1機が使えなくなった時に備えるという運用を行っている。民間機でいうところの「予備機」とは意味が違う。

テレビニュースで政府専用機が飛び上がるシーンが放映されるが、実は30分くらいの間隔でもう1機も離陸している。予備機にも機内食などは用意されているので、政府専用機の運航コストはかなりのものと思われる。最初の運航は1993年、当時の宮沢喜一首相のアメリカ訪問から。

現在のB747－400型が日本にとって初の政府専用機で、それまでは政府首脳の海外訪問などには日本航空の特別機（チャーター機）が使われていた。しかし中曽根政権時代、日本はアメリカやヨーロッパに対しての貿易黒字が問題になっていて、その黒字削減の大きな買い物として政

図13　貿易黒字解消の切り札だったともいえる政府専用機。（羽田空港）

府専用機の発注となったのだ。もちろん新品の機体であった。そしてヨーロッパからは要人輸送用のヘリコプターが導入されたが、ヘリコプターの方はほとんど使われることがなかった。

その頃も、毎年先進国首脳会議（サミット）が行われていたが「サミット参加国で政府専用機を保有していないのは日本だけ」などといわれていたので、何らかの政府専用機は必要だった。そしてどうせ買うなら、と、最も立派な機体を2機購入したという経緯がある。その方が貿易黒字解消の助けにもなる。

また、購入時は「政府要人輸送ほか、海外からの邦人救出などが任務」とされていたが、現在のところ政府要人と皇室輸送以外に使われたのは、２００４年の自衛隊イラク派兵時のみである。

諸外国ではどんな政府専用機があるだろう？最も有名なのはアメリカの「エアーフォースワン」こと大統領専用機で、やはりＢ７４７だが、アメリカでは軍用機の分類になるためＢ７４７ではなくＶＣ25と呼ばれている。

この「エアーフォースワン」は、日本の政府専用機とは趣旨が少し異なり、「政府専用機」ではなく「大統領専用機」といえるだろう。ほとんど自家用車の飛行機版といった感じで、海外訪問はもちろんだが、広いアメリカの国内移動にも頻繁に使われる。そして「エアーフォースワン」以外にも政府専用機はたくさんあり、副大統領や国務長官などはそちらの機体を使う。「エアーフォースワン」は特別な存在で、まして兵員輸送などに使われることはない。アメリカは海外に派兵することが頻繁にあるが、兵員輸送には軍用輸送機と、民間チャーターの旅客機が使われる。

日本とアメリカ以外で政府専用機や王室専用機にB747ジャンボ機を使っているのは、中東湾岸諸国に集中していて、イラク、クウェート、サウジアラビア、オマーン、アラブ首長国連邦、バーレーン、イエメン、そして東南アジアではブルネイにある。これらの国の多くは産油国で、政府専用機というより、王室用の機体として所有している。

意外なのはヨーロッパの先進国がまったく含まれていないこと。ちなみに、B747ジャンボ機ではないものの政府専用機にワイドボディ機を保有している国は、タイ、カタール、ヨルダン、ロシア、カザフスタン、エジプト、ドイツ、フランス、ベルギー、オランダ、イギリス、カナダとあり、これらの国では、ほとんどの場合が民間機の中古機材を政府専用機として利用している。各国とも意外と質素なのだ。

機材的に人気のあるのはエアバスA310で、タイ、ドイツ、ベルギー、カナダなどで使われている。機体が小さいものの航続距離が長いというのがその理由だ。たとえば小泉純一郎首相は東チモールを訪問したことがあるが、東チモールの空港ではB747の発着ができず、政府専用機でインドネシアへ行き、そこからは民間機をチャーターして東チモール入りした。どこへ行くことになるかわからない政府専用機としては、小回りの効く機体の方が使い勝手がいいのである。

2章　機体の不思議

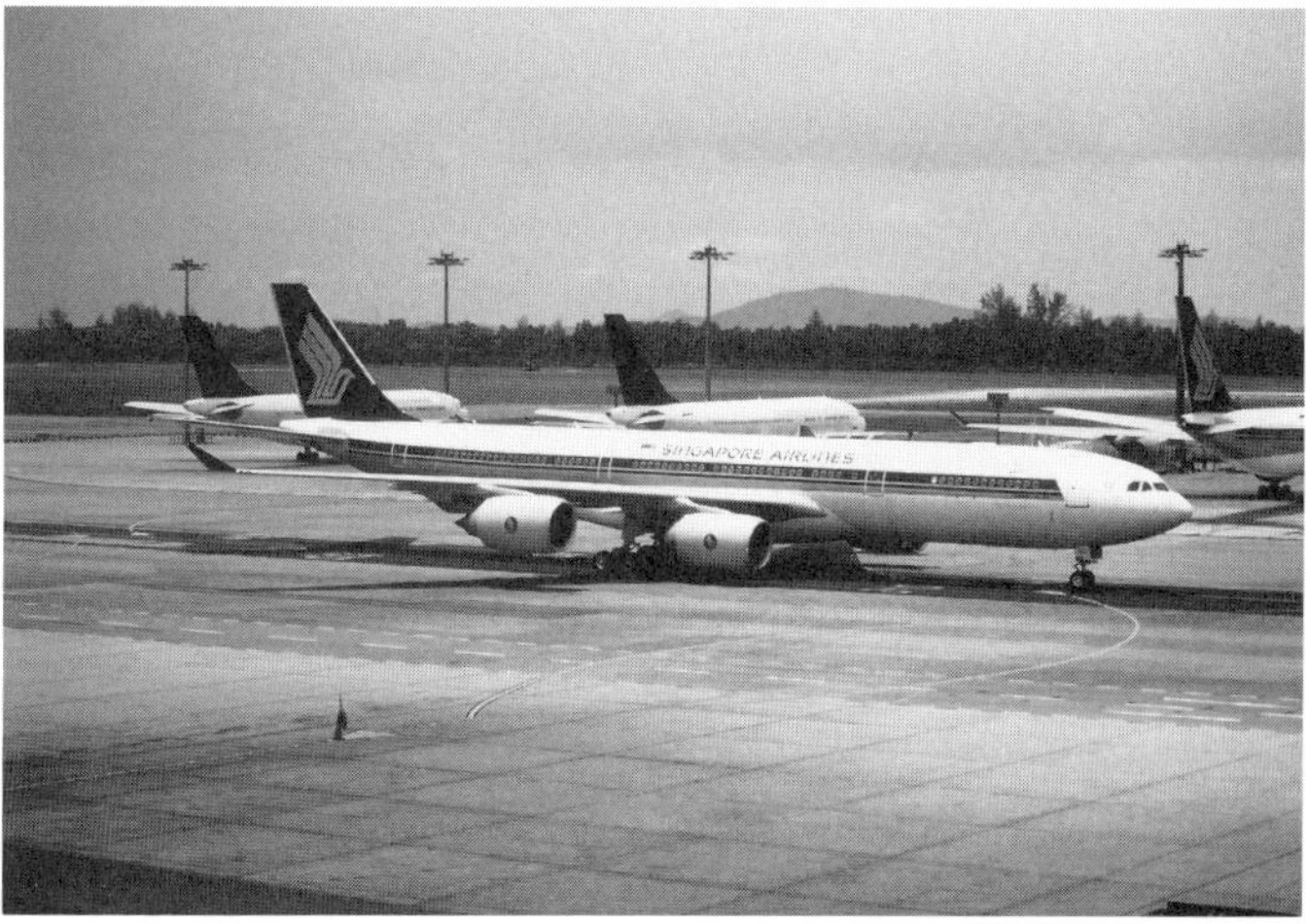

世界一の長距離路線は、シンガポール航空のシンガポール～ニューアーク便。A340-500型で、18時間以上を直行する。（シンガポール・チャンギ空港）

謎014 旅客機の耐用年数は？

～まだ飛べる機体なのに、引退する理由は？

旅客機の寿命はどのくらいだろうか。旅客機の場合、空を飛ぶという特殊性から高い安全性が求められるので、エンジンなどはつねに新品同様に整備されている。そのため保守などを確実に行っていれば、40年でも50年でも、飛ぼうと思えば飛べる。

しかし機体の金属疲労などを考えると、古くなれば古くなるほどメンテナンスに費用がかかり、古い機体を長く使うより新しい機体に置き換えた方が安上がりになる。これがおよそ25年程で、経済寿命などとも呼んでいる。

だが、ほとんどの航空会社では、経済的事情や、新機種の選定、機材の調達などに時間がかかり、30年前後飛ぶことが多い。

実際の旅客機事情を見てみると、単に老朽化して退役というケースより、他のさまざまな事情によって旅客機の運命が左右されている。

ジェット旅客機には、エンジンの数から双発、3発、4発とあるが、現在の旅客機の多くは双発で占められるようになった。4発エンジンの旅客機は、ジャンボ機などの大きな機体や、重い燃料満載で離陸しなければならない長距離を飛ぶ機材に限られている。

双発でも300人以上を乗せられ、エンジンの信頼性の向上で太平洋横断飛行ができる現在、3発エンジン機の需要は急速に減っている。そのため比較的新しい機体であるはずのマクドネル・ダグラス製ＭＤ－11が急速に第一線から退いている。燃料費のことを考えると双発で運べるのなら、３発機は不経済である。

また3発機は、構造上1基のエンジンは機体中央後部にしか取りつけられず、高い位置にあるのでメンテナンスもやりにくい。

すでにＪＡＬでも、ＭＤ－11は２００４年に引退した。最も新しい機体は１９９７年製にもかかわらずだ。ただしそのままスクラップになるのではなく、貨物機として第二の人生を歩むことが多い。３発機は旅客機としては不経済だが、より重い重量で運航している貨物機には、パワーのある機体は重宝するのである。ＪＡＬのＭＤ－11もアメリカの大手貨物航空会社ＵＰＳエアラインズへの再就職が決まっている。

騒音の大きいエンジンを持つ旅客機も先進国からは姿を消したといっていい。最近の旅客機と初期のジェット旅客機、たとえばＢ７０７、Ｂ７２７、そしてＢ７３７が登場した当時は、低バイパス比のエンジンで、構造にかなりの差があり、初期のジェット旅客機は騒音が大きい。

Ｂ７３７は１９６４年の初就航から40年以上も製造されているベストセラー機だが、－３００型以降は低騒音のエンジンを装備している。そのため－２００型以前の機体は見る機会が少なくなった。日本でもＪＡＬ系列の日本トランスオーシャン航空、ＡＮＡ系列のエアーニッポンが、Ｂ７３７－２００型と、－３００型以降の機体の双方を運航していたが、現在は－３００型以降、つまり低騒音の機体のみを運航している。

航続性能が高くなり、新機材を導入することで経由便を直行便にし、古い機材が退役していった例も多い。たとえばＪＡＬでも、以前は成田からのニューヨーク便やヨーロッパ便はアンカレッジを経由していたが、新機材導入で直行便になった。

図14　アメリカの大手貨物航空会社フェデックスには、旅客便から引退したＭＤ-11が大量に集結している。

この時もそれまで使っていた機材が古くなったわけではなく、経由便を直行便にした方が、利便性が向上、アンカレッジ空港の使用料、直行便にすることでの燃料節約などから、航続性能の高い新機材を導入した方が得策と判断したからである。これらフライトのアンカレッジ寄港は、アンカレッジまでの需要があったわけではなく、直行できないための給油での立ち寄りだった。

結果的に少数派機材になってしまい、引退を早めるケースもある。多くの機材を保有する航空会社では、メンテナンス部品の在庫やメンテナンススタッフの教育などから考えて、異なる機種を多く保有することは不利である。なるべく同じメーカー、できれば同じ機種、あるいは同じファミリーの機種にそろえられていた方が効率的である。

全日空では以前、ロッキードＬ１０１１トライスターというワイドボディ3発機を運航していた。ほとんどがボーイング機で占められている中でこの1機種のみがロッキード製で異彩を放っていたが、どうしても引退は早かった。異機種で3発機という条件が引退を早めたといっていいだろう。

この機材は、いわゆる「ロッキード疑惑」から「ロッキード事件」に発展した政治家を巻き込んでのスキャンダルになったが、やはり今となっては購入経緯が釈然としない。ちなみに同時期に日本航空に導入されたやはりワイドボディ3発機ダグラスＤＣ－10は引退が決まったものの、２００4年現在、現役である。

しかし全日空のトライスターはまだまだ使える若さでの引退だったため、その後、エアランカ（現在のスリランカ航空）、ハワイアンエアラインズ、中東のガルフエアー、カナダのエア・トランザットなどで第二の人生を送ることができた。

最近の大きな傾向は、旅客機から引退したワイドボディ機材が貨物専用機に転用されるケースだ。ある意味では、貨物航空会社が中古機材をあてにしている分、新品の旅客機需要があるともいえる。ワイドボディ旅客機は、第一線を退いた後は貨物専用機に転用されるのがなかば常識化しつつある。ＡＮＡでも旅客機としての役目を終えたＢ７４７ジャンボ機が、系列の日本貨物航空に払い下げられ、ジャンボフレイターとして飛んでいる。同じくＡＮＡのＢ７６７はアメリカの貨物航空会社エアボーン・エクスプレス（現在のＡＢＸエアー）に大量に払い下げられている。

旅客機の運命は、機体寿命とはまた別の要因で、引退や再就職を繰り返していることが多い。航空会社が需要予測を見誤ることだってある。またアメリカ同時多発テロ事件後は、アメリカを中心に航空旅客が激減、多くの旅客機が余剰になり、引退を早めた機体もあれば、まだまだ使える若い機体さえスクラップになってしまった例もあった。結果ではこの事件をきっかけに、旅客機製造から撤退した航空機メーカーまで出てきてしまった。

謎015 3発ジェット旅客機の謎
～急速に少なくなっている理由は？

3発旅客機の需要が急速に衰えている。それほどに双発機の性能が向上したともいえる。ジェット旅客機におけるエンジンの数はどのように変遷したのだろうか。ボーイングでいえば、初代ジェット旅客機の時代に、長距離用4発のB707、中距離用3発のB727、短距離用双発のB737の順に登場している。長距離用機材が最も先に誕生している理由は、その時代、短距離はプロペラ機と相場が決まっていたからだ。当時の旅客機におけるエンジンの数は、国際線旅客機は4発が当たり前、中距離なので3発、そして双発というのはぜいぜい国内線程度、基本的に陸地の上を飛び、長距離洋上飛行などは許されなかった。つまり双発では頼りなく、1人前に見ていなかったともいえる。逆にいえばエンジンの信頼性はその程度だったということだ。飛行中にもしエンジンが停止したら、残りのエンジンで最寄りの空港に緊急着陸を試みることになるが、洋上ではそれができない。だから、これら旅客機が登場した頃は、双発エンジンの機体は運用に大きな制限があった。現在のように、経済性だけで機体を選べる時代背景ではなかったのだ。

やがてETOPS(Extended-range Twin-engine OPeration System＝エクステンデッドレンジ・ツインエンジン・オペレーション・システム）120分ルールというのが登場する。これは双発エンジンの機体の運航制限ルールで、もし1基のエンジンが停止してしまった場合、残り1基のエンジンで最寄りの空港にまでたどり着かなければならないが、それを120分以内と定めたものだ。つまり航路上すべての地点から半径120分以内の距離に着陸できる空港があるようなルートでなければならないというルールだ。

こうして双発機は活躍の場を大きく広げた。まず、大西洋便が双発で飛べるようになった。だがこのルールでは、日本からオーストラリアやニュージーランドへは双発機で飛べても、ハワイ、アメリカ西海岸などへは飛ぶことはできない。ちなみに3発機、4発機にはこういった制限はなかった。やはり1基が停止してしまうと残り1基しかない双発機は200人以上を乗せて大海原を飛ぶには頼りないとされていたのだろう。

当時の日本からの国際線では、成田からデンマークのコペンハーゲンまでスカンジナビア航空のB767が、オーストラリアのパースまでカンタス航空のB767が飛んでいたが、アメリカ方面へは4発機か3発機しか飛んでいない。それどころかシンガポールと同じくらいの距離しかないハワイへも双発機は飛んでいなかった。120分の壁があったわけだ。

しかし信頼性の高いエンジンの開発でETOPS180分の時代へと進んでいく。これが太平洋便の機材を大きく変えた。コンチネンタル航空がヒューストン〜成田、ニューアーク〜成田間を双発のB777での運航を始めたのを皮切りに、アメリカン航空、ユナイテッド航空、デルタ航空、ANAと、次々に日米間のルートに双発機が登場、現在ではコンチネンタル航空、アメリカン航空、デルタ航空の太平洋便全便が双発機材で運航されるようになったほか、日本発着の太平洋便全便でみても約半分は双発機で運航されるようになった。

すでに世界中の多くの長距離便が双発機で運航可

能になったほか、180分の15パーセント増しの207分までとした信頼度の高いエンジンを装備した機体まで現れている。そして2004年からは、B777−300型の航続距離を長くしたB777−300ERが就航したが、この機体によって双発機の運用範囲がETOPS330分にまで広がろうとしている。

ただしここまで片側エンジンでの飛行を認めることには賛否両論があり、エアバス社ではボーイング社とは異なる考えを持っている。ボーイング社では、エンジンの信頼性を高め、世界中どのような路線でも双発機での運航を可能にする方向で旅客機を開発しているのに対し、エアバス社では今後も4発機の開発は進めていくとしている。双発よりも4発の方が信頼性が高いことは確かなので、要は4発でも低燃費のエンジンを開発すればいいという考え方だ。そのため、エアバスの双発機A330と4発機A340は、機体などは同じで、異なるのはエンジンの数だけになっている。

興味深いのはエンジンの推力だ。A330は−200型が推力32・2トンのエンジン2基、A330−300型が推力32・7トンのエンジン2基に対し、A340は−200型、−300型ともに推力15・4トンのエンジンを4基装備している。つまり、A330もA340もエンジンの数は異なるが、全体の推力は同じ、言い換えれば、A340では必要な推力を4つのエンジンに分散したといえる。

ボーイング機材では、B777を使っている航空会社は、双発のB777ですべて対応しなければならないが、エアバスを使っている航空会社は、双発のA330を使い、長距離で海を越える路線にはA340を使うといった使い分けができるのだ。この両機は規格が合わされており、異なるのはエンジンの数だけである。

エア・カナダではA330、A340双方を保有、距離の短い大西洋便ではＡ３３０、長距離になる日本など太平洋便にはＡ３４０を使っている。エアバスの経済性は、単に低燃費だけでなく、航空会社にとっての合理性にも合致している。

しかし3発機、4発機の必要性が薄らいでいることは確かだ。4発機に関しては、双発では得られない大きなサイズの機体があるので、今後も需要はあるだろうが、3発機は貨物専用機以外では急速に活躍の場を減らしている。

たとえばアメリカン航空やデルタ航空の日本路線は従来ＭＤ－11で運航されていたが、現在はＢ７７７で運航する。ＭＤ－11からＢ７７７へと、3発機から双発機に変わったが、旅客定員はまったく変わっていないので、運航経費だけが削減できたことになる。これでは3発機の活躍の場がなくなるのも無理はない。

そのため現在は3発機というのは製造されていない。現在ボーイングではＢ７２７、ボーイングと合併したダグラス、そしてマクドネル・ダグラス製のＤＣ－10、ＭＤ－11が、また旧ソ連製ツポレフＴｕ－１５４が3発機として残るが、いずれも年々その数を減らしている。

日本で見られる3発旅客機も、ＪＡＬ系列のＤＣ－10、フィンランド航空のＭＤ－11、ノースウエスト航空のＤＣ－10、ヴァリグ・ブラジル航空のＭＤ－11、極東ロシアから新潟、富山、青森、関西へ乗り入れるロシア系航空会社の機材を残すのみとなったが、すでにＪＡＬ系列、ノースウエスト航空の3発機は引退が近い。

3発機の減少は、特徴あるスタイルの機材が年々減っていくということでもある。3発機は後部にエンジンが最低1基はあることから、尾翼周辺が特徴的なデザインだった。現在製造されている機体は、大きさの違いはあるものの、どれも同じようなデザインの機体といえる。

謎016 旅客機のエンジンの謎

～古い機材と新しい機材ではエンジンのどこが違うのか？

ジェット旅客機がこの世に登場してからまだ50年程しか経っていないが、その間に旅客機の性能は飛躍的に向上した。大型化、低騒音化、低燃費化にはめざましいものがあるが、それを支えてきたのがエンジンだ。

1954年初飛行のB707は150席程度の機体だったが、15年後の1969年初飛行のB747ジャンボ機は同じ4基のエンジンながら2倍以上の390席、エコノミークラスだけなら500席以上を配置することができる。なぜこのように大きな機体を、B707と同じ4基のエンジンで飛ばすことができたのだろうか。

また、1969年に初飛行した双発B737があるが、同じ双発でも1994年初飛行のB777では、機体の定員は3倍以上になった。しかし、騒音は大幅に緩和された。いったいエンジンのどこが違うのだろうか。

ボーイングでいえば、B707が登場した当時と、B707が量産される頃からB727、B737の初期型までと、そしてB747以降とでは、エンジンの仕組みがかなり異なっている。

B707が登場した当時のエンジンは、ターボジェットエンジンという。これは、前方から取り入れた空気を高音高圧にし、燃料を燃焼させて高温ガスを後方に噴出して推力を得ている。

しかし、B707の量産型以降はターボファンエンジンに変わる。〝ファン〟という文字が入っているが、最前部のファンで取り込んだ空気を、燃焼させる空気と外周部を燃焼させずに吐き出される空気に分けて噴射、燃焼させて噴射した排気の力で前方のファンを回していて、より大きな推力が得られる構造になっている。

Ｂ７４７ジャンボ機といった大きな機体を飛ばすための大きな推力は、さらに高バイパス比のターボファンエンジンの開発によって可能となる。ターボファンエンジンは、ファンで取り入れた空気を燃焼させる空気と燃焼させずに排出させる空気に分けるが、燃焼させない空気の比率が高いほど高バイパス比のエンジンで、燃焼させる空気量は同じでも、バイパス比が大きくなれば大きな推力が得られる。

エンジンの騒音源は、燃焼・爆発させた空気の流れによるが、燃焼・爆発させる部分を、燃焼させない部分で覆うことによって騒音を少なくしている。

Ｂ７４７ジャンボ機では、バイパス比4というエンジンが使われている。これは１００の空気をファンで取り入れたとすると、燃焼させる空気20、燃焼させない空気80の割合を示している。つまり燃焼させた空気の4倍（バイパス比4）の空気を燃焼させずに排出しているということだ。

Ｂ７０７量産型からＢ７３７－２００型までに使われたターボファンエンジンのバイパス比は１程度。この時点で、およそバイパス比４以上のターボファンエンジンを「高バイパス比のターボファンエンジン」、それ以下のバイパス比なら「低バイパス比のターボファンエンジン」とも呼ばれるようになる。

この「低バイパス比のエンジン」と「高バイパス比のエンジン」は、外観から見分けることができる。細いエンジンが「低バイパス比のエンジン」（＝騒音も大きい）、太いビア樽のようなエンジンが「高バイパス比のエンジン」（＝低騒音）だ。

エンジンは低燃費化と低騒音化しただけでなく、推力は倍増している。B707では推力8・6トン×4基のエンジンだったが、B747－400型では推力25・6トン×4基のエンジンが装備となった。つまりB747はジャンボ象にたとえられてジャンボ機と呼ばれるが、B707よりずっと身軽だったのである。およその飛び方でいうと、以前の旅客機は、勢いのある細い空気を後方に噴射しているとすれば、現代の旅客機は、勢いのある空気は細いものの、その周りから勢いはさほどないものの大量の太い空気を噴射していると考えればいい。

その後もターボファンエンジンの進化は続き、B777－200ER型、B777－300型といった機体では、1基で推力40・9トン、バイパス比9という高性能のエンジンが使われている。これだけのエンジンなら最大で500席にもなる大型機を2基のエンジンで飛ばせるのも納得できるであろう。排出される空気の約10パーセントしか燃焼させていないので、低燃費というのもうなずける。

さらに開発が決まった7E7ではバイパス比10・5～11という高バイパス比のエンジンが開発される見込みで、こういったエンジンの開発によって低燃費、低騒音、そして長い航続距離が得られるのである。

燃費が極めて悪く、経済的に成立しなかった超音速機コンコルドのエンジンはというと、ここに紹介した最も燃費の悪いターボジェットエンジンに属し、さらに燃焼・爆発させた空気をもう一度燃焼させるアフターバーナーを備えていた。これは超音速で飛ぶためという理由だが、超音速で飛ぶためには、より空気抵抗の少ない高高度に駆け上らなければならない。高高度にまで機体を上昇させるために燃費は極度に悪かった。さらに爆音もとどろかせていたのである。

ところで、現代の旅客機の多くは高バイパス比のエンジンを使っているため、推力の多くはファンによって得ている。だから、プロペラ機とさほど変わらないともいえる。

「ジェット機」「プロペラ機」という比較がよくされるが、プロペラ機も、軽飛行機などを除くと、正式には「ターボプロップ機」と呼ばれ、ジェットエンジンでプロペラを回している。ではどこが異なるかというと、ターボファンエンジンでは、燃料を燃焼・爆発させた噴射と、その力で回しているファンで推力を得ているが、ターボプロップ機では、回したプロペラのみで推力を得ているというところだ。つまり、ジェット機もプロペラ機も推力の得方はそれほど変わらないといえる。

では、それぞれどういう特色があるかというと、およそ時速７００キロを境にして、低速で飛ぶならプロペラ機、高速で飛ぶならジェット機の方が適しているという。すると、高速で飛べるジェット機があれば、プロペラ機の必要性はないということになるが、プロペラ機の方が短い滑走路で離着陸できるほか、ジェット機の方が高い高度を飛ぶので、距離の短い区間ならスピードが遅くても低い高度までしか上昇しないプロペラ機の方が効率的なのである。

日本の定期路線に使われている旅客機で、唯一ここまでに紹介したいずれでもないエンジンを持つ機体がある。それが佐渡、伊豆七島、長崎県や沖縄県の離島路線で飛ぶイギリス製ピラタス社のBN2アイランダーという9席の旅客機だ。双発プロペラ機ながら、レシプロエンジンの機体、自動車などと同じエンジンのピストン（レシプロケート）運動によってプロペラを回転させている。ラジコン飛行機などと原理そのものは同じである。

謎017 旅客機の航続距離の謎

～航続距離が長い旅客機とはどういう機体か？

旅客機の航続距離が飛躍的に伸びている。現在、日本から最も長い距離を飛ぶのはデルタ航空の成田～アトランタ直行便で、6830マイル（1万1000キロ）。B777で、往路成田～アトランタ間を12時間40分、偏西風に対して向かい風になる復路は14時間5分をかけて飛ぶ。

では世界で最も長い距離を一挙に飛ぶ便はというと、2004年7月に始まったシンガポール航空のシンガポール～ニューアーク直行便だ。その距離9520マイル（1万5300キロ）をA340－500型で、往路シンガポール～ニューアーク間を18時間25分、復路は18時間35分で飛ぶ。シンガポール航空では、シンガポールからニューアーク直行便とロサンゼルス直行便には専用のA340を導入し、座席も特別仕様。本来、A340ではエコノミークラスの座席配置は横2－4－2席の8列だが、1列少ない2－3－2席配置にして、18時間を超えるフライトに対応している。

では長距離を飛べる旅客機は、短距離しか飛べない旅客機とどこが違うのであろうか？　実は短距離用も長距離用も、外観や機構などはほとんど同じである。長距離を飛べるということは、言い換えれば、たくさん燃料が積めるということでしかないのだ。ならば燃料タンクを大きくすればそれでよさそうだが、そう簡単にはいかない。燃料を多く積むということはそれだけ重くなるということなので、その重さで飛び上がれるパワーが必要になってくる。つまり、長距離を飛べること＝強いエンジンを装備することということになる。

また、同じエンジンのパワーならば、機体自体は小さい方が長距離を飛べることになる。たとえばシンガポール航空がシンガポール～ニューアーク間に飛ばすA３４０－５００型は、－６００型と同じエンジンを持ち、基本性能は同じで、ともに最大離陸重量３６５トンだ。ところが、全長は－６００型が74・３メートルに対し－５００型は66・８メートルと7・５メートル短く、その分、標準定員は－６００型が３８０席なのに対し－５００型は３１３席。逆に搭載できる燃料容量は、－６００型が19万６０００リットルに対し－５００型では21万３０００リットル搭載できる。この結果、航続距離は－６００型が８６３９マイルに対し、－５００型は９９７５マイルも飛ぶことができるのだ。

この数字からすると、前述のシンガポール航空は、シンガポール～ニューアーク間９５２０マイルを、航続距離９９７５マイルの機材で飛んでいるわけで、まさに性能ギリギリの運用にも思われる。余裕が４５５マイル分しかない。しかし前述したA３４０－５００型と－６００型のスペックはあくまでも標準的な数値にすぎない。要は機体の重さ＋燃料の重さ＋乗客や貨物の重さが合計３６５トン以内に収まればいいわけである。先ほどのスペックでは、A３４０－５００型は、標準定員の３１３席に対して９９７５マイル飛ぶことができるという例なのである。

そこでシンガポール航空では、この機体にビジネスクラス64席、エコノミークラス１１７席の計１８１席とゆったりした座席配置にし、その浮いた分を燃料にあて、長い距離を直行している。「座席をゆったり配置にした」という理由には、何かを削って、その重さを燃料にあてなければならない、という理由もあったのだ。

このフライトは乗客を1人運ぶのにかかった経費で考えればあまり経済的とはいえないであろう。しかし、こういった便を飛ばすことによるシンガポール航空のイメージアップ効果は大きく、新機材導入に意欲的な同社らしいフライトといえる。

旅客機のスペックは、あくまでも一例にすぎない。日本の国内線では、B747が500人以上の乗客を乗せて飛ぶのが当たり前となっているが、500席を越えるB747は日本にしかなく、国内線のみを飛ぶために、長距離性能の部分は無視した使い方をしている。逆に同じ大きさの機体がニューヨークやロンドンに直行しているが、こちらは定員がずっと少ない。500人を乗せてニューヨークなどに飛ぶことはできないのである。

このように、旅客機の燃料搭載量はシビアである。たとえばバスやディーゼルエンジンの鉄道車両は、たとえ短距離を運行する場合でも燃料を満タンにできるが、旅客機ではそのようなことはしない。基本的に「必要な量」だけを積む。たとえば成田からニューヨークまで飛べる機材が、ホノルルまで飛ぶ場合は、ホノルルまでに必要な燃料しか積まない。国内線の機体でも同じで、たとえば羽田~福岡間を何往復かする機体があったとして、朝に1日分の燃料を積むということはしない。そのつど給油する。なぜかというと、余分な燃料を積むと乗客や貨物が積めなくなってしまうほか、重い機体で離陸するのだから燃料も多く消費してしまう。また旅客機には、機種ごとに最大離陸重量とともに最大着陸重量も定められている。

前述のA340-500型でいえば、最大着陸重量は236トン、最大離陸重量が365トンなので、もしこの数字ギリギリの重量で離陸していたとすれば、少なくとも燃料を71トン分消費した後でなければ着陸できない。もし緊急着陸などを行う場合は、安全な高度で燃料を投棄しなければならないのだ。さらにいえば、このようなギリギリの運用が強いられるフライトでは、最大離陸重量より若干多めに燃料を積む。スポットから滑走路先端に移動するまでのタキシングに燃料を消費するが、その分を計算に入れて給油するのだ。

逆に楽な運用もある。たとえば韓国から日本へのフライトには、大型の機材が使われているが、韓国で日本を往復する分の燃料を積み、日本では給油を受けない場合が多い。なぜかというと、距離が短く、機体が大きいため、往復分を積んでもソウルを離陸でき、復路分の燃料が残っていても成田に着陸できるわけだ。往復分を積んでいると、ソウルを離陸する時に機体が重く、燃料消費が多くなってしまうのも事実であるが、自国で給油した方が、物価高の日本で給油するよりはるかに安ければ、その分は帳消しにできる。しかし、韓国の航空会社でも、ソウルから成田経由でロサンゼルスへ向かう便は成田で給油する。

距離の短い日本の国内線などでも、フライト１回ごとに給油するわけだが、離島路線などでは例外もある。たとえば北大東島、南大東島といった空港には給油施設がないので、那覇から往復分の燃料を積んで運航する。それでも、荷物などが多くなる日で、帰りの燃料まで積めない場合は、あらかじめ燃料会社にドラム缶を使って定期船で輸送してもらうという。

また北海道の奥尻空港にも給油施設がなく、函館からの便は往復分の燃料を積んで飛ぶ。ところが、ここを飛ぶボンバルディアＤＨＣ－６ツインオターという飛行機は、定員が19席であるが、19人の乗客とその荷物、往復分の燃料を積むと、最大離陸重量を超えてしまう。そこで函館から奥尻に向かう便では、15～16人しか乗せることができない。乗客数を削って運航しているわけである。

旅客機の燃料は、自動車のように、「満タンお願いします」といった積み方はできないのである。

謎018 旅客機の窓の謎

〜鉄道などと比べてどうして窓が小さいのか。

旅客機の窓ガラスは、正確にいうとガラスではなく、アクリル板を2枚重ねた構造になっている。なぜアクリルを使うのか。アクリルはプラスチックの一種なので、軽くて、しかも削ったり曲げたりの加工がしやすいというメリットがあるためだ。

旅客機の窓が小さい理由はいくつかある。旅客機では窓ガラスというより、水族館の水槽などにも似た構造だ。鉄道や自動車の場合は、内外の気圧差はほとんどないが、水族館は大きな水圧に、そして旅客機も上空では、機内は与圧されていて、機外は気圧が低いので、その空気圧差に耐える構造でなければならない。きわめて強い構造でなければならず、大きな窓は設けられない。

2枚重ねた複層構造になっているのは、もし1枚が何らかの理由で破損しても残りの1枚でも構造的に耐えうるようなフェイル・セイフ構造になっているためだ。旅客機の場合、窓が破損してしまうということは、機内の与圧が外に漏れることなので、わずかな穴であっても、それは致命的な事故につながるおそれがある。

超音速旅客機コンコルドは普通の旅客機より窓が小さく、その大きさは葉書の大きさ程度だった。コンコルドは音速を超えるスピードを出すため、通常の旅客機が飛ぶ倍ほどの高い高度を飛ぶが、高度が高いということはそれだけ外気圧は低く、機内との気圧差は大きくなる。その気圧差に耐えられるようにするには窓を小さくせざるを得なかったわけだ。

機体もその空気圧に耐えられるような構造になっているので、骨組みが他の乗り物よりずっと多い。最近のバスなどはスケルトン構造といい、骨組み部分に壁を設けず、大きな眺望のいい窓ガラスを採用しているが、旅客機ではおよそ窓と窓の間には骨組みがある。大きな空間が必要になるドア部分は、強度が少なくなるため、ドアの前後は壁だけの部分が続くが、旅客機では、構造上も大きな窓は採用できないのである。つまり、旅客機の窓の大きさは、Ｂ７４７でもＢ７３７でも同じで、機体が大きくても窓は大きくならない。

もうひとつの大きな理由は、機体を軽くするためである。単位面積あたりの重さは窓部分より壁部分の方が軽い。だから機体を軽くするのであれば、窓を廃止した方が軽くなるということになる。

これは軽量化の進んだ鉄道車両などもそうである。東海道新幹線が開通した当時の新幹線車両では、窓は細長く、２列で１個の大きな窓を共有していたのをご記憶だろうか？　しかしその後スピードアップをするために車両は軽量化され、窓は小さくなっていった。旅客機では他の乗り物に比べて軽量化はより逼迫した至上命題で、窓部分の面積を小さくして軽量化する必要があるのだ。

図18　コンコルドの窓は、「British」の字の上にある横線上に並んでいるのだが、機体の写真を撮ってもよくわからないほどに小さかった。（ニューヨーク・ジョンＦケネディ空港）

謎019 旅客機のトイレの謎

～トイレだって進化している。

旅客機のトイレで水を流すと、凄い音とともに便器に吸い込まれるような感覚になるのが嫌だという人も多いと聞く。そんな中、水を流すレバーを倒すと、「ウイーン」というモーター音とともに水が流れる、電車のトイレのような旅客機もあり、そういう機体に乗るとなじみがあるだけにホッとするかもしれない。しかし、前者が新しいタイプ、後者が古いタイプのトイレである。

たとえばー400型ではない初期型のB747のトイレは「循環式」と呼ばれるタイプだ。トイレ直下に汚物タンクがあり、一度流した水を漉して循環して利用している。列車のトイレと同じような構造である。

しかし、B767以降の新しい旅客機では、「バキューム式」と呼ばれるトイレが使われるようになった。汚物タンクは機体後方に1カ所あるだけで、汚物はそこに集められる。そしてタンクまで汚物を吸い出すのには、機外と機内の気圧差による空気の力を利用している。極端にいうとトイレ洗浄スイッチを押すと、一瞬、機体に穴があいたような状態になり、その気圧差で汚物がタンク方向に吸い出されるのだ。

「バキューム式」のメリットは、汚物タンクがトイレの数、またはトイレのグループだけ必要となる「循環式」に比べて、後方の1カ所ですむため、構造が単純なほか、抜き取り作業も、汚物タンクが何カ所もある循環式に比べて格段に楽である。

また「循環式」では、直下にタンクのスペースが必要なことから、ほぼトイレの位置は決まっていたが、「バキューム式」では、機内レイアウトの自由度が増し、各航空会社の希望にも応じられる仕組みになっている。

「循環式」では、循環して使っているゆえに、長距離フライトになるとどうしても悪臭が出てしまうほか、さらには詰まって故障などになることがあったが、「バキューム式」では同様のトラブルとなるような原因は構造的にないといえる。

「バキューム式」は機外と機内の気圧差を利用しているが、この原理を使えるのは高高度を飛んでいる時だけである。この原理はおよそ高度3000メートル以下では使えない。旅客機は高度3000メートル以下になるような離陸・着陸時はシートベルト着用サインが点灯していて、トイレに行く機会はあまりないが、実際はトイレを地上にいる時に使うこともある。そのため、低高度と地上にいる時のために吸引機能も備えてある。原理は家庭用掃除機と同じで真空ポンプを使い汚物を後方のタンクに吸い出すようにしてある。

トイレのない旅客機もある。日本の空を飛んでいる機材では、東京の調布飛行場から伊豆七島に向かう新中央航空が運航しているドイツ製ドルニエ228と、また同じく新中央航空、新潟と佐渡を結ぶ旭伸航空、長崎県の離島を結ぶオリエンタルエアブリッジ、沖縄県の離島を結ぶJALグループ琉球エアーコミューターの4社が運航するイギリス製BN2アイランダー、これらの機材にはトイレがない。また函館と奥尻を結ぶANAグループエアー北海道のカナダ製ボンバルディアDHC－6ツインオターという機材には、オマル式という原始的なトイレが備えられている。こちらは非常用である。旅客機のトイレもさまざまなのである。

謎020 機体への乗降の仕方の謎

～なぜ機体の左側前方から乗降するのか。

旅客機にはドアがたくさんある。たとえばB747ジャンボ機にはメインデッキだけでも左右5カ所ずつ、計10カ所のドアがある。しかしいつも乗り降りするのは決まって左側の前方1カ所か2カ所である。空港ターミナルにあるボーディングブリッジは旅客機の左サイドにあると決まっているし、タラップを使うと機体後方から乗り降りする場合もあるが、機体の左側と決まっている。これには、何か理由があるのだろうか？

そもそも左側から乗降するようになったのには船が関係している。船は船体の左側を港側にして接岸するのが常識だった。だから、船では左側を「ポートサイド」、右側を「スターボードサイド」と呼ぶ。なぜ左側を港側にするのが常識だったかというと、スクリューの回転方向の関係から、船を左側の岸壁に接岸させる方が、右側の岸壁に接岸させるより簡単だったのである。

旅客機はこの船の慣習にならったといえるが、船の方はその後、船体を左右に動かすためのバースラスターなどが装備されるようになり、「ポートサイド」を港側にして接岸するとは限らなくなった。一方で船の慣習にならった旅客機の方は、現在でもその慣習を踏襲しているわけだ。ちなみに旅客機では船の慣習を踏襲している呼び方が多い。機体のことを「シップ」と呼び、客室は「キャビン」、客室乗務員は「キャビン・アテンダント」、機長は「キャプテン」という。空港は「エアポート」、つまり空の港である。

乗客が乗降する以外のドアは普段は使われないかというとそんなことはない。ケータリング会社のトラックの荷台が上昇して旅客機のドアにドッキングしている姿は各空港で見かける。機内食の積み込みや備品搬入は右側のドアや左側後部のドアから行われているのである。

実は旅客機の中には、右でも左でもない方向からも乗客を乗降させられる機体がある。Ｂ７２７やＤＣ－９、ＭＤ－80シリーズ、ＭＤ－90といった機体には、機体後部にタラップが収納されていて、非常時だけでなく、普段の乗降にも使われている。これらの機体に共通していることは、エンジンがすべて主翼ではなく機体後部にあるということ。通常の機体より重心が後部にずれていて、その関係で主翼が機体中央より後部寄りにある。そのため機体のドアが主翼より後になかったり使いにくかったりするためである。また、主翼にエンジンがないため、車輪が短くてすみ、機体が低い位置にあるため、ハシゴのような収納式タラップでも乗降できるのである。

図20　タラップを使う場合、B727では後方から乗降する機会が多かった。（ロサンゼルス空港）

謎021 フラップとスポイラーの謎

～窓側に座ったら、翼の前後を観察してみよう。

主翼付近の窓側に座ると、主翼のさまざまな可動部分が観察できる。離着陸時はフラップが出てきて主翼の様子はずいぶん変わる。ではこれら主翼の可動部分はどのような役目があるのだろうか。

まずは旅客機が飛ぶ原理を簡単に説明しておく。旅客機は、エンジンの推力で前に進むことにより、主翼に発生する揚力で空中に浮く。揚力は主翼の断面形状から上面と下面を通過する空気の圧力差によって発生する。つまり速く進めば進むほど圧力差が大きくなり、大きな揚力が発生するし、主翼の面積が大きくなれば、圧力差は小さくても圧力を受ける面積が大きくなって揚力は大きくなる。

航空機は離着陸時、向かい風で運航する。たとえば、滑走路が南北方向で北風が吹いていたら、南から北に向かって離着陸する。向かい風で離着陸することで、同じスピードでも主翼を通過する空気が多くなり、大きな揚力が得られる。

フラップとは、主翼の面積を大きくする装置だ。旅客機は高空を高速で飛んでいる時は、フラップを出さなくても、主翼の面積で充分な揚力が得られる。しかし離着陸時はスピードが出ていないので機体を支えるだけの揚力が得られず、フラップを出して主翼の面積を広くし、必要な揚力を得ている。加速する離陸時より、減速して滑走路に近づく着陸時の方がフラップが大きくせり出しているのはこのような理由による。逆にいえば、着陸時、フラップが出てくれば「これからスピードを絞って最終着陸態勢に入る」ということでもある。

フラップは、低速でも空中に浮いていられるようにする装置といえ、主翼後方のみでなく、主翼前方にも前縁フラップと呼ばれる装置がある。

Ｂ７０７、Ｂ７２７、ＤＣ－８などの古い機体に比べ、Ｂ７４７などは大きな重い機体にもかかわらず、低速で着陸態勢に入れるのは、主翼前方に1段、後方に3段になったフラップのおかげである。現在となっては当たり前の装置だが、Ｂ７４７という大きな機体が安全に離・着陸できるのはこういったフラップの開発があったからといえる。これらは総称して高揚力装置と呼ばれる。

また3段になったフラップには、フラップの板と板の間にすき間がある。主翼面積を大きくするという意味では、すき間はない方がいいように思われるが、実際はすき間がないと主翼上方に空気の渦ができ、流れが乱れて揚力が少なくなってしまう。そこで意図的にすき間をつくり、そこから噴出した空気で渦を噴き飛ばすようになっている。

主翼上面に板を立てたような動きをするのがスポイラーである。スポイラーは主翼上面に板を立てることによって揚力を打ち消す働きがあり、高度を下げる時に用いる。しかし揚力はスピードと比例するので、高度を下げる時には、スピードを落とせば、高度も落ちる。わざわざスポイラーを立ててまで揚力を減らす必要性を感じないかもしれないが、スピードを維持して高度のみを下げる場合もある。また、スピードは上げたいが、高度は上げたくないという場合には推力を大きくして、つまりエンジンをふかして、スポイラーを上げる。

これらフラップ、前縁フラップ、スポイラーなどを総称して補助翼と呼んでいる。主翼付近の窓側に座ったら、この補助翼をよく観察するといい。慣れてくると、現在機体がどういう状態であるのかが理解できるようになってくるはずだ。

謎022 旅客機はどうやって停止するのか

～逆噴射は、実際に逆方向に噴射しているわけではない。

航空機の車輪には動力はない。ターミナルと滑走路の間を移動する時は、エンジンの推力で動いている。エンジンをかけずにターミナルからハンガーと呼ばれる格納庫などへ移動する時は、トーイングカーと呼ばれる自動車に牽引してもらう。

なぜ車輪に動力をつけないかというと、折りたたんで機体に収納するために機構を複雑にはできないし、軽量化が至上命題の航空機にとっては車輪に動力をつけるよりもエンジンで前へ進んだ方が効率的だからである。

航空機の車輪は、地上にいる時の移動手段ではあるが、最も大切な役割は、安全に着陸するためである。航空機の車輪のことを「着陸装置」と呼ぶ。動力はないが、ブレーキとステアリング機能はある。ステアリングは、通常、前脚と呼ばれる前の車輪で行われるが、前脚のほかに主脚と主翼脚があるB747などでは主脚もステアリングしている。B777のように主脚が3軸の機材では、3軸のうち最も後の車輪もステアリングしている。

ブレーキはターミナルに到着して停止する時と滑走路に着陸した時にも使用する。航空機は高速で着陸後、限られた滑走路の長さの間に停止しなければならない。そのために、3つのブレーキを使う。

ひとつは車輪のブレーキだ。

また、接地とともに自動的にグランドスポイラーという板が主翼の上に立つ。これが2つめ。

スポイラーというと前項でも紹介した通り、上空で揚力を減らす時に使うが、効果が大きいので立てる角度、使えるスポイラーが限られている。だが、接地した時はすべてのスポイラーを勢いよく立てることができる。

スポイラーを地上で使う時はエアーブレーキなどと呼ぶので、板を立てて空気の抵抗を大きくしているように見えるが、目的は揚力を完全になくしてしまうことにある。スポイラーによって揚力を減らす方法は、とても効果が強い。

航空機が着陸する時はスピードを絞り、徐々に揚力を減らして着陸する。だが、接地の瞬間に強い向かい風などが吹くと、再度揚力が発生し、車輪が滑走路に圧着せず、車輪のブレーキをかけても効果がなくなってしまう。だから、設置の瞬間に自動的にスポイラーが立ち上がり、揚力を完全になくしてしまうのである。

また、着陸時にドスンと接地すると「下手なパイロット」などと思えるが、雨の日などは、二度と浮き上がらないように確実に接地した方がよいので、少々乱暴であるがドスンと接地する。ふわっと接地するとスリップしてオーバーランしてしまう危険があるからだ。

このほかに、エンジンの逆噴射というブレーキがある。逆噴射に関しては、必ず使うというものではなく、パイロットの判断で使う。車輪のブレーキやスポイラーは必ず使うが、逆噴射は補助的な手段だ。しかし成田空港や羽田空港では、早く滑走路をあけるためにまずどの便も逆噴射を使い、早く停止して誘導路へと出て行く。

通称「逆噴射」というけれども、エンジンが逆に噴射しているわけではない。リバース・スラスト・システムあるいはスラスト・リバーサーと呼ばれ、一般的には2種類の方法がある。Ｂ７３７初期型、ＭＤ－80などの「低バイパス比のターボファンエンジン」では、エンジン後方の噴射口に蓋をするような装置があり、噴射していた排気を斜め前方に流れを変えることで制動する。この場合、燃焼されたガスの向きを変え、それが斜め前方の機体にもかかるので、機体が煤けていることが多い。

一方、「高バイパス比のターボファンエンジン」では、バイパスを流れる空気の流れを後方に出ないよう蓋をし、同じく斜め前方に流れを変えて制動する。そして燃焼されたガスをそのまま後方に出す。逆噴射というが一部は前方への推力として残っているのだ。たとえばバイパス比4のエンジンでなら、1が推進力として残り、4が制動の力、差し引き3の力で制動できるという仕組みである。

このようにエンジンを逆噴射するといっても、空気の吸気口から逆に排気できる機構があるわけではない。ところがプロペラ機の制動では、逆噴射に近い状態になる。船のスクリューと同様に、可変ピッチといってプロペラの角度が反転するのだ。つまり回転方向は同じだが、プロペラの傾斜が逆になって、上空では空気を後に追いやっていた状態が、空気を前へ追いやる状態に変わる。

車輪の話に戻ると、旅客機ゆえのさまざまな工夫がある。

接地時にパンクしても火災などにならないよう、充填されているのは空気ではなく窒素だ。

車輪は機体に引き込まれるが、車輪の出し入れは油圧を使っている。貨物室ドアなどは電気の力で開け閉めするが、車輪のドアは油圧で開ける。電気モーターを使うより油圧装置にした方が重くなり、油の管理なども手がかかるが、電気モーターは過負荷に弱い。車輪は、収納されたはいいが出てこないということは許されない。そこで、ドアが凍りついていようが、少々タイヤがゆがんでいたとしても、力強く車輪を押し出してくれるほうがよいので、油圧なのである。

謎023 旅客機の高度の謎

～実際にどのくらいの高さで飛んでいるのか。

旅客機はどのくらいの高度を飛ぶのだろうか。日本の国内線程度の距離を飛ぶジェット機は２万～４万フィート、国際線は３万～４万６０００フィート、プロペラ機は８０００～１万６０００フィートほどである。

１フィートは約０・３メートルなので、３万フィートというと約１万メートル、世界一高い山であるエベレスト山（チョモランマ）が８８４８メートルなので、３万フィートの高度を飛べばどんな山でもクリアできることになる。

高度に幅がある理由は、高い高度を飛んだ方が、空気抵抗が少なくなり、燃費が向上するが、反面、近距離便では、高高度まで上昇すればするほど遠回りになるうえ、重い機体を高高度まで上昇させるのに多くの燃料を消費してしまう。そこで、距離、機体の重さなどを考え、さらにその日の気流などを考えて飛行高度は決められている。それなら長距離便はもっともっと高い高度を飛んだ方が空気抵抗は少なくなるように思えるが、あまりに高高度では、空気が薄くなってしまい、圧縮しても燃焼しにくくなるので、逆効果になる。それでも超音速機コンコルドや戦闘機などは、音速の２倍といったスピードを出すために、５万５０００～６万フィートといった高高度を飛ぶ。

長距離国際線では、同じ高度を維持して何時間も飛ぶという飛び方はしない。徐々に高度を上げて飛ぶことが多い。たとえば離陸後3万1000フィートまで上昇、この高度で2、3時間飛び、その分の燃料を消費して軽くなったところで3万5000フィートに上昇、このようなことを繰返し、最終的には4万3000フィートまで上昇して、最後は高高度から一気に下降する。最初から高高度へ行かない理由は、機体が重い時に、高高度まで昇るとその分燃料を多く消費するためであり、徐々に高度を上げる理由は、より空気抵抗の少ない高度を飛行するためである。

航空機の巡航高度には世界的なルールがあり、飛ぶ方向によって高度が決められている。磁方位0度から179度（北から南南東にかけての東行き）と180度から359度（南から北北西にかけての西行き）で分けられ、東行きでは2万9000フィート以下は2万1000、2万3000フィートと1000フィート単位で奇数高度を、2万9000フィート以上では、3万3000、3万7000フィートと4000フィートごとの高度を飛ぶ。上下関係の一方通行といったところだ。

航空機の飛ぶ高度は空気が稀薄である。たとえばチョモランマに登頂する登山家は酸素ボンベを使って登るが、航空機の機内は与圧することによって、快適に過ごせる環境をつくっている。およそ2万4000フィートくらいの高度までの機内は地上と同じ1気圧程度に保たれ、それ以上の高度では、およそ地上の80パーセント程度の気圧にされている。普段の80パーセントしか空気がない状態といえるが、機内で激しい運動をするわけではないのでこれで問題ない。ちなみに3500メートル、1万1000フィート、つまり富士山山頂よりちょっと低い高度までなら運動などをしない限り人間は普通に呼吸できる。もし高高度を飛んでいて、与圧に対する何らかの事故が発生した場合は、酸素マスクが降りてくるが、この場合1万フィートくらいまで緊急降下すれば、酸素マスクの必要はなくなるのである。

一方日本の空を飛ぶ旅客機の中で、伊豆七島に飛ぶドルニエ228、奥尻島へ飛ぶボンバルディアDHC－6ツインオター、佐渡、伊豆七島、長崎、沖縄県の離島路線を飛ぶBN2アイランダー、この3機種は与圧装置がなく、5000フィート程の高度を飛ぶ。これらの機体に共通していることは、機体断面が必ずしも円形をしていないことで、造りも自動車的である。与圧すると機体内外の気圧差が大きく、機体はその圧力差に耐えられるような構造にする必要があり、おのずと断面は円形に近くなる。そして窓は小さくなる。これら3機種は窓も大きめに作られており、通常、雲の下を飛ぶので、見晴らしも良好である。

図 23－1　与圧されずに低空で飛ぶ航空機の見分け方は簡単。機体断面が円形ではなく、角ばっている。（ドルニエ 228、モルジブのマーレ空港）

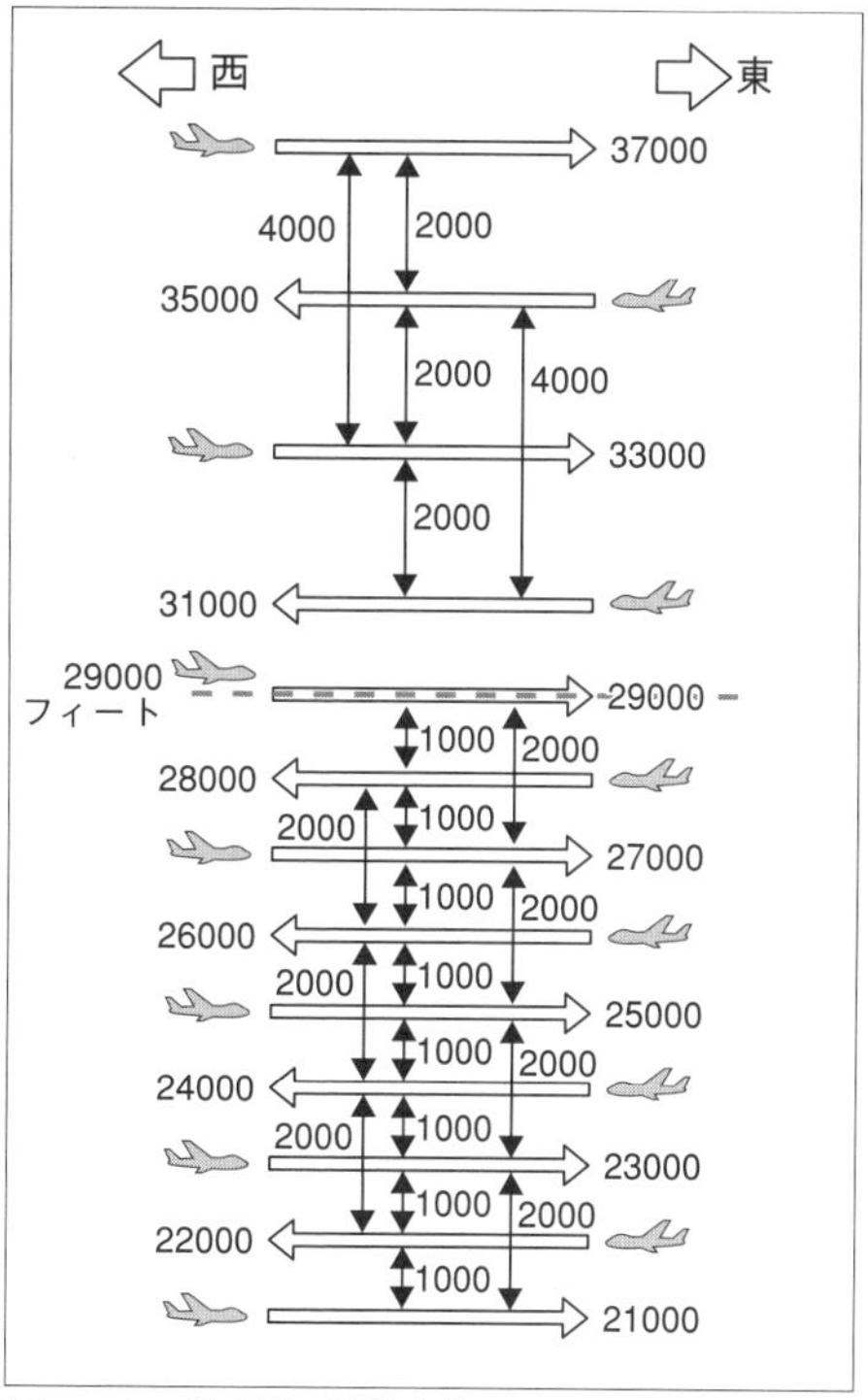

図 23－2　航空機の巡航高度。

謎024 旅客機の座席数の謎

～同じ機体でも用途によって座席数は大きく変わる。

旅客機の航続距離などの性能では、旅客機メーカーのスペックとしてある数字は、目安なのである。機体の重さ＋燃料の重さ＋乗客や貨物の重さを最大離陸重量以内に収め、燃料を消費して、着陸時には最大着陸重量以内に収めれば、実際にメーカーのスペック以上の航続距離で運用することはできる。このようなことからスペックにある旅客定員というのは、あくまでも目安であり、ファーストクラスやビジネスクラスを航空機メーカーの想定より豪華にすれば定員は減るし、エコノミークラスの比率を多くすれば定員は多くなる。

日系航空会社の機材で見てみると、プロペラ機など小さな機体は、同じ機種ならどの航空会社が使っても定員は同じだ。たとえばＪＡＬグループ日本エアコミューター、ＡＮＡグループエアーニッポンネットワーク双方が運航するボンバルディアＤＨＣ－８－４００はどちらの航空会社でも定員は74席、ともにエコノミークラスしかない。１００席以下の機体では、だいたいどの航空会社が使っても標準定員のまま使われている。

Ｂ７６７サイズの機体になると、座席配置で定員は大きく変わる。Ｂ７６７－３００型で比較してみよう。日本では4社がこの機体を運航しているが、それぞれ定員が異なる。

●ＪＡＬの国際線用…ビジネス30席、エコノミー２０７席の計２３７席。国内線用…「クラスＪ」16席、普通席２５４席の計２７０席。

●ＡＮＡの国際線用…ビジネス35席、エコノミー１７９席の計２１４席。国内線用…２８８席。

●スカイマークエアラインズの福岡便用…「シグナスクラス」12席、普通席２９７席の計３０９席。鹿児島便用…「シグナスクラス」24席、普通席２３０席の計２５４席。

●エア・ドゥ…２８６席。

最も定員の多いスカイマークエアラインズは、普通席を通常の横配置より1列多い8列にして格安運賃を実現したが、他の3社はいずれもエコノミークラス（普通席）の横座席配置は同じ7列、それでも最も定員の多いエア・ドゥの２８６席と、最も定員の少ないＡＮＡ国際線用の２１４席では、72席の差がある。全席をエコノミークラスにするか、ビジネスクラスも設けるか、また国際線用か、国内線専用にして座席のピッチをつめるか、そし

図24　スカイマークエアラインズはB767に横2－4－2席配置の8列配置を採用した(左)。右の7列配置（横2－3－2席配置）のB767と比べると、通路の狭さがわかる。

て格安運賃の航空会社では横の座席配置を1列多くするなどによって、機内レイアウトや旅客定員は大きく異なる。

定員が200席以下で全席エコノミークラスの機体でもけっこう定員は変わる。JALグループ、ANAグループ、スカイネットアジア航空、いずれもB737−400型を運航するが、JALエクスプレス、スカイネットアジア航空が150席、日本トランスオーシャン航空が156席と167席、エアーニッポンが168席と170席の定員だ。各社とも特別なクラスはなく、全席が普通席なので、あまり変わりようがないはずだが、実際には定員の多い機体と少ない機体とでは20席の差がある。

B737は横3−3席の6列配置なので、20席ということは前後に3列以上違う。しかし、種も仕掛けもなく、座席と座席の間のピッチを広く取っているかつめているかの違いで、エアーニッポンの機体は、主に羽田〜八丈間など、短距離便に使われるため、座席間隔をつめているのである。

旅客機の座席は、床の金具に1インチ刻みで取りつけることができ、各航空会社は使いやすい機内配置にして使っている。

B747ジャンボ機ともなると、同じ機体の大きさでも、用途によって定員が倍程異なる。たとえばB747−400型を国際線と国内線双方に運航するANAで比較してみると、国際線の中でもビジネス旅客の多いニューヨーク便に使われる機体は、ファーストクラス10席、ビジネスクラス75席、「プレミアムエコノミークラス」（エコノミークラス普通運賃利用者用）20席、エコノミークラス182席の合計287席、これに対して同じANAでも国内線用のB747−400D（D＝ドメスティックの意）は「スーパーシート」27席、普通席542席の計569席、同じ大きさの機体でありながら、定員が倍も違うのである。

この差は、ニューヨーク便は同社でも看板路線なので、ファーストクラス、ビジネスクラスはゆったりした配置になっているというのが最も大きな理由だが、国内線仕様では、機内食などをサービスしないことから、最低限の部分を残してギャレーがなく、短距離専用なのでトイレの数も少ない。国際線用の機体にはトイレが14カ所あるが、国内線用では10カ所しかないのだ。トイレの数は、国際線の機体では乗客21人に1カ所の割合だが、国内線用の機体では、57人に1カ所しか用意されていない。

定員が異なることによって外観に差が出ることもある。それはドアの位置である。旅客機は事故などの際に、乗客全員が90秒以内に機外に脱出できることという規定があるが、それを満たすために先に紹介したＢ７６７－３００型のドア位置が微妙に異なる。この機材では前方、後方にドアが左右1カ所ずつ、そして主翼上に左右2カ所ずつの非常口が連続して配置されている。

客席を上から見た図では全部で8カ所のドアがあるが、実際は2カ所ずつが同じ場所なので全部で6カ所あるような感じだ。ところがスカイマークエアラインズの機体は定員が多いため、ドアは8カ所に分散されていて、主翼上にはドアがない。

このように普段の乗降には使わないドアであっても、非常口としてなくてはならない役目を果たしている。旅客機にとってドアは重要な意味を持つ。事故などの際には機体の外からも、ドアの位置が一目でわかるように、ドアの部分にはドア枠が目立つ形ですぐ分かるようなデザインにすることが義務づけられている。たとえばＡＮＡの機体は白とブルーのカラーで二分されているが、ドアが白い部分のドア枠はブルー、ドアがブルーの部分はドア枠を白くしてドアの存在がすぐに判別できるようにしている。

謎025 パイロットの条件でもエアバスは有利だ

～エアバスの旅客機には、操縦桿がない!?

旅客機の免許は、機種ごとに取得する。B767を運航するにはB767の操縦免許が必要で、B767の操縦免許ではB737は操縦できない。また、同じ機種でも、システムが大幅に変わると、同じ操縦免許では操縦できない例もある。

B747ジャンボ機は、-300型までは機長、副操縦士、航空機関士の3人のコックピットクルーによる運航だ。しかし-400型では大幅にコンピュータ化され、機長と副操縦士の2人乗務になり、航空機関士の仕事はコンピュータが取って代わった。そのため-300型までと-400型では異なる操縦免許なのだ。B747は長期間製造されているベストセラー機だが、-300型までと-400型ではまったく違う機体といえる。

そして、旅客機の操縦系統で大きく異なるのが、エアバスを中心にした「フライ・バイ・ワイヤ」の機体であり、その数は多くなっている。では、「フライ・バイ・ワイヤ」とは何か。

「フライ・バイ・ワイヤ」とは、その名の通り、電線によって飛ぶという意味だ。従来の旅客機では、コックピットの操縦桿などと方向舵や昇降舵は物理的につながっている。映画などで、墜落しそうな機体を、パイロットが力いっぱい操縦桿を引いていたりするが、軽飛行機などでは、本当に操縦桿と昇降舵はつながっている。大型の旅客機では直接はつながっていないが、途中に油圧装置などを介しており、物理的にはつながっている。

それに対して「フライ・バイ・ワイヤ」の機体では、パイロットの操作は電気信号に置き換えられて、昇降舵などに伝えられるのだ。パイロットの指示は電線を通って昇降舵などに伝えられる。なので「フライ・バイ・ワイヤ」と呼ぶ。なお「フライ・バイ・ワイヤ」は頭文字を取ってＦＢＷの機体などといういい方をすることもある。

「フライ・バイ・ワイヤ」を初めて採用した旅客機が、エアバスのＡ３２０だ。従来型の操縦桿はなく、「サイドスティック」と呼ばれるコンピュータゲームのような装置で旅客機を操る。そしてエアバス社では、Ａ３２０以降に登場するＡ３１８、Ａ３１９、Ａ３２１、Ａ３３０、Ａ３４０すべての機体を「フライ・バイ・ワイヤ」方式にした。従来型の操縦装置を持つのはＡ３００、Ａ３１０のみ、しかしこの2機種はすでに過去の機体になりつつあるので、実質的には現在製造している全機種が「フライ・バイ・ワイヤ」といえる。

それに対してボーイング機材で「フライ・バイ・ワイヤ」を採用しているのは、最新のＢ７７７のみで、Ｂ７７７も、「フライ・バイ・ワイヤ」方式にしながらも操縦桿を残している。これは従来方式が残っているのではなく、従来方式の機体に慣れているパイロットが操縦しやすいようにという配慮から、操縦桿で「フライ・バイ・ワイヤ」を操縦するという方式になった。

このように、操縦システムという点では、ボーイングよりエアバスの方が先進的といえる。また航空機事故が起こると、話題になることに、「人間優先のボーイング」「コンピュータ優先のエアバス」などといわれることがある。最終的には人間が判断する、としているボーイングの考え方が日本では受け入れられやすい論理といえそうだが、そうともいえない。

ちょっとたとえが悪いかもしれないが、スポーツの審判は普通は人間が行うが、誤審したとしてもその判定がくつがえることはまずない。だから写真判定を最初から採用しよう、というのがエアバスの考え方といえるかもしれない。

名古屋空港での中華航空機事故（1994年）のように、パイロットの考えと機体の自動操縦システムが反発して墜落してしまった例もあったが、これはパイロットが、機体のシステムをよく理解していなかったことが少なからず影響した。その後、改良を加えながらも、エアバスはコンピュータでできる部分はなるべくコンピュータに頼る、という設計思想を貫いている。昔からの習慣や人間を大切にするボーイング、先進的なエアバスと、航空機の操縦に対する哲学に若干の差があるといえる。

しかしこのことが、エアバス人気の大きな要因になっていることは確かだ。ボーイングだと、B767の操縦士がB737の操縦資格を取るには、異なる機種の資格を取ることになってしまうが、エアバスでは、A330の操縦士が、A320やA340の免許を取ることは容易である。

ボーイングでは、B767、B737双方の操縦免許を持つパイロットがいても、操縦性の違いから、今日はB767、明日はB737に乗務するといったことはできない。それほどに操縦性が異なるのである。しかしエアバスでは、同じ「フライ・バイ・ワイヤ」の機体で、極力、操作性を共通化しているので、今日はA330、明日はA340といった乗務ができる。このためA330を保有する航空会社がA340を導入することは、異なる機種を導入するといった負担がほとんどない。B767を保有しているのでB777も導入したという航空会社はそれほどないが、A330を保有しているのでA340も導入した、あるいはA320を保有しているのでA319も導入した、という航空会社は非常に多いのである。

謎026 機体整備の謎

～どういうサイクルで行われるのか？

機体の整備は3段階に分かれている。

A整備は、飛行時間で300～400時間ごとに行われる。実際にはこれに離発着回数も加味されるが、おおむね1カ月に1回程度行われ、国内線の機体などは夜間に一晩で行われる。昼夜問わず飛ぶ長距離国際線の機体を除くと、通常の運用をはずれることなく行われる整備である。ふだんは夜に駐機場で休んでいる機体が、月に1回程度ハンガーへと運ばれて整備を受ける。

C整備は、飛行時間で3000～4000時間ごとに行われる。おおむね1年に1回、約1週間かけて念入りに行われ、その間は運用からはずれる。大手航空会社では、定期便運航に必要な最低限の機材に若干の予備機を用意したり、C整備が繁忙期に重ならないよう機材繰りの計画を立てる。予備機があっても、繁忙期にはその予備機を使って臨時便などを運航するので、いずれにしても整備はなるべく閑散期に行うように計画する。また機数が少ない格安航空会社などでは閑散期に定期便を一部運休してC整備を受ける。大手航空会社は自社で行うのが一般的だが、機数の少ない航空会社や発展途上国の航空会社では、大手航空会社に委託したり、機体整備専門会社で行ったりすることも多い。

そしてM整備は、4～5年に1回、約1カ月かけて大規模に行われる。塗装もすべて剥がされるので、整備というよりは、M整備が終わった機体は、新品同様に生まれ変わるといってもいい。航空機は安全確保の見地から、年数が経っても、常に機体をある一定以上のレベルに保つ必要があるが、M整備を行うことによって、数年に1回、新品時同様にリフレッシュされている。鉄道車両などでは、車両の状態によって「延命工事」「更新改造」などが施されているが、航空機の場合は、そのようなことが定期的に行われているのだ。機体の新デザインが採用された場合も、このM整備の時に塗装が新しいデザインに変更される。

このM整備までを自社で行うのはかなり大きな航空会社といえ、最近では日系大手航空会社でも、自社だけでなく、中国やシンガポールに委託している。また、格安航空会社や発展途上国の航空会社、機数の少ない航空会社では、航空機を購入せずにリース契約にしていることが多いが、このM整備を機に新たな機体にリースし直すというのが一般的である。このM整備は、約1カ月を要するので、そのような長い期間運航スケジュールに影響を与えるわけにはいかないのである。そこで、機数の少ない航空会社では、そのようなことを見越したうえで機体をリースし、M整備までには新たな機体をリースするといったやり方を行うのだ。また大手航空会社でも、M整備の時期を機に引退させ、中古機市場に払い下げるということも見受けられる。

機体整備の様子もここ数年で様変わりしている。以前はすべてを分解し、新たに組み立てるといった行程を経ていたが、現在ではエンジンなども機体からはずすことなく、ボアスコープと呼ばれる、人間でいう胃カメラのような小型カメラを使って内部の点検を行うことが多くなった。実は過去にあったさまざまな航空機事故の原因に、整備の行程で、分解して新たに組み立てる時にミスをしていたということが多かったからなのである。

3章 航空会社・路線の不思議

アフリカのカメルーンエアラインズが運航するB747ジャンボ機は、以前はシンガポール航空で飛んでいた機体だ。（パリ・シャルルドゴール空港）

謎027 貸し借りもされる旅客機!?

～大手を退役した機体はどこへ行く？

世界の大手航空会社を眺めると、機材計画にもタイプがある。自社で大掛かりなメンテナンス部門を持ち、購入した機材は長くその航空会社で運航され、おおむね一生をその航空会社で使われる機材が多い航空会社と、新機材購入に積極的で、古くならないうちに、いわば中古市場で高く売れるうちに従来機材を放出している航空会社がある。

前者では、いわゆるアメリカのビッグ3といわれる大手航空会社、アメリカン航空、ユナイテッド航空、デルタ航空、そしてヨーロッパの大手3社であるブリティッシュ・エアウェイズ、ルフトハンザドイツ航空、エールフランスなどである。後者では、シンガポール航空やエミレーツ航空などがこれに当たる。後者の航空会社を引退した機材が、すぐにスクラップになることはまずない。

前者のような航空会社を退役した機体は、そのままスクラップになったり、あるいは貨物航空会社で余生を送ることになったりする程度だが、シンガポール航空やエミレーツ航空を退役した機体は、発展途上国の航空会社や格安運賃航空会社などに払い下げられ、それらの航空会社では、そのまま第一線で普通に活躍する。シンガポール航空で使われていたB747ジャンボ機が、フランスのコルサエール、アフリカの南アフリカ航空、カメルーンエアラインズ、TAAGアンゴラエアラインズなどで、シンガポール航空で使われていたエアバスが、ビーマン・バングラデシュ航空、エア・インディア、パキスタン航空、レバノンのミドル・イーストエアラインズ、インドネシアの新興航空会社エアーパラダイス国際航空などで、エミレーツ航空で使われていたエアバスも、エア・インディア、イラン航空、トルコのオヌールエアー、チュニジアのチュニスエアー、カナダのエア・トランザットなどで、主力機材として活躍している。

中古機材というと聞こえは悪いが、航空機は中古といえどもエンジンなどは新品同様に保っておく必要があるし、そもそも1社で20年使われている機材より、10年しか経っていない中古機材の方が新品に近いことは間違いない。さらには機体の金属疲労は、飛行時間よりも離発着回数が少ないほど状態がいい。機体は飛ぶたびに与圧される。風船にたとえると、膨らませたり空気を抜かれたりしている状態なので、長距離国際線で1日に十数時間飛んでいる機体より、短い区間を1日に何往復もしている機体の方が早く寿命になる。つまり、どちらかというと日本の国内線用機材などは寿命が短い。

現在は、2章014で述べたような理由（燃費、騒音、航続性能）に加え、主要航空会社の統合などによって機材の整理が行われ、あるいは航空会社の倒産によって、中古旅客機があふれている。一方、格安運賃航空会社が各国に誕生し、中古旅客機市場は需要も活発といえる。格安運賃航空会社の多くは中古機材でまかなわれているからだ。というより新品をオーダーしたのでは発注から引き渡しまでに2年程はかかるので、中古市場がないと新規航空会社などは事実上運航できない。

日本でも、羽田～宮崎・熊本間を飛ぶスカイネットアジア航空は4機のＢ７３７で運航するが、ベルギーのシティバードという航空会社と、マレーシア航空が使っていた機体をリース会社からリースしている。

　また、大手系列のグループ会社には意外に中古機材は多い。ＪＡＬ系列の日本トランスオーシャン航空には、サベナ・ベルギー航空、ドイツのハパグロイドで使われていたＢ７３７が、ＡＮＡ系列のエアーニッポンにも、ベルギーのヴァージン・エクスプレス、デンマークのマースクエアーで使われていた機体が活躍する。現在はＪＡＬと統合された日本エアシステムのエアバスには、エジプト航空、オーストラリアン、ヴァリグ・ブラジル航空、同じくブラジルのクルゼイロという航空会社からの中古機が活躍していた。これらの機材を導入した頃は、日本の国内線が急速に旅客を伸ばした時期で、新品機材を発注するより、中古機材を購入したほうが即戦力として利用できたのだ。ちなみにその後、ブラジルからの中古機材は、トルコの航空会社で第3の人生を歩んでいる。

　日本の格安運賃の元祖ともいえるスカイマークエアラインズやエア・ドゥの機材はというと、最近になってＡＮＡの中古機材も導入しているが、2社とも当初は新品機材を導入した。ただし購入したのではなくリース会社からのリースによる。航空会社の機材調達ではリース方式は珍しいことではない。リースにしておけば、新しい機材が出れば借り換えることができ、自社のものにはならないものの、少ない資金でも常に最新機材が運航できるメリットがある。住宅でいえば、分譲住宅を買うか、賃貸住宅を借りるかの違いで、一長一短といえ、各社の事情に合わせた利用をしている。

　スカイマークエアラインズなどは、リース専門会社からのリースだが、航空会社間で直接リースされる場合もある。たとえば機材を多く導入したものの、想定していたほどの需要がなかった場合、機材を売り払ってもいいわけだが、何年かすれば需要は増える、と思ったらそれまでは他社に機材を貸すことだってあるのだ。

謎028 機内の座席配置の謎

～同じ機種でも航空会社によって変わることがある。

旅客機の座席配置にはどのようなものがあるのだろうか？

最も多くの座席が配置されるエコノミークラスで、いわゆる通路がひとつしかないナローボディ機では、横3－3席配置のものが最大である。B737、B757、そしてエアバスのナローボディ機がすべてこのタイプ、このほかにも旧ソ連製ツポレフTu－154などと、数多くのナローボディ機が横3－3席配置である。そして合計6列を越えるナローボディ機はない。

1列少ない横2－3席配置になるのが旧ダグラスDC－9に始まるDC－9ファミリーと呼ばれる機体で、マクドネル・ダグラスMD－90やボーイングに開発が引き継がれたB717も横2－3席配置である。さらに最近増えている50席程度のリージョナルジェットと呼ばれる小型ジェット機では横2－2席配置であり、プロペラ機にはさらに胴体直径の小さい機体も出てくる。

通路が2列あるワイドボディ機ではどうだろう。

7列なのが横2－3－2席配置のB767。8列なのが横2－4－2席配置のA300、A330、A340といったエアバスのワイドボディ機、そして開発が決まったボーイングの新型機7E7もこの配置になる。

9列なのがB777、DC－10、MD－11だ。このタイプにはさまざまな配置があり、横3－3

−3席配置、横2−5−2席配置、横3−4−2席配置などバリエーションがある。等分されているのは横3−3−3席配置だが、旅行の需要は2人連れが多いので、2人席がないと使いにくい。横2−5−2席配置だと2人席が多く取れるが、中央の5席に真ん中ができてしまうのがネックだ。そこで横3−3−3席配置と横2−5−2席配置の折衷案のような横3−4−2席配置を採用する航空会社も出てきた。しかし左右非対称の座席配置は、客室乗務員のサービスなどが左右で負担が異なってしまうし、左右のトイレの混み具合なども変わってくるから、この座席配置も欠点がないわけではない。

旧ソ連製ワイドボディ機も9列配置で、横3−3−3席配置を採用している。

最も幅の広いキャビンを持つのがB747ジャンボ機で10列、横3−4−3席配置となっている。このほか、エアバスが現在開発中のA380は、総2階建て構造でメインデッキがB747ジャンボ機と同じ10列で横3−4−3席配置、アッパーデッキがエアバスのワイドボディ機A300などと同じ8列で横2−4−2席配置になる。つまりA380は、B747の背中にA300が載っていると思えば、いかに大きな機体かがわかるだろう。B747が登場した頃は「ジャンボ機は背中にYS−11を背負っている大きさ」といわれたが、A380は背中にさらにもう1機ワイドボディ機を背負っていることになる。

ちなみにB747ジャンボ機のアッパーデッキはビジネスクラスなどに使われることが多いが、エコノミークラスとして利用している航空会社では横3−3席配置の6列である。

ここに紹介した座席配置はあくまでも標準座席配置である。航空会社によっては通路を狭くしてこれより多く座席を詰め込んでいる場合もあり、格安運賃を売り物にした航空会社に多い。たとえばＢ７６７では、標準の横２－３－２席より１列多い横２－４－２席配置の機体があり、日本のスカイマークエアラインズやヨーロッパのチャーター航空会社がこれにあたる。またエアバスワイドボディ機でも、標準では２－４－２席のところを３－３－３席にしたものがある。Ｂ７７７、ＤＣ－10、ＭＤ－11でも、標準では９列のところを、横３－４－３席、つまりＢ７４７と同じ座席配置にしている場合もある。主に短距離区間に用いる機体も、このような場合が多い。

そのＢ７４７ジャンボ機の座席配置だが、登場当初は現在より１列少ない９列配置だった。横３－４－２席配置で、中央の４席は２席ずつに分かれ、中央は簡単なパーテーションで仕切ることができる構造だったのだ。

Ｂ７４７ジャンボ機は世界初のワイドボディ機だったが、当時の国際線は現在のように誰もが利用できるものではなかった。クラスはファーストクラスとエコノミークラスの２種のみ、格安航空券などはなく、エコノミークラスといえども高嶺の花だったのである。「空飛ぶ豪華客船」などとたとえられ、現在よりずっとゆったりとした機内だった。その頃のジャンボ機の２階席には座席はなく、ファーストクラス利用者用のソファーが並ぶラウンジだったのである。そんな時代にＢ７４７は登場した。

その頃に比べると、現在の旅客機は、大量輸送が当たり前になった分、窮屈になっている。

では、現在飛んでいる旅客機で最も快適性重視の機体は？　というと、Ｂ７６７といえるだろう。小ぶりだが、ワイドボディ機なので、通路が２列あり、座席と通路の関係ではゆったりしている。横２－３－２席配置なので、７列に対して６列までが窓側か通路側に座ることができる。その確率は85パーセント。85パーセント以上の搭乗率というのはかなり混んでいる状態なので、Ｂ７６７に

図 28-1　B747は、横 3 ― 4 ― 3 席配置で、現在最も大きな機体だ。

図 28-2　B767の横 2 ― 3 ― 2 席配置は、ワイドボディ機では最もゆったりした配置だ。

図 28-3　日本の国内線のB777は、横 3 ー 3 ー 3 席配置となっている。等分されているが、ベストの配置とはいえない。

図 28-4　横 2 ー 4 ー 2 席配置は使い勝手がよいのだが、エアバスワイドボディ機は胴体の上部に客席があり、壁が窮屈に感じる。

乗れば、左右ともに乗客という窮屈な席に座る可能性は極めて低い。B747ジャンボ機の空間の広さにはかなわないが、B767が快適といわれるゆえんである。

意外と窮屈なのが、エアバスのワイドボディ機だ。エアバスのワイドボディ機は、B747ジャンボ機などより胴体直径が小さいものの、B747ジャンボ機などと同じサイズの貨物コンテナを床下に収納できる構造になっている。そのため、客室の床がボーイング機材より高い位置にあり、胴体の直径にあたる最も広い部分を客室に使っていない。だから、窓側に座ると壁が回り込んでくる感覚がある。外から見ても、ボーイング機材の窓が真横を向いているのに対し、エアバスのワイドボディ機は少し窓が上を向いていることがわかる。

ワイドボディ機の機内も機種によって微妙に雰囲気が異なるのだ。

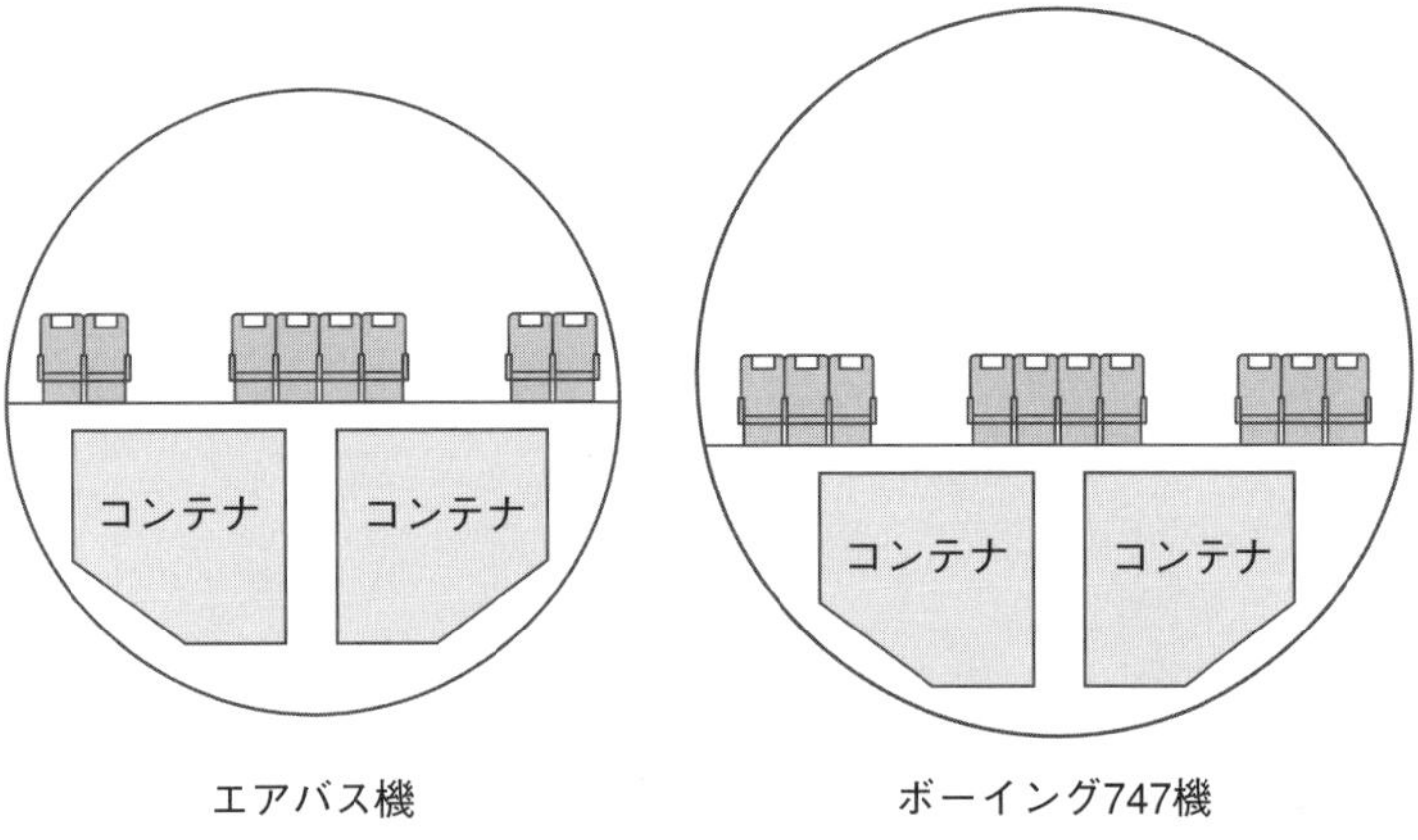

図 28-5　ボーイング747の機体とエアバスの機体の断面（概念図）。

謎029 ファーストクラスの謎

～激減したファーストクラスの復活はあるのか？

近年、国際線機材は「ファーストクラスの廃止」「豪華になるビジネスクラス」「個室感覚になるファーストクラス」という傾向がある。ここ10年ほどで、キャビンのクラス配置や、ビジネスクラスやファーストクラスといった優等クラスの座席も様変わりした。それには流行機材の変化も大きく関係している。

Ｂ７４７ジャンボ機が初めて路線就航した１９７０年代初めは、海外旅行は一般には手の届かない存在だった。座席はファーストクラスとエコノミークラスの2種類で、メインデッキの前方、アッパーデッキへ通じる螺旋階段のあるセクションの後方あたりまでがファーストクラス、そこから後方がすべてエコノミークラス、アッパーデッキはファーストクラス客用のラウンジであった。このラウンジは、それこそ高貴な乗客の社交場であったわけだ。

Ｂ７４７という大量輸送機が各国の航空会社に普及すると、１人当たりの輸送コストは低くなり、航空運賃は安くなった。団体割引運賃は普通運賃に比べて大幅に割り引かれることになる。ところが団体割引運賃利用者と普通運賃の差が大きくなればなるほど、双方の運賃利用者が同じ座席で同じサービスを受けるのは不公平という声が高まる。

そこで登場したのが「ビジネスクラス」というカテゴリーで、この「ビジネスクラス」誕生の背景は、エコノミークラス普通運賃利用者の差別化ということだった。だから、登場当初の「ビジネスクラス」は現在とは比べ物にならないほど簡素なもので、座席はエコノミークラスと同じ、機内食などのサービスで差をつける程度のものだった。

団体割引運賃だけでなく、いわゆる格安航空券が一般的に流通するようになると、団体以外の個人旅客も、エコノミークラスは大幅に安く乗るのが当たり前になり、航空会社は、そんな中で普通運賃を払ってくれるビジネスマンに、より一層サービスを充実させて、自社を選んでもらうようにとビジネスクラスの座席を豪華にしていく。こうして、ビジネスクラスは数年で、元はエコノミークラスから派生したとは思えないような豪華なクラスに変身していった。その頃は現在のような、ビジネスクラスの格安航空券などは存在せず、安売りをして数で勝負のエコノミークラスに対して、ビジネスクラスは安売りを行わない聖域扱いとされた。やがてビジネスクラスは、シートピッチが何インチといった数字が宣伝に使われるようになり、各社とも空港のラウンジ、マイレージ・プログラムにおけるビジネスクラスの優遇などに力を入れるようになっていく。

ビジネスクラスが豪華になるにつれて困ってしまったのがファーストクラスだった。後からビジネスクラスが追いかけてきた状態で、ファーストクラスはビジネスクラスより1ランク上のサービスを提供しなければならない。ビジネスクラスも難しい立場だった。豪華にしたいが、ファーストクラスとも差を保たなければならなかった。

そこでこの頃からファーストクラスを廃止する航空会社が多くなる。ファーストクラスを廃止、思う存分ビジネスクラスを豪華にしようという考え方だ。その方が利用者にも喜ばれ、ビジネスマン利用者が定着する。日本ではＪＡＬ、ＡＮＡとともにファーストクラスが健在だが、欧米の航空会社では思いのほかファーストクラスは少ない。米系航空会社で国際線にファーストクラスがあるのはアメリカン航空、ユナイテッド航空の2社のみで、デルタ航空、ノースウエスト航空、コンチネンタル航空などには国際線のファーストクラスはない。ヨーロッパでもファーストクラスが健在なのはブリティッシュ・エアウェイズ、エールフランス、ルフトハンザドイツ航空、スイスインターナショナルエアラインズの4社のみである。

こういった傾向が広まったのには、機材の傾向も大きくかかわっている。それまで長距離国際線の花形機材といえば、Ｂ７４７ジャンボ機だったが、近年Ｂ７４７を使う航空会社は減っており、変わってＢ７７７やエアバスを長距離国際線のメイン機材として使う航空会社が増えてきた。Ｂ７４７ジャンボ機よりひと回り小さめの、低燃費の双発機などを利用し、そのぶん便数を増やすという傾向だ。機材が小さくなれば、その狭い機内に3種の座席を配置するのは当然難しくなる。

このような流れの中、ファーストクラスを残した航空会社は、豪華なビジネスクラスが当たり前の時代にふさわしい、もっと豪華なファーストクラスにする必要があり、個室感覚１８０度リクライニング、フルフラットと呼ばれる形状になる座席が当たり前になった。個室といっても鉄道車両の個室のように部屋に仕切ることはできないので、1席1席がパーテーションをともなった「区画」といった印象である。

しかしビジネスクラスをさらに豪華にする動きは止まらず、１８０度リクライニング座席のビジネスクラスが登場した。この座席は世界に先駆けてブリティッシュ・エアウェイズが採用したが、１８０度リクライニングのためには長いシートピッチが必要、そこで定員を確保するために横の間隔を狭くし、半数の乗客は進行方向と逆に座るという前代未聞の座席配置になった。

違った動きも現れている。ビジネスクラスが豪華になると、ビジネスクラスとエコノミークラスの中間に、「ちょっといいエコノミークラス」を設置する航空会社が増えてきた。主に割引率の低い運賃の利用者や、マイレージ・プログラムの上級会員用のクラスとして運用している。

しかしファーストクラスが再び多くの航空会社で復活しそうな兆しもある。現在開発が進められているエアバスＡ３８０が就航すると、旅客機の超大型機時代は第２ラウンドを迎えるが、総２階建てというキャビンを利用すれば、一方のキャビンを優等クラス専用にすることなどが考えられ、この機材を使う航空会社では、再びファーストクラスに力を入れることが考えられるからだ。この広いスペースを利用し、ラウンジ、バーカウンター、免税店などを設置することが計画されている。現在でもバーカウンターやビジネスセンターなどを設置する航空会社があるが、Ａ３８０でのそのスペースは今までの比ではない。

現在の長距離国際線優等クラスではベッドのようになる座席が主流になりつつあるが、実は以前のＢ７４７ジャンボ機アッパーデッキに、ずばり寝台もあった。これはファーストクラス利用者がさらに寝台料金を払うと利用できる設備だったが、鉄道車両の寝台車とは異なり、寝台はあくまで寝る時だけに利用するものだった。基本はメインデッキの座席に座るもので、水平飛行に移り、食事を終えてから寝台を利用するというシステムだ。つまり、寝台利用時は豪華な座席は無人のままとなる。なぜこのようなことになったかといえば、離着陸時はファーストクラス利用者といえどもリクライニングを元に戻し、ベルトを締めなければならないからだ。個室感覚、フルフラットと、旅客機の座席は豪華になる傾向だが、離着陸時はこれらの座席でもリクライニングなどを元の位置に戻す規定になっている。

謎030 快適な席はどこ？

～機内のどのあたりに座るのが快適か？

旅客機に乗る時、広い機内のどのあたりに乗るのが最も快適だろうか。一般的には機内前方ということになる。ビジネスクラスやファーストクラスがある場合、必ず前方にある。エコノミークラスが前方、ビジネスクラスが後方という機内レイアウトはない。これは前の方が、到着した空港で先に機外に出られるという理由もあるが、最も大きな理由は、前の方が乗り心地がいいことである。およそエンジンの前か後ろかで静粛性が変わってくる。やはり、エンジンより後方にいるほうが騒音は大きい。

このことは現在開発中のエアバスＡ３８０の機内レイアウトにも表れている。Ａ３８０は総2階建てのキャビンを持つので、航空会社によっては一方のキャビンをファーストクラスやビジネスクラス専用にし、ラウンジやバーカウンターを設けることもあるだろう。しかしエアバスが提案するキャビンレイアウトでは、メインデッキ前方をファーストクラス、後方はエコノミークラス、アッパーデッキ前方をビジネスクラス、後方はエコノミークラスとしているのだ。メインデッキ、アッパーデッキともに、後方はエコノミークラスにしているところがポイントで、やはりエンジンより後方は騒音が大きく、優等クラスには適さないということなのであろう。

騒音という観点から優れていたのは、Ｂ７２７、

DC－9、MD－90、B717などだ。これらの機体はエンジンがすべて後部にあるので、客室すべてがエンジンより前方にあった。現在では少数派になってしまったスタイルだが、客室内が静かになるメリットがあった。現在でも50席程度のリージョナルジェットと呼ばれる小型ジェット機はこのスタイルだが、100席を越すタイプでは、後部のみにエンジンを装備する旅客機は、現在はほとんど製造もされていない。

静粛性ということでおすすめなのは、B747ジャンボ機のアッパーデッキだ。国際線ではほとんどの航空会社がこのスペースをビジネスクラスに利用、ルフトハンザドイツ航空のようにファーストクラスとして利用する航空会社もあるので、乗心地に関してはお墨つきといえる。

このアッパーデッキをエコノミークラスに使っている航空会社がある。まずは日本の国内線で使われているB747－400Dと呼ばれるジャンボ機はアッパーデッキに横3－3席のエコノミークラスが配置されている。アッパーデッキゆえに、ジャンボ機の広さは感じられず、ちょっと屋根裏部屋の雰囲気ではあるが、エンジンより前方で、アッパーデッキのためにエンジンから遠く、静粛性では優れている客室である。またJALグループでは、ハワイ路線ほか、エコノミークラスの割合が大きい路線では、アッパーデッキをエコノミークラスに使っている機体があり、国際線のエコノミークラスでもアッパーデッキ利用は可能だ。

では多くの人が利用するエコノミークラスに限っていうと、どういう席を選ぶのがいいだろうか。

幸い最近では、エコノミークラスでも前もってシートアサインができる航空会社が増え、各社のホームページなどで機材の座席配置が紹介されているので、事前に機内の様子をうかがい知ることはかなり可能になってきた。それならお好みの席を選ばない手はない。

ちなみに電話などでシートアサインを行った場合、窓側か通路側かといった希望を聞かれるが、それ以上に前方、後方、あるいはずばり30のAとBといったリクエストをしても構わない。またそういった細かなリクエストがない限り、おおむね前方から埋めていく。前述通り、前方の方が騒音は少なく、到着地では早く機外に出られるというメリットがある。だが、エコノミークラスの前方というのは、主翼の真上であることが多く、窓側を希望しても外の景色は何も見えないことが多い。

以前、多くの航空路線で喫煙席があった頃は、喫煙席が後方にあったが、全便禁煙が当たり前になった現在では、前から席を埋めていくので、後方の方が空いている場合が多く、ゆったりできるというメリットもある。機材によっては後方の胴体が狭くなっているので、座席数も減らされており、そのぶんゆったり感がある場合もある。

ただし団体旅客などが利用する場合は、後方席を占めることが多いほか、最後部はクルー用のシート、あるいは荷物置場になることがある。また、荷物収納ケースが、毛布やイヤホーン置場になっていて、席の近くに自分の荷物を置けなくなる場合があることも頭に入れておこう。

こんなこともいえる。あまり考えたくないが、低空で飛行中に森などに墜落すると、木がクッションになって、まれに生存者が救出される場合がある。生存者が乗っていた位置は、ファーストクラスでもビジネスクラスでもなく、エコノミークラス後方中央部分ということが多い。前方や窓側は墜落時の衝撃が大きい。主翼上部は安全かと思われるが、主翼というのは燃料タンクなので火災の危険性が高い。すると後方中央というのは助かる可能性が最も高いのかもしれない。事実、フライトレコーダーやボイスレコーダーの入っているブラックボックスは、垂直尾翼の付け根あたりに装備されている。

謎031 出発時刻と到着時刻の謎

～飛行機がどうなっているときを指すのか。

航空機の発着時間は離陸、着陸をした時間ではない。動き出してから止まるまでだと考えればいい。航空機が出発する時は、おおむねトーイングカーという車に押されて出発するが、あのバックを始めた時が出発時刻である。また到着時間は、ターミナルに着いて止まった時だと考えればいい。おおむね到着してシートベルト着用サインが消えた時ともいえる。だから、航空機の時刻表上での時間は、空港内の誘導路を進む時間のことなどを考えて、実際の飛行時間より長めにとってある。これを「ブロックタイム」といい、時刻表上の時間はこのブロックタイムで表されている。

飛行機が離陸・上昇すると、機長からのアナウンスで「本日のフライト時間」などの放送があるが、時刻表の到着時間から出発時間を引いた所要時間より短くなっていることが多い。つまり、時刻表には飛行時間より若干長い時間で記されているというわけだ。また、時刻表に記されている時間は、その季節の平均的な風の具合を想定して飛行時間が出されているが、機内アナウンスで放送されるのは、その日の飛行ルートや気象状況に基づいた正確な飛行時間なのである。この離陸してから着陸するまでを「フライトタイム」という。

日本では航空機の時刻表は5分単位で記されている。たとえば10時発の次は10時5分発といった具合で、10時2分発、10時3分発といった時間設定はない。世界的にもこの5分刻みの方法が主流だが、アメリカ、カナダ、メキシコの国内線や、これら3カ国相互間の国際線では1分単位の時間表記になっている。

例外もある。たとえば、タイ国際航空のバンコク発関西行き622便のバンコク発は23時59分だが、なぜ0時発にしないかというと、予約などの際に日付のミスが起きないようにするためだ。

発着時刻は毎月のように頻繁に変わっているという印象があるが、飛行機は空を飛ぶので、1年を通して同じ所要時間にはならない。

たとえばANAの時刻表で比べてみると、8月の時刻表では羽田から那覇までは2時間30分、那覇から羽田までは2時間20分となっている。ところが1月の時刻表では、羽田から那覇までは2時間45分、那覇から羽田までは2時間10分だ。夏と冬で所要時間が異なるだけでなく、行きと帰りにも所要時間差がある。機材はいずれもB747だ。注目したいポイントは、夏では行きと帰りの差が10分しかないのに、冬では行きと帰りの差が35分もあるということだ。

地球には自転によって上空を偏西風、別名ジェット気流という風が、極地を中心にして帯状に吹いているが、日本上空も偏西風の通り道にあたる。このため飛行機は、東から西へ向かう時は向かい風、西から東に向かう時は追い風を受ける。つまり、西へ行くより東へ向かった方が所要時間は短くなる。そしてこの偏西風は夏より冬に強くなり、そのことを計算に入れて航空会社は運航時刻を設定しているのだ。そのため距離が長いほどこの差は大きくなるが、同じANAの時刻表で比べると、羽田〜伊丹間でも行きと帰りでは5分の所要時間差がある。

長距離になればなるほど所用時間差は大きくなるので、国際線では夏と冬の差はもっと大きくなる。夏スケジュール、冬スケジュールなどと呼ばれ、欧米では、夏時間が実施されている国が多いので、同じ時間を飛んでいても発着時刻が変わることになるが、アジア内など、夏時間を実施していない国同士の便でも、この偏西風や季節風が吹くことによって微妙に時間は変わっている。

JALを例にすると、成田～ニューヨーク便では、夏は行き12時間30分、帰り13時間50分に対し、冬は行き12時間20分、帰り14時間10分と差が開く。距離の割に差が大きいのは成田～ホノルル便で、夏は行き7時間15分、帰り8時間10分に対し、冬は行き6時間35分、帰り8時間55分となる。この間は偏西風や季節風に対して行きはもろに追い風、帰りは真っ向からの向かい風になる。

偏西風は極地を中心に帯状に吹くが、この帯は北半球と南半球にあり、ちょうど日本やハワイあたりの緯度で吹いていて、赤道付近ではほとんど吹いていない。また西から東に吹いているため、JALの便でも成田～シドニー間は、夏は行き9時間25分、帰り9時間35分、冬は行き9時間30分、帰り9時間40分と、夏、冬、行き、帰りともに所要時間差はあまりない。南北方向の便なので、偏西風の影響を受けないのだ。

偏西風は冬になるにつれて徐々に強くなり、夏になるにつれて徐々に弱くなる。夏、冬2種類の発着時間を用意しても、正確には毎日微妙に運航時間は異なることになる。そこで米系航空会社は、1年に4回運航時間を変える。世界の航空会社は、欧米の夏時間に合わせて、3月末と10月末にスケジュールを変更しているが、米系航空会社ではさらに6月末と12月末にもスケジュールを変更している。

それではなぜ米系航空会社は定刻運航に神経質になるのか。それは、ハブ空港を拠点に「ハブ&スポーク」の運航を行っているからである。たとえば、日本からアメリカの拠点空港に着くと、そこから全米に向けての接続便がある。成田からフロリダへ行くのに、「アメリカン航空ならダラス乗り継ぎが便利」「デルタ航空ならアトランタ乗り継ぎが便利」というふうに各社は競い合っているが、競合が激しいため、各社とも接続時間をできる限り短く設定している。１つの便が遅延することによる影響が大きいので、定刻で運航できるようなスケジュールにしておく必要があるのだ。

一方、同じ北太平洋線を成田に飛ぶヴァリグ・ブラジル航空便は、１年を通して成田発着時間が変わらない。アメリカやブラジルには夏時間があるので、その期間だけはアメリカとブラジルの発着時間が1時間早くなったり遅くなったりするが、風の影響による時間調整は行っていない。この場合、定刻より早着、遅着が多くなってしまうが、1年を通じて同じ時間に発着する覚えやすさなどを優先しているといえる。

また、ある区間の飛行時間を定めた場合、機種に関係なく同じ飛行時間とする場合が多いが、航空会社によっては機種によって変えている。これは、同じジェット旅客機といっても機種によって出せるスピードが異なるからである。たとえば、Ｂ７６７の最大巡航速度は時速８８０キロだが、Ａ３２０では８４０キロである。つまり、同じ区間であっても、使用する機種によって所要時間が変わってくるのだ。２００５年1月のＡＮＡ時刻表によると、羽田～高知間はＢ７６７の便では所要時間1時間20分だが、Ａ３２０の便では1時間25分を要している。

時刻表には、「何日と何日は5分遅発」などといった記載があるが、この時間変更の理由はほとんどが機種変更によるものである。時間変更は時刻表に載せているが、機種が変更になることまでは載せていない場合が多い。たとえばＡ３２０で予定していた便がＢ７６７に変更になると、所要時間が5分短くなって5分遅発などになるわけである。

謎032 3桁の航空便名の謎

～便名の数字には、どのような基準や規則があるのか。

結論からいえば、航空便名の3桁の数字には、どの航空会社にも共通するような決まりというものはない。おおむね、航空会社ごとに方面別などに整理されているといえる。よく見かけるのは3桁の数字だが、便数の増加によって定期便でも4桁の数字になっている航空会社も多くなった。JALもそんな航空会社の1社だ。

JALでは、従来、便名を以下のように分類していた。

- ０～99便…北米と日本国内の国際線接続便。
- １００番台…国内線。
- ２００番台…JALとしては使わず、グループ会社の日本アジア航空が使用。
- ３００番台…国内線。
- ４００番台…ヨーロッパ、インド便。
- ５００番台…国内線。
- ６００番台…中国便の一部。
- ７００番台…アジア、オセアニア便。
- ８００番台…国内線。
- ９００番台…国内線と韓国便。

とても整理されているとはいえず、国内線と国際線が入り乱れているのは、増大する便数に対して、そのつど細かく対応していたためで、国内線の便名があちこちにばらけてしまっている。

そこで２００４年4月、JALと日本エアシステムの便を完全に統合した時点で、１０００、２

０００、３０００番台を国内線とした。これでかなり便名には余裕ができた形になるが、従来から５０００番台はＪＡＬと他の航空会社の共同運航便で他社便機材による便名に使っていたし、６０００番台は貨物便に、そして８０００番台は臨時便やチャーター便に使っている。羽田からソウル金浦空港へ毎日運航している便もチャーター扱いなので、時刻表に載っているものの８０００番台の便だ。

ＪＡＬでは、他社便機材による共同運航便はすべて５０００番台の便名をつけているが、これを細かく整理している航空会社もある。「スターアライアンス」「ワン・ワールド」など、航空連合に参加する航空会社では、共同運航する航空会社数が多いうえに便数も多いため、便名からどの提携航空会社の便かが分かるようにしている航空会社もある。「スカイチーム」に参加するデルタ航空では、

●１～２９９９の便名…デルタ航空自身が運航する便。
●３４００～６５４９の便名…グループ内のコミューター路線の便。
●７０００～７０９９の便名…南アフリカ航空便。
●７１００～７１９９の便名…大韓航空便。
●７２５０～７３２４の便名…ＣＳＡ便（チェコ）。
●７５７５～７８４９の便名…アリタリア航空便。
●７８５０～８１９９の便名…アエロメヒコ便。
●８２００～８８４９の便名…エールフランス便。

のように分けている。

便名の付け方にも各社ごとの特徴がある。たとえば成田からロサンゼルスへ向かうＪＡＬは０６２便、帰りは０６１便、ＡＮＡは００６便、帰りは００５便となっている。日本の航空会社なのだから、日本から海外へを「行き」、海外から日本へを「帰り」と考えれば、日本航空は行きが０６１便で、帰りが０６２便でもよさそうだ。しかし

ながら地球を西へ向かう便を奇数、東へ向かう便を偶数とする航空会社は多い。シンガポール航空のシンガポール～成田～ロサンゼルス便も行きが012便、帰りが011便となっている。

だが、自国を中心にし、海外への便を奇数、海外から自国に戻る便名を偶数にする航空会社も多い。大韓航空のソウル～成田～ロサンゼルス便は行きが001便、帰りが002便になっている。

同じ国の航空会社でも足並みはそろっていないようで、ロンドン～成田間を飛ぶブリティッシュ・エアウェイズではロンドンから成田へが005便と007便、成田からロンドンが006便と008便だが、同じイギリスのヴァージンアトランティック航空ではロンドンから成田へが900便、成田からロンドンが901便となる。

国内線では、JRの列車が東京を中心に東京から地方へ向かう列車を「下り」、東京への列車を「上り」にする感覚に近いようで、羽田空港など拠点の空港からの便が奇数便、逆方向を偶数便にしている。

各航空会社とも、001便、002便はその航空会社にとってメインの路線、古くからある路線などである。日本を発着する001、002便は4社ある。

- JAL…サンフランシスコ～成田便が001便、成田～サンフランシスコ便が002便。
- ANA…ロサンゼルス～成田便が001便、成田～ロサンゼルス便が002便。
- 大韓航空…ソウル～成田～ロサンゼルス便が001便、ロサンゼルス～成田～ソウル便が002便。
- ノースウエスト航空…ロサンゼルス～成田～マニラ便が001便、マニラ～成田～ロサンゼルス便が002便。

いずれも各社のメイン路線で、歴史もある。

謎033 「以遠権」とは何だろう？

～アメリカの飛行機が日本経由でアジア各国へ飛ぶ理由。

以遠権とは、A国の航空会社のB国行きが、B国を経由してさらにC国まで行き、B国～C国間で旅客などを乗せる営業権だと思えばいい。具体的には、アメリカの航空会社は、アメリカから日本を経由して他のアジア諸国へのフライトを運航するが、これらの便は日本～アジア間でも航空券を販売している。いわばアメリカの航空会社から見れば日本もアジアも他人の土地だが、他人の土地で商売をする許可といったところだ。

この場合、アメリカの航空会社には、日本からアジア方面への以遠権があるから日本で航空券を販売することができる。では、仮にこの以遠権がなかったらどうなるだろう。

たとえばノースウエスト航空には、ニューヨーク～成田～香港という便がある。この便はニューヨーク～成田間、ニューヨーク～香港間、成田～香港間といった3通りの利用方法があるが、以遠権がないと成田～香港間の利用はできなくなる。なので、以遠権がないと、ニューヨーク～成田間を利用した乗客の席は成田からは空気を運ぶことになってしまう。ニューヨーク～成田間とニューヨーク～香港間双方に直行便を飛ばす方法もあるが、別々に飛ばすほどの需要があるかどうかは分からない。いずれにしてもこの便にとって以遠権は非常に大切なものだといえる。

ところで、日本は、自国の航空会社の権益を守るため、海外の航空会社に対して閉鎖的な航空政策をとっていることは否めない。最近、ソウル、香港、バンコク、シンガポールといったアジアの主要空港を訪れて感じることは、日本へは乗り入れていない航空会社をずいぶん見かけるということだ。それらの航空会社は、主要国のセカンド・キャリアだったり、日本へは乗り入れていない小さな国であったりするが、いずれにしてもいえることは、それらの国にも日本人は多く渡航している。なのに日本へ乗り入れていない理由は、二国間交渉などで、運航できる航空会社数が決まっていること、また日本の空港に払わなければならない着陸料が高く、採算面で乗り入れができないのだ。

そんな航空政策をとる日本から、多くの以遠権を得ているのがアメリカのユナイテッド航空とノースウエスト航空だ。戦後、まだ日本にまともな航空会社がなかった頃、日本の民間航空会社立ち上げに協力したことから、当時のパンナムとノースウエスト航空には日本からアジアのどの地点にでも運航できる以遠権が認められた。パンナム路線は、太平洋路線の機材、乗員などを路線ごとユナイテッド航空に売却したので、以遠権はそのままユナイテッド航空に引き継がれた。

ノースウエスト航空は日本から、ソウル、釜山、北京、上海、広州、香港、台北、マニラ、バンコク、シンガポール、サイパンに運航、高雄、クアラルンプール、シドニーにも運航していた時期がある。ユナイテッド航空は日本から、ソウル、香港、台北、バンコク、シンガポールに運航、北京、上海、グアムにも運航していた時期もある。これは世界的に見ても異例の運航形態で、この2社はまるで日本の空港を自国のように利用して効率的な運航をする。一方、日本の航空会社に与えられたアメリカからの以遠権は、アメリカからブラジルまでのみで、JALのニューヨーク便が週3便、サンパウロに足を伸ばしているのみである。

米系航空会社で日本から以遠権を持っているのは、旅客では2社だが、このほかに貨物航空会社も2社持っているので、現在のアメリカと日本の状況は不平等であることは確かだ。アメリカは戦後の混乱期ともいえる時期に得た権益をずっとそのまま既得権として守っているわけだ。

一方、日本は、アジアなどアメリカ以外の国へは以遠権をほとんど与えていないし、乗り入れ航空会社の経由地までの営業もほとんど認めていない。日本の航空会社の権益を守るために行われていることだが、徐々に日本が世界の主要航空路線からはずされていくのではないかという危惧も感じる。たとえば東南アジアの航空会社の北米便は、以遠権の認められない日本を避けて、韓国や台湾を経由する便が多くなった。また日本は、中東、アフリカからの乗り入れが少ないが、経由地までの営業が認められていないからだ。

たとえばアフリカや中東から日本へ来る場合、バンコクあたりを経由するのが都合はいい。そうすれば日本までとバンコクまでと、双方の利用者を乗せられる。そしてバンコク〜日本間でも乗客を乗せられれば最も都合がいい。しかし日本では、ここでいうバンコクまでの営業を認めない。するとバンコクで降りた乗客の席は、バンコク〜日本間は空気を運ぶしかなく、効率がよくない。かといって直行便で飛ぶと、1カ国の乗客だけで採算に乗せねばならず、運航が難しくなるのである。

世界的に見ると、日系航空会社は、このような日本の航空政策に守られてきた経緯があるので、競争力は低下しているといえる。

謎034 離着陸時の客室乗務員の謎

～なぜスチュワーデスは、客と向かい合わせに座るのか。

旅客機が離着陸する時は、客室乗務員も座席に座り、シートベルトを締める。といっても乗客と同じ席に座るのではなく、ジャンプシートと呼ばれる折り畳み座席に座る。乗務員用に客席と同じ座席を用意してもいいのだが、少しでも多くの乗客を乗せるために、乗務員用の座席は折りたたみになったというわけだ。

しかし必ずしも乗客と向かい合わせ、つまり進行方向と逆に座るとは限らず、進行方向に向いたジャンプシートも数多くある。要は、客室乗務員用の席は、離着陸の時や、気流の悪い区間を通過する際など、シートベルトを着用しなければならない時だけ使えればいいという前提で設けられているので、最後部のトイレ横だったり、ギャレー横であったり、ドア部分であったりする。

たまたま各客室のセクションの最後部、ドアのすぐ前では、スペースの関係で後ろ向きに座るので「客室乗務員は客と向かい合わせに座る」という印象になってしまうのかもしれない。そして客室乗務員が座るジャンプシートと対面する客席を通称〝お見合い席〟などと呼び、この座席を好む男性客も多いといわれる。

違う理由からもこの座席は人気が高い。ビジネスクラスなどでは問題にならないが、エコノミークラスではなかなか足を思い切り伸ばしてくつろぐことができない。ところが、この各セクションの先頭部分、ドアのすぐ後ろの席は、すぐ前に座席がないため、足を伸ばすことができ、旅慣れた人などは、事前座席指定でこの席を選ぶという。この座席のことを「エグジット・ロウ」と呼ぶ。ただしこの座席にも問題がないわけではない。足元が広いことはまぎれもない事実だが、窓側はすぐ前がドアなのでドアの突起がある場合が多い。ドアのすぐそばなので、機体の強度の関係から窓がない場合も多い。また、通路側を含めてエグジット・ロウすべてにいえるのは、すぐ前に座席がないので、機内食などはアームレストに納められた小型テーブルに置く必要があり、トレイを片づけてもらうまでは、席を立つことが極めて難しい。また、ドア横であることから、米系航空会社などを中心に、この座席に座る乗客は、非常時には乗客の避難誘導を手助けしてもらう場合があるということで、簡単な英語が理解可能な人であることを条件に座ってもらっているところもある。

なおワイドボディ機では、中央部座席の各セクション最前部の座席、つまり映画などのスクリーンのすぐ前の席も、席のすぐ前に座席がないことからやや足元が広くなっているが、この座席は主に幼児を連れた乗客にアサインされるようになっている。壁部分にバシネットと呼ばれるゆりかごが引っ掛けられる構造になっているからである。

図 34　足を伸ばすことができることから、ドア横のエグジット・ロウを好む人は多い。

謎035 機内食の謎

〜JALは国際線でも2時間以内のフライトでは機内食廃止。

たかが機内食といってしまえばそれまでだが、高度1万メートルでは外の景色など楽しめないし、ワイドボディ機が大勢を占める日本発着の国際線では窓側に座れるチャンスも少ない。すると機内食は、唯一の大きな楽しみといえるかもしれない。

残念ながら日本の国内線普通席では機内食サービスがない。機内食などを省略して格安運賃を実現するといった新参航空会社というなら理解できるが、大手航空会社で、東京〜沖縄間のような1時間半以上のフライトでも飲み物とおつまみしか出さない日本の国内線は、世界的に考えると異例である。東京〜大阪間程度では機内食を出している時間はないだろうが、そもそも日本の国内線用機材は機内食をサービスする設備を省いた状態にしてあり、その分座席定員を多くしている。このような機内食を出す設備のないジャンボ機は日本独特である。

こんなことから、日系航空会社の機体は、国内線専用機材と国際線専用機材をきっぱり分けている。これも世界的には珍しいことである。たとえばアメリカでは、西海岸から東海岸に飛んだ機体が、そのまま国際線に変身して大西洋を越えるなどというのは日常的に行われている。しかし日本では国内線の機体が国際線に変身するような運用は行われていない。

日系航空会社で地方発着の国際線が少ないのに

は、実は機材の運用が大きく関係している。たとえば小松～ソウル、広島～ソウル便といった国際線でも国内線用の機材は使っていない。これらの機体は一日に福岡～ソウル～小松～ソウル～福岡、または福岡～ソウル～広島～ソウル～福岡とたどる。２００４年に小松～ソウル便が週３便から４便に増便されたが、同時に広島～ソウル便は週４便から3便に減便された。小松～ソウル便と広島～ソウル便は、週に7便飛ぶ福岡～ソウル便の折り返し運航なので、小松便を1便増やすには、広島便を1便削るしかなかったのだ。

しかし国際線も年々機内食が簡素になる傾向だ。ＪＡＬでは名古屋～釜山、関西～釜山、福岡～上海便など、所要時間が2時間以内のフライトでは飲み物とおつまみだけのサービスになってしまった。アメリカの国内線では、大手でもエコノミークラスの機内食を有料にし、朝食、昼食、夕食などと分け、2～10ドルほどを徴収している路線もある。また格安運賃のサウスウエストエアライン、ジェットブルーなどは短区間の路線が多いため、もともと機内食のサービスはない。サウスウエストエアラインが格安運賃で登場した当時、同社のフライトは機内食サービスがないことから「ピーナッツフライト」（ピーナッツしか出さないという意）などと罵られたが、短区間のフライトではそれが当たり前になりつつある。

同時多発テロ事件以降は、どこの航空会社も経営が厳しくなったことから、機内食は簡素になる傾向が強くなった。保安上の理由からナイフやフォークはプラスチック製のものがほとんどに、コーヒー、紅茶もハンバーガーショップのようなカップを使う航空会社が増えてしまった。

機内食というと、日本人利用者にとっては、日本食が少しでも添えられていたりすると嬉しくなるが、一般に個性ある機内食になるのはビジネスクラス以上で、エコノミークラスに関してはどこでも似たり寄ったりである。

航空会社によっての個性もあるが、それ以上にどこの国で調整した料理かも味を左右する。外国の航空会社であっても、基本的に日本出発便は日本で調整したものを積むし、日系航空会社でも、海外出発便はその国で調整したものを積む。成田空港を例にすると、JAL系列、ANA系列の機内食調整会社、また成田に多くの便を運航するユナイテッド航空とノースウエスト航空は自前の機内食調整会社を成田においている。そのほかに2社の機内食調整会社があるので計6社があるが、多くの海外からの乗り入れ航空会社は、日系航空会社系列の会社に機内食調整や積み込みを委託している。つまり日系航空会社も海外の航空会社に積む機内食も、同じ工場で作られている。

しかし日本で機内食を積まない便もある。たとえばB747、B777といった長距離用機材は、食事を2回分は積むことができるが、その機材をソウル〜成田間往復に折り返し運航するのであれば、往復分の機内食をソウルで積む。そうすれば日本の会社に委託する必要がなくなる。日本で機内食を積む場合でも、缶ジュースなどは本国で多めに積んでくるのが普通だ。

機内食に「ビーフか魚か」といったチョイスがあるのは、「好み」に対応しているとも思われるが、本来の意味は、宗教上などの理由で牛が食べられない、豚が食べられないといった利用者への配慮である。だが、全員がどちらかを選択できるほどに機内食を多めに用意しているわけではない。当然、最後の方に配られた乗客にはチョイスの余地はなくなるが、そういう利用者への配慮をして「2種類用意しました」という部分が大切なのだ。もしどうしてもという好みなどがある利用者には、予約時にヴェジタリアン用の機内食などと食事を指定することができるようになっている。

この機内食のチョイスも、宗教上の制約のある利用者の少ない路線などでは意味が変わりつつある。ヨーロッパ系航空会社の日本路線では、和食か洋食か、中国路線ではご飯か麺かといったチョイスにする航空会社も増えた。また機内に装備してあるのは、一度に多くの食事が温められるオーブンで、そのオーブン料理に適したフランス料理が機内食の基本であったが、中華料理やタイ料理も世界各国の航空会社で採用されるようになった。ただし日本料理はまだ特殊な存在で、日本路線だけの特別な料理という位置づけだ。しかしながら、スナックの替わりに即席カップ麺やコンビニのおにぎりを用意する航空会社は増えている。

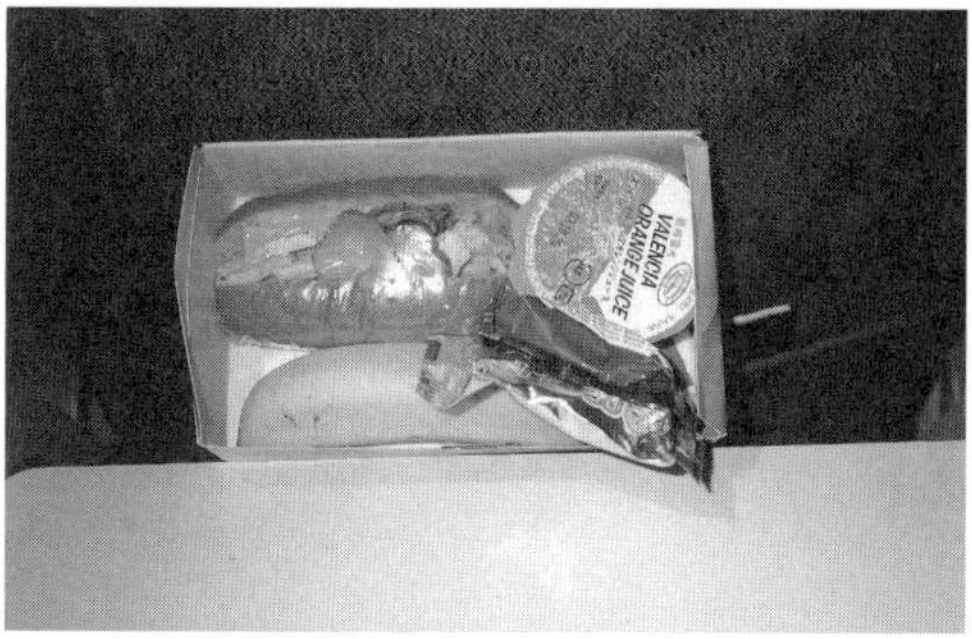

図 35－1　日韓便など短距離国際線の食事は年々簡素化されている。（ユナイテッド航空、ソウル→成田）

図 35－2　中国系航空会社の国際線の食事チョイスは「ご飯か麺か」。（中国東方航空、昆明→関西）

図 35－3　アジア系航空会社を中心にスナックにカップ麺を出す会社が多くなった。（エバー航空、バンコク→台北）

謎036 めざせ！ 低コスト

～同じグループ内にある運航費用削減目的の会社。

キャビン・アテンダントこと客室乗務員は、乗客へのサービスを行う人と考えがちだが、実は誤りである。本来の使命は保安要員で、サービスは二の次である。ファーストクラスの乗客へシャンペンをつぐことも重要だが、それ以上に緊急脱出などの訓練を受けており、緊急時の酸素マスク装着、救命胴衣着用のケアー、脱出誘導などが重要な職務だ。

つまり、どうせ保安要員として乗務しなければならないので、ついでに乗客へのサービスを行おう、という趣旨で始まったのだ。

航空会社によっては、日本人乗客のために、客室乗務員ではなく通訳のみを仕事とするインタープリターを乗務させることがあるが、この場合、インタープリターは乗務員ではなく乗客扱いで、搭乗券も所持しているという。つまり正規の乗務員は、サービスを行うのではなく、緊急時の訓練を受けていなくては勤まらないというわけだ。ドア横で脱出誘導などを行わねばならないから、機体ごとに必要な客室乗務員数は決まっている。

客室乗務員は、女性にとって長らく憧れの職業であったが、時代の変化とともに変わりつつある。収入が高く、地上職と違って乗務手当てなどが高収入の要因としてあったが、これだけ航空路線が多くなり、便数が増えた現在では、特別な職業ではなくなった。航空会社間の競争激化などから、人件費の削減は避けられず、契約社員などによる乗務も多くなっている。登場時は「時給スチュワーデス」などとして話題になったが、どこの航空会社も低コスト航空会社をグループ内に持つようになっている。

ＪＡＬグループには、日本アジア航空（政治的配慮から台湾路線のみを運航する）、日本トランスオーシャン航空（旧南西航空）、ジェイ・エア（旧西瀬戸エアリンク）、琉球エアーコミューター（旧南西航空のローカル部門）、北海道エアシステム（旧日本エアシステムの道内ローカル部門）とある。このほかに国際線を運航するＪＡＬウェイズ、国内線にはＪＡＬエクスプレスという会社があるが、この2社は低コスト会社などといわれる。

「低コスト」とは、乗客が安く利用できるという意味ではなく、運航に大きな経費をかけないという意味だ。といっても使う機材などは親会社と同じなので、主に削られるのは乗務員の人件費などである。運航乗務員には、大手航空会社を退職したパイロットや外国人パイロットなどを採用、客室乗務員は契約社員やＪＡＬウェイズではタイ人乗務員などを採用している。ＪＡＬエクスプレスでは、乗務員が折り返し時間に機内清掃、折り返しの空港でのゲート業務も行う。いわば格安運賃で新規参入した航空会社並みの仕事内容だ。大手が新規参入航空会社に見習ったといえなくもない。

ＪＡＬウェイズでは、ＪＡＬウェイズ便として地方発着ホノルル便や、グアム便などを運航しているが、親会社であるＪＡＬ便の運航も請け負っている。時刻表を見ると、ＪＡＬ便でも、ＪＡＬウェイズの機体、乗員で運航します、という便が多くなった。こうして運航費用削減を行っている。将来的には、親会社自らが運航するのは限られた幹線のみになるかもしれない。

ＡＮＡでも行われていて、国際線ではエアー・ジャパンという子会社運航の便が多くある。エ

図36　ANAのB767には3社の社名がある。ANAのほか、低コストで運航するエアー・ジャパン、エアーニッポン便にも使うので、Air Japan、ANKのタイトルも入る。

アー・ジャパンには、JALウェイズのような自社運航便はないが、ANA便の運航を請け負っている。利用者サイドから見ると、航空会社としての実体がほとんどなく、分かりにくい形態であることも確かだ。子会社を作って経費を削減するのではなく、親会社の経費そのものにメスを入れるべきなのだが、アメリカなどと違い、日本では、そこまで踏み込んだ経営改革はなされていないようである。

欧米でもB747やB777といった大きな機材で長距離国際線を運航する航空会社自らが、プロペラ機まで運航するといった例はほとんどなくなり、コミューター部門を別会社にする傾向は広がっている。

かつては多かった海外の航空会社便に乗務する日本人客室乗務員も、便数が増えた割には横ばい状態である。国籍を問わず就航している国から広く募集することはあり、この場合は日本人客室乗務員だからといって日本路線に乗務するとは限らなくなるが、日本路線のための特別な採用は減りつつある。中国の航空会社などは、中国人乗務員が、ある程度の日本語教育を経て日本路線に乗務する例が多い。

謎037 共同運航便の謎

～航空券記載の会社名と違う会社の機体に乗る不思議。

近年倍増しているのが共同運航便（コードシェア便）である。しかし「共同」という言葉から受ける印象とはかなり異なる便が多くなった。

そもそも共同運航便は、「共同」という言葉が示すように、複数の航空会社が共同で航空便を運航するということだった。たとえば、現在はオーストリア航空の機体のみが運航している成田～ウィーン間は、当初は週3便で、そのうちの2便がオーストリア航空の機体、1便がANAの機体で運航されるという、2社の共同運航だった。なぜ共同運航にしたのか。当時成田空港は滑走路が1本、発着枠の関係で週3便の枠しか確保できなかった。需要もその程度だった。この週3便を日本、オーストリアそれぞれの航空会社に配分すると、1社は週2便、1社は週1便しか運航できず、双方の航空会社とも利便性がいいとはいえなくなる。そこで2社の共同運航にすることによって、2社ともが週3便運航しているような形にしたのである。共同運航とはこういった発想から誕生した。

ANAの航空券を所持している利用者も、曜日によってはオーストリア航空を利用する、という違和感があり、少しでもその違和感を緩和するために、オーストリア航空便にもANAの客室乗務員を乗務させ、ANAの機内誌まで積んでいた。座席の販売も折半で、半数をオーストリア航空、半数をANAが販売した。まさに共同運航だった。

こういう経緯だったため需要の少ない路線で共同運航はもてはやされた。たとえば日本〜バンコク間で見ると、成田〜バンコク間、関西〜バンコク間では各社が独自の便を運航するが、双方が毎日運航するほどの需要がない名古屋〜バンコク間ではJALとタイ国際航空が運航し、それぞれが共同運航、福岡〜バンコク間になるとタイ国際航空のみが運航し、その便にJALの便名を載せた。

その後、共同運航便は爆発的に増える。日本発着便でいえば、当時ANAの国際線はJALに比べて少なかったが、JALに追いつけとばかりにネットワークを拡大する。手っ取り早かったのが共同運航便で、他社便機材を利用すれば、労なくネットワークを増やせたのだ。やがて、サベナ・ベルギー航空と、スカンジナビア航空と……というように共同運航便は増えていった。負けじとJALも共同運航便を増やす。中には成田〜オークランド便のように、ニュージーランド航空との共同運航便にして、自社機材便をやめてしまった路線もある。また日本〜オーストラリア間のJALとカンタス航空便では、双方の共同運航とし、成田〜ブリスベン間はJALが、成田〜ケアンズ間はカンタス航空が運航と、お互い効率的になった。

共同運航便は、航空会社にとって、最小限の機材で、大きなネットワークを構築する手法となり、共同運航便の拡大によって、自社便機材のネットワークはむしろ縮小された航空会社も多い。

世界の航空会社は連合を組むようになり、日本でもANAが「スターアライアンス」に参加するが、共同運航便も連合の枠にのっとって拡大する。そのため需要の少ない路線で行われるというようなそれまでの常識はなくなり、同じグループ内の路線ならほとんどが共同運航便になった。もはや相手側航空会社の客室乗務員を乗せるといったような旧来の共同運航便は存在しない。

一方で、見かけ上の便数は増えたものの、たとえば格安航空券では相手側機材による運航便は利用できないなど、一般利用者へのメリットは大きくなっていない。タイ国際航空は、同じ「スターアライアンス」のＡＮＡと成田～バンコク間で共同運航するが、タイ国際航空の格安航空券ではＡＮＡ機材で運航するタイ国際航空便を利用することはできないのだ。一般に、相手側機材運航による便が利用できるのは正規割引運賃までであり、正規割引運賃でも共同運航便の利用だと、自社便機材と他社便機材で運賃を分けていることも多い。

　機体をともなわない共同運航便も多くなった。たとえばＪＡＬの時刻表を見るとＪＡＬがミュンヘン、デュッセルドルフ、ベルリンなどに運航していることになっているが、ＪＡＬの機体はそこまで飛んでいない。パリまでＪＡＬを使い、パリからは提携するエールフランス便にＪＡＬ便の便名を載せている。しかしパリからの便は純然たるエールフランス便で、ＪＡＬとの共同運航便であることなど現地ではまったく知られていない。

　このような便は世界中にある。何を隠そう日本の国内線も同じ状況で、たとえば関西～羽田・福岡・新千歳間にはユナイテッド航空、タイ国際航空、エミレーツ航空が飛んでいる。もちろんこれらの航空会社の機体が飛んでいるのではない。ユナイテッド航空、タイ国際航空というのはＡＮＡの便に、エミレーツ航空はＪＡＬの便に便名だけ

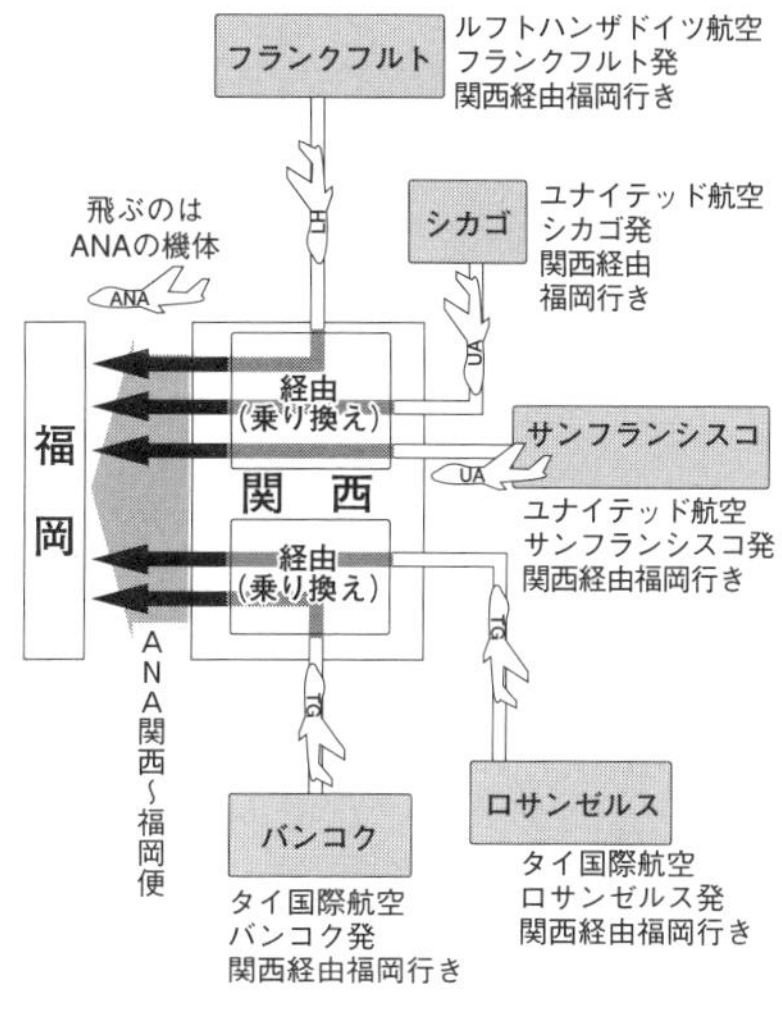

図 37　日本国内を飛ぶ他国の航空会社便の例。

載せられているのである。

　ところで日本の大手航空会社2社は、共同運航便のスタイルで際立った対照を見せる。「スターアライアンス」メンバーのＡＮＡは、同じ連合の航空会社とは多くの路線で共同運航を行う。しかし一方で、デルタ航空など、以前から共同運航を行っていた航空会社でも、他の連合に参加した航空会社との共同運航は一切なくなった。「必要な路線で共同運航を行う」というより、「同じ連合の航空会社とならどこでも共同運航を行う」といった雰囲気だ。一方でＪＡＬはどこの連合にも参加していないので、必要な部分でのみ共同運航を行っている。これは「独立系」の強みともいえる。

　本来は利用者の利便性を高めるための共同運航だが、わかりにくくなったところもある。成田空港では航空会社によってターミナルが異なるが、連合の勢力地図とターミナルの使い方が合致していないため、ＡＮＡの航空券所持者は、本来ターミナル2発着になるはずが、ユナイテッド航空運航便ということでターミナル1発着になったり、その逆になったりというパターンが多くなった。

　ＡＮＡでは、日本の国内線にも共同運航便が多数ある。エア・ドゥの便は全便にＡＮＡの便名も付いている。なぜか？　エア・ドゥは実質的に経営破綻するが、ＡＮＡの支援によって運航を継続している。なぜＡＮＡが助け舟を出したかというと、ＪＡＬと日本エアシステムの統合がかかわっている。この2社が統合したことで、国内線のドル箱路線である羽田〜新千歳間のシェアはＪＡＬが有利になってしまった。そこでＡＮＡはエア・ドゥと提携、共同運航することで、この間のシェアの半分を維持したのである。

　共同運航便はここ数年ですっかり様変わりしてしまったといえる。

謎038 貨物便の謎

～貨物専用便は、旅客便とは違う飛び方をする。

成田空港では、旅客ターミナルとは離れた場所に窓のない航空機を目にするが、これが貨物専用機で、フレイターと呼ばれている航空機である。

成田空港は、実は世界でも有数の貨物取扱量の多い空港である。２００２年の統計によれば、１位のメンフィス、2位の香港に次いで世界3位の取扱量を誇っている。しかし1位のメンフィスは、アメリカ大手宅配便航空会社フェデックスの拠点空港なので、貨物の仕分けが多いというだけであり、メンフィスを起終点にする貨物は少ない。なので実質的には成田は香港に次いで2位ともいえる。さらにいえば、香港は、「世界の工場」と呼ばれる中国を控えているため輸出品が多いことから、輸入という点で考えると成田空港は世界一の貨物取扱量であるといえるのだ。

貨物専用機は、旅客機として開発された機体の貨物機バージョンというのがほとんどである。たとえばＢ７４７には、Ｂ７４７－２００型、Ｂ７４７－４００型などがあるが、これらの旅客機の貨物専用機バージョンとしてＢ７４７－２００Ｆ型、Ｂ７４７－４００Ｆ型といった機種がある。

これらは当初から貨物専用機として製造され、機体に窓がなく、先頭部がぱっくり口を開けるノーズ・カーゴ・ドアや、側面の大型扉になるサイド・カーゴ・ドアなどを装備している。こういった貨物専用機は、Ｂ７５７、Ｂ７６７、ＭＤ－11、

A300、そして開発中のA380などにもある。

旅客機としては引退した機体が貨物機に改造されて余生を送るといった例も多く、窓があるのに機体に「カーゴ」などと記されている機体がこれにあたる。B747、DC－10、MD－11といった機体は、旅客機としてはより経済的な双発機などに置き換えられる傾向にあるが、重い貨物を運ぶ貨物専用便では、双発よりも3発、4発機の方が使い勝手がよく、現在でもこれらの機体は重宝されている。そのため世界の貨物専用便の約半数は、元旅客機からの改造機といえる。逆に貨物専用機として製造されたものの、後になって旅客機に改造されたという例はないといっていいだろう。

貨物専用機種というのもある。つまり旅客機の貨物機バージョンではなく、そもそもその形式が貨物専用機という機種だ。旧ソ連製に多く、イリユーシンIℓ－76、アントノフAn－124などである。なぜ旧ソ連製機材では貨物専用だったかというと、貨物機として誕生したというより、軍民両用の輸送機として開発されたためで、軍用機としての需要が考えられていたので、まとまった数での需要があり、開発段階から貨物機として考えられたのだ。

運航のされ方も旅客機とは異なる部分が多い。一般に貨物は旅客より重いが、貨物用でも旅客用でも最大離陸重量は同じだから、重い貨物を積む貨物専用便では、結果的にはたくさん燃料を積むことができない。旅客便では日本からアメリカ東海岸やヨーロッパへは直行便が当たり前だが、貨物便ではアンカレッジやフェアバンクスなどアラスカの空港で給油して北米やヨーロッパへ向かう。アメリカ西海岸でさえ貨物便では直行便は少なく、アンカレッジ経由の便が多い。

旅客機の航続距離が長くなり、旅客便では給油のみの経由地がほとんどなくなったが、貨物便では給油のための寄港は多いのだ。一方でこれら貨物便は、予定到着時間より3時間以上早く到着することがある。その日に積載する貨物が少なかったり軽かったりすると、経由地で給油する必要がなくなり、経由地をパスして目的地に向かうからだ。経由地でも貨物の積み下ろしを行うのであれば別だが、単なる給油だけの経由地だと、不要な場合はパスして飛ぶ。

運航ルートにも特徴がある。たとえばＪＡＬ貨物専用便の東南アジア便は、成田～シンガポール～クアラルンプール～バンコク～成田などと飛ぶ。つまり経由地が多い。旅客と違い、自らが乗り換えてはくれない貨物の場合、速さよりも乗り換えのない方がいい。旅客でバンコクまで行く利用者にとっては、シンガポール、クアラルンプール経由というのはありがたくはないが、貨物なら構わない。それよりも積み換えのない方法がいいのだ。貨物専門会社の便などは、地球を一定方向にぐるぐる回っている便も多く、中東からヨーロッパに運ぶ貨物がアジアを経由して運ばれるなんてこともよくある。

こんなことから、日本からの便でも、貨物便は旅客便の飛ばない都市とを結んでいる。すでに旅客便の飛ばなくなったアンカレッジ、フェアバンクスには多くの貨物便が飛ぶほか、フィリピンのクラークに飛ぶ便もある。クラークは以前アメリカ軍の基地だったところを民間空港に転用したもので、アメリカ大手貨物航空会社がアジアの拠点にしており、日本からも直行便がある。

日本発着の貨物専用便は、成田空港発着が圧倒的に多いが、関西空港も24時間空港というメリットを活かして、主に深夜に発着する貨物専用便が多い。また、中部空港にも貨物専用便は発着する。

意外なのは、旅客の国際線がほとんど飛ばない小松空港に、ジャンボフレイターが週5便も飛んでいることだ。ベネルクス3カ国のひとつ、ルクセンブルクの貨物専門航空会社カーゴルクスで、ルクセンブルク～ドバイ～台北（または香港）～小松～フェアバンクス～ルクセンブルク（東回りは給油のため新千歳も経由）と世界を一周している。東回り便と西回り便があり、小松がそのルートに組み込まれている。

成田や関西ではなくなぜ小松か？　と思われるが、もちろん北陸地方に大きな需要があるわけではない。しかし日本での貨物消費地は東京、大阪、名古屋の3大都市圏に多く、小松はそのいずれの地域へも高速道路で結ばれていて、比較的近い。もし成田に乗り入れると〝中京圏や関西圏のマーケットは考えない〟ということになってしまう。その点、小松であれば、3大都市圏すべてに比較的簡単にトラック輸送できるというメリットを活かしたのだ。そして空港使用料が安いという点も見逃せない。そんなことから小松を日本での就航地に選んだのだ。

冒頭にも述べたように、世界一の貨物取扱量を誇る空港はアメリカのメンフィス空港だ。ここはアメリカ宅配便貨物航空会社大手フェデックスの拠点で、深夜に全米各地からの貨物便が到着、ここで仕分けされて未明に全米へ向けて貨物便が飛ぶ。アメリカには国際貨物便を中心に運航する貨物航空会社もあるが、圧倒的規模を誇るのは宅配便会社だ。日本でいうところの宅配便トラックがアメリカでは航空機ということになる。宅配便貨物航空会社は、100機以上の貨物専用機を保有し、深夜のアメリカを飛んでいる。

貨物便にも時刻表はあり、JALでも貨物便の時刻表を印刷しているほか、ホームページなどにも載っている。各社貨物便の扱いはさまざまで、旅客も行っている航空会社では、タイムテーブルの最後の方に載せている場合もある。ずばり貨物便の時刻表もあり、世界の航空時刻表を出しているイギリスのOAGでは、「OAG　CARGO」なる時刻表も販売されている。

謎039 飛行機の時刻表の謎

～スタイルはさまざま。

飛行機にも、当然、時刻表（タイムテーブル）はある。

国内線の時刻表は日本国中の旅行会社などで目にし、毎月のように印刷されている。国際線はというと、ＪＡＬ、ＡＮＡもに国際線時刻表を年に4～5回出している。ＪＡＬの国際線時刻表は、鉄道の時刻表に似ていて、方面別のページで上から便を追っていくタイプ。ＡＮＡの国際線時刻表は、以前はＪＡＬと似たタイプだったが、最近は出発地がアルファベット順に並んでいて、たとえば東京発ならＴの項を見て、その中に行先がまたアルファベット順に並んでいるというタイプで、世界的にはこちらの方が主流だ。

日本人は鉄道時刻表を見慣れているので、ＪＡＬ形式の方が見やすく、海外の航空会社でも、日本語版タイムテーブルといって、主に日本発着便と乗り継ぎ便のみを載せているタイムテーブルは、鉄道の時刻表に似たタイプだ。しかしこのタイプでは載せられる便数に限度があり、便数が一定以上になるとアルファベット順形式の方が見やすくなる。

海外の航空会社も、タイムテーブルは最低でも1年に夏スケジュールと冬スケジュールの2回は出していたが、最近はタイムテーブルを印刷しない航空会社が増えた。頻繁にスケジュールが変わることなどがその理由だが、経費削減などから、ホームページ上のタイムテーブルのみという航空会社も増えている。すでに米系、また一部のヨーロッパ系航空会社などから紙のタイムテーブルが消えており、ちょっと寂しい気がする。

航空会社のタイムテーブルは各社の予約・発券カウンターなどにあったが、近年はこのカウンターが急速になくなりつつある。以前は、航空会社のカウンターはその都市の中心地、一等地の道路に面したところにあり、大きくロゴマークを構えていたが、インターネットでの予約、Eチケットなどが普及したほか、経費削減などから、カウンターを廃止、ビルの一室で業務のみを行う航空会社が増えた。

また、以前は、就航する都市には必ず事務所を構えていたものだが、予約業務などを1カ所に集約し、都市ごとには事務所を設けない航空会社も増えた。数年前から予約のリコンファームが不要な航空会社がほとんどになったことなどが大きく影響している。とくに日本においては、利用者の多くが旅行会社を通して利用しているので、航空会社自らが販売するといったことに力を入れていないということもある。

各航空会社が出している時刻表とは別に、市販の時刻表というのもある。日本発着便だけなら鉄道の時刻表や旅行情報誌にも載っているが、世界中の国際線、国内線に至るまでが載っている時刻表があるのだ。それがイギリスの「OAG」という時刻表だ。と書くと、「OAG」はイギリスではなくアメリカの時刻表では？ と思われる方もいるだろう。実は以前は、イギリスの「ABC」という時刻表とアメリカの「OAG」という時刻表があった。ヨーロッパに強い「ABC」、アメリカに強い「OAG」という定番があり、「ABC」は出発地から検索するページ構成に対し、「OAG」は到着地から検索する構成だった。

たとえば東京からロサンゼルスを検索するのに、

「ＡＢＣ」は東京を探して、次にロサンゼルスを探すが、「ＯＡＧ」ではロサンゼルスを探して、次に東京を探すことになっていた。

ところが「ＡＢＣ」が「ＯＡＧ」を買収し、現在は「ＡＢＣ」が、より知名度の高かった「ＯＡＧ」を名乗ることになったため、「ＯＡＧ」という名称ながら、出発地から検索する構成になっている。

現在の旅行会社では各航空会社のＣＲＳ（Computer Reservation System＝コンピュータ・リザベーション・システム）を通してフライトスケジュールを検索するが、以前は旅行会社のカウンターに電話帳のような分厚い時刻表があったのを覚えている人もいるだろう。あれが「ＡＢＣ」であり、「ＯＡＧ」である。そしてそれが現在でも、高価ではあるが毎月販売されている。

インターネット万能の時代に、電話帳のような時刻表は原始的ではあるが、このような時刻表や航空会社のタイムテーブルは旅心をくすぐられる。インターネットの時刻表は、ほとんどが、出発地、到着地、日付などを入力すると表示されるもので、正確ではあるが、予定を立ててからしか見ることがない。そうではなくて、何時にここを出発すると、何時にどこどこを経由して翌日にはどこに到着、機種はＢ７６７、食事は何回出て……と眺めるのも時刻表の面白さだったが、そのような風情はなくなりつつあるようだ。

「ＯＡＧ」では電話帳のような時刻表以外に携帯に便利なポケット版も出している。アジア・太平洋版、ヨーロッパ版、アメリカ版、ラテンアメリカ版と出ていたが、最近、中国版と日本版も加わった。月刊でこちらは価格も手頃だ。このほか、ＣＤ－ＲＯＭ版や、会費制のインターネット接続版などもある。

時刻表のスタイルも年々変わりつつある。

謎040 日本の空へ乗り入れる航空会社の謎

～定期便の飛ぶ国はどのくらいあるのだろうか。

日本の空は自由化されたが、日本を発着する国際線は、国土交通省に届け出すれば飛べるというものではない。必ず二国間交渉といって、個別に日本との間で交わされた政府間の取り決めに基づいてしか飛ぶことができないのだ。

それでは現在、日本とはどういった国や地域との間に定期便が飛んでいるのだろうか。

まずは相互に飛んでいる国や地域、つまり日本の航空会社もその国や地域へ乗り入れ、その国や地域の航空会社も日本に乗り入れているのは、韓国、中国、香港、台湾、フィリピン、ベトナム、タイ、マレーシア、シンガポール、インドネシア、サイパン、オーストラリア、インド、ロシア、イタリア、スイス、ドイツ、フランス、オランダ、イギリス、カナダ、アメリカ、ブラジル。以上の国と地域だ。たとえば韓国となら日本からはJALとANA、韓国からは大韓航空とアシアナ航空が乗り入れるといった具合になる。

次にその国や地域の航空会社は日本へ乗り入れているが、日本の航空会社はその国や地域に乗り入れていないというのが、モンゴル、フィジー、パプアニューギニア、バングラデシュ、ネパール、スリランカ、パキスタン、ウズベキスタン、イラン、カタール、エジプト、フィンランド、スカンジナビア3カ国（デンマークから乗り入れ）と、けっこう多い。これらの国では、相手国の航空会社は日本へ乗り入れる需要があると考えているのに対し、日本側は採算性などの関係で乗り入れていない。もちろんこれらの国との二国間交渉の際には平等な条件にするので、もし日系航空会社がこれらの国へ乗り入れを希望した時は、相手側の国は拒むことができない。現在は日本側が権利を行使していないということになる。

なぜこのようなことになるかというと、日系航空会社の方が、運航経費が高く、同じ収入でも路線が成り立たないということが多いからだ。その点、発展途上国の航空会社などは、たとえ日本で航空券を安く販売しても、為替レートなどの関係で、採算ラインに乗る収入になる場合が多い。

これらの国と似た関係になるのが、ニュージーランド、アラブ首長国連邦、トルコ、オーストリアの4カ国だ。やはり、これらの国の航空会社は日本へ乗り入れているが、日本からはこれらの国へは乗り入れていない。ただし、これらの国からの航空会社便は、日本の航空会社との共同運航という形になっている。つまり、日系航空会社は実際に機体を使っての乗り入れは行っていないが、便名だけはこれらの国へも運航していることになっているのである。実際の機体を運航するほどの需要はないが、相手側国の航空会社だけに独占させておくのはもったいないという路線といえる。

これらの国とは逆の立場の国はあるかというと、1カ国だけある。それがメキシコで、JALが成田～バンクーバー～メキシコシティ便を古くから運航しているが、メキシコの航空会社は一度も日本へ乗り入れたことがない。

しかしこれはメキシコ側が日本路線に需要なしと考えているわけではない。運航経費に対する需要効果に差があるのだ。JALは北米路線をたくさん飛ばしているので、メキシコへはその路線を少し延長すればいい。JALだってメキシコへの単独便を運航しているわけではなく、バンクーバー便の延長だ。しかしメキシコの航空会社で太平洋便を運航する会社はなく、日本便を開設するには0からのスタートになってしまう。あまりに投資が大きすぎるわけだ。

以前は日本へ乗り入れていたものの、運航をやめてしまった国は、ブルネイ、ナウル、南アフリカ、ギリシャ、スペインだ。いずれも採算性などの問題で日本便を運航しなくなった。

変わった存在はイラクで、以前はイラク航空が日本へ乗り入れていたが、１９９０年のイラクによるクウェート侵攻以来10年以上運休になっている。しかしその扱いはあくまでも「運休」である。そのため、その後も成田空港の乗り入れ航空会社リストからははずされておらず、１９９２年の成田空港のターミナル2が完成した際には、ご丁寧にもターミナル玄関にはイラク航空のロゴマークも掲げられた。運休のまま10年以上経ってしまったが、成田空港ではイラク航空のために週1便の枠は空けてある。

日本の航空会社だけが以前飛んでいたものの、現在は運航しなくなったのがバーレーンとミャンマーだ。バーレーンへは、日本からの需要があったというよりは、当時はＪＡＬのヨーロッパ便が寄港地としていたのだ。また、ミャンマーへはＡＮＡが運航していたが、現在は運航していない。ミャンマーに関しては日本のＯＤＡでヤンゴンの空港設備が整備され、唯一の先進国からの便としてＡＮＡが乗り入れたが、長続きしなかった。政治的配慮のあった路線といえる。

変わったスタイルになっているのは日本とフランスを結ぶ便で、日本からフランス本土へはパリへの便しかないが、ニューカレドニアとタヒチへの便は、国としては日本とフランスを結ぶ便に数えられている。ニューカレドニアとタヒチはともにフランスの海外県ということになっているので、このような関係になる。

最後にやはり変わったケースが、インド洋に浮かぶモルジブで、日本の航空会社はモルジブに乗り入れておらず、モルジブの航空会社も日本に乗り入れていない。だが、成田とスリランカのコロンボを結ぶスリランカ航空の便が途中でモルジブの首都マーレに寄港しているため、結果的に日本とモルジブは直接に結ばれている。このモルジブはスリランカのすぐ近くに位置するが、実は成田からの距離はコロンボまで４２６６マイル、マーレまでは４７４０マイルと、マーレの方が遠い。成田からコロンボに行く途中に寄港するというよりは、いったん遠い方のモルジブに行き、遠回りして本国のコロンボに向かっていることになる。スリランカ航空の日本便利用者の多くが、モルジブへの観光客だったためにこのようなルートになったのだ。

図40　1990年までは成田にイラク航空が乗り入れていたが、10年以上経ってもその扱いは運休。現在もターミナル2には、ロゴマークが掲げられている（下）。

謎041 「直行便」「経由便」「乗り継ぎ便」の謎

～具体的にどう違うのか。

「直行便」「経由便」「乗り継ぎ便」といった表現があるが、実際にどんな違いがあるのだろうか？

乗り継ぎ便とは、目的地までに、明らかに便を乗り継ぐことで、乗り継ぐ空港までとそこからでは異なる便名の便を利用する。たとえば成田からキャセイパシフィック航空５０５便で香港へ、香港からキャセイパシフィック航空２５１便でロンドンへ向かう時などは乗り継ぎ便になる。

直行便とは途中どこも経由しない便を指すが、旅行パンフレットなどでは、経由便でも乗り継ぎがなければ「直行便」と表すことがあり、これはＪＡＴＡ（日本旅行業協会）によると問題はないそうだ。しかし一般的には、直行便＝ノンストップ便と考えた方がわかりやすいだろう。

ピンからキリまで、といえるのが経由便である。たとえば、成田発台北経由香港行きのキャセイパシフィック航空、関西発マニラ経由バンコク行きのタイ国際航空、成田発バンコク経由ダッカ行きのビーマン・バングラデシュ航空などは、最もわかりやすい経由便で、その航空会社の本国に行くまでに、途上にある国の都市にも寄港するというケースだ。

経由地では、いったん航空機を降りて空港ターミナル内の待合室で待つ場合と、空港によっては機内でそのまま待つ場合もある。これらの便は、航続距離の関係で経由便になる場合もあれば、いくつかの都市を寄港して集客する性格の便の2種類がある。後者の方は、1都市から直行したのでは満席になるほどの需要がないという意味だ。

しかし経由便によっては、乗り継ぎとなんら変わらない便も多数存在する。それは日本からその航空会社の本国までは直行で飛び、そこからさらにその国の他の都市に飛ぶ便だ。

たとえば米系航空会社には、日本からアメリカの都市に直行し、さらにアメリカの他の都市まで飛ぶ便が多い。アメリカン航空に成田発シカゴ経由ボストン行きという便があるが、この便でボストンまで行く場合、経由地のシカゴ到着後にアメリカへの入国審査を済ませ、その際に預けた手荷物の検査も行い、国内線ターミナルに移動する。経由なのだからシカゴまで乗った機材に戻るのかとも思うが、成田〜シカゴ間の機材とシカゴ〜ボストン間の機材は異なり、シカゴ〜ボストン間は完全な国内線として飛ぶ。シカゴでの滞在時間は1時間46分に及ぶ。

おそらくシカゴからボストンへ向かう旅客にしてみれば、その便が遠く離れた日本から続いている便だとは思わないだろうし、機材も異なるのでそのような雰囲気はまったくない。経由便といっても、その内容は乗り継ぎ便とまったく変わらないのだ。どこが異なるかというと、乗り継ぐ便の便名が、国際線部分と同じ、というだけである。

だから、アメリカン航空のシカゴ便を利用してそのままボストンへ行く場合でも、乗り継いでワシントンに行く場合でも、あるいは他の都市へ乗り継ぐ場合も、内容はまったく変わらず、便名が同じということにほとんど意味はない。米系航空会社の経由便はすべてこのスタイルになる。

中国への中国系航空会社便で、中国のある都市に寄港してからさらに他の都市へ行く便も同じで、たとえば、中国国際航空の成田発北京経由成都行きなどは、乗客全員が最初に到着した北京で入国審査を行い、北京〜成都間は国内線扱いで飛ぶので、やはり内容としては乗り継ぎ便となんら変わらない。ただし、海外から中国へ乗り入れる航空会社は別、たとえばANAの関西発大連経由瀋陽行きでは、瀋陽まで国際線で運航する。

一方、その国の航空会社が本国に寄港し、さらに最終目的地へ飛ぶ場合でも、最終目的地まで国際線として飛ぶ便が、日本発着ではタイ国際航空、マレーシア航空、ニュージーランド航空、カンタス航空、エア・インディア、パキスタン航空、ヴァリグ・ブラジル航空の7社にある。たとえばタイ国際航空の成田発バンコク経由プーケット行き、マレーシア航空の成田発コタキナバル経由クアラルンプール行きなどだ。これらは最終目的地まで国際線として飛び、タイ国際航空のバンコク経由プーケット行きをプーケットまで利用する場合、タイへの入国手続きは最終目的地プーケットで行う。つまり、経由便らしい「経由便」だ。

これらの便の国内区間はさまざまな扱いになっている。パキスタン航空の成田発北京、イスラマバード経由カラチ行きは、最後まで純粋な国際線で、イスラマバード〜カラチ間だけの利用はできず、イスラマバードでは降機客はいても搭乗する客はいない。またカンタス航空の成田発ケアンズ経由シドニー行きのケアンズ〜シドニー間は、国内旅客は利用できないが、国際線の一部としては利用できる。たとえば同社を使ってケアンズ〜シドニー〜ロサンゼルスなどと飛べば国際線への接続として利用できる。また、タイ国際航空の成田発バンコク経由プーケット行きなどでは、バンコク〜プーケット間は国内線扱いで、国内旅客も搭乗する。この方法だと国内旅客とまだタイへの入国手続きを行っていない日本からの旅客が一緒になってしまうが、搭乗手続き時にカードを渡し、そのカードの有無で、プーケットで入国手続きの必要な旅客と必要のない旅客に振り分けている。

実は日本にも、ここに挙げた例でいうとカンタス航空方式の便はノースウエスト航空に飛んでいる。077便は成田発中部経由サイパン行きで、成田からサイパンへ向かう旅客と名古屋からサイパンへ向かう旅客が利用するが、もうひとつ利用方法があり、たとえば同社の便でホノルルから名古屋へ向かう場合、ホノルル～成田～中部と利用することができる。しかしこの便も成田～中部間のみを利用することはできない。

経由便の中で特徴的なのが、日本発着のブラジル便だ。JALのニューヨーク経由サンパウロ便とヴァリグ・ブラジル航空のロサンゼルス経由サンパウロ便があるが、ともに経由地であるアメリカで、通過客もいったんアメリカへの入国手続きを行わなければならない。

以前からアメリカは、乗り継ぎ客についても入国手続きを行っていたが、同時多発テロ事件以降、経由便での通過客に対しても税関検査などを実施している。なので、アメリカ入国に対してビザの必要な国籍の旅客は、アメリカ経由便を利用するだけで通過ビザを取得しなければならない。異例ともいえるが、現在アメリカを経由して第三国に抜ける便が日本発着のブラジル便しか該当しないのである。以前は大西洋を飛ぶ航空会社で、アメリカ東海岸を経てカナダに入る便や、マイアミを経て中米に入る便があったが、すべてアメリカを経由しないルートに改められた。しかしながら日本～ブラジル間はアメリカを経由しないルートは難しく、現在のような状況になっている。ヴァリグ・ブラジル航空の名古屋発ロサンゼルス経由サンパウロ行きは運休になってしまったが、大きな要因は、アメリカ通過に際して入国手続きが必要なことからの利用者減である。

最後に、ここまで述べてきた便とは違い、その航空会社の自国を通り過ぎても便名が変わらないという便がある。アエロフロート・ロシア航空の成田発の便は週7便すべてモスクワへ直行するが、最終目的地が週4便はパリ行き、2便はロンドン行き、1便はローマ行きになっている。モスクワでは乗り継ぎ便も含めてロシアへの入国の必要はないが、これらの便は経由便といってもモスクワで機材が変わり、乗り継ぎ便との明確な差はない。同社の日本発モスクワ便は、ロシアへの渡航者より、乗り継いでヨーロッパ方面へ向かう利用者が多く、ヨーロッパへ直通できる利便性をアピールするための便名設定と思われる。同社の便はモスクワを拠点に運航するが、同じ便名がモスクワを中間に通り過ぎるのは成田便だけである。

これと同じような便名設定は以前、JALにもあった。001便がサンフランシスコ発成田経由香港行き、002便がその逆ルートだった。ところが同社のその他日本発着香港便はすべて700番台の便名で、1往復だけ001/002便というのは分かりにくいと香港側から指摘があり、現在は成田~サンフランシスコ間のみが001/002便、香港行きはすべて700番台に改められている。

4章 空港の不思議

ソウル・仁川空港では、韓国系航空会社を使った日本〜ソウル〜海外といったルートがスムーズに行える。（ソウル・仁川空港）

謎042 空港の種類の謎

～第一種空港、第二種空港、第三種空港の違い。

日本の空港には第一種、第二種、第三種といった分類がある。

第一種空港は国にとって重要な拠点になる空港で、成田、羽田、伊丹、関西、中部の5空港である。このうち成田空港は新東京国際空港公団が設置・管理していたが、2004年から民営化された。関西空港は開港時から関西国際空港株式会社が運営するが、民間活力を導入するということによるもので、実質的には国土交通省が管理している。羽田空港、伊丹空港も国土交通省が管理する。

第二種空港は、地方にとって主要な空港で、稚内、旭川、釧路、とかち帯広、新千歳、函館、秋田、山形、仙台、新潟、名古屋、広島、山口宇部、高松、松山、高知、北九州、福岡、長崎、大分、熊本、宮崎、鹿児島、那覇の24空港がある。こちらは新千歳、名古屋、那覇など拠点になるような空港は国土交通省が管理しているが、設置のみ国土交通省が行い、管理はその空港がある県や市が行っている場合も多い。たとえば秋田空港を管理するのは秋田県、仙台空港を管理するのは仙台空港がある宮城県岩沼市と名取市である。

第三種空港は、地方ローカル便に必要な空港で、オホーツク紋別、女満別、根室中標津、利尻、奥尻、青森、大館能代、花巻、庄内、福島、佐渡、大島、新島、神津島、三宅島、八丈島、松本、富山、能登、南紀白浜、鳥取、岡山、隠岐、出雲、萩・石見、佐賀、壱岐、対馬、小値賀、上五島、五島福江、種子島、屋久島、喜界、奄美、徳之島、沖永良部、与論、粟国、久米島、慶良間、北大東、南大東、宮古、下地島、多良間、石垣、与那国、波照間の50空港で、建設中の静岡空港と神戸空港も第三種になる。第三種になると設置・管理ともに地方自治体が行う。

第一種空港に関しては、拠点になる空港で納得のラインナップだと思うが、第二種と第三種は実態とはあまり符合しない点があるのは確かだ。

たとえば第二種ではあるが、稚内、旭川、釧路、山形、山口宇部、北九州の各空港には国際線の発着がない。一方で第三種ながら青森、福島、富山、岡山空港には国際線も発着する。設置された時の状況とその後の運用は差が出るもので、そういう意味では岡山空港などは急速に国際便が増えた空港といえるし、青森空港は地元が海外の航空会社に対しての誘致活動を積極的に行った。また第三種空港の中には、定期便が飛ばない空港もある。沖縄県の下地島にある下地島空港で、以前は那覇から当時の南西航空が定期便を飛ばしていたが、現在はない。この島にアクセスするには、宮古島からのフェリーを利用するしかない。しかしこの空港には大きな役目があり、日本の航空会社のパイロット訓練に使われており、ジャンボ機のタッチ&ゴーなどが行われている。

ところで日本の空港は、この第一種、第二種、第三種空港だけではない。「その他飛行場」という分類がある。「その他」というくらいなので、よほどのローカル空港を想像してしまうが、実態は違う。具体的には札幌・丘珠、三沢、調布、小松、コウノトリ但馬、米子、広島西、徳島、天草の9空港だ。たしかにローカルな空港も入っているが、小松、米子のように国際空港も含まれている。

調布、コウノトリ但馬、広島西、天草の4空港は「その他」といった規模だが、残りの5空港は、管理者の違いから第一種、第二種、第三種空港とは別に分類されている。丘珠は陸上自衛隊、小松、米子は航空自衛隊、徳島は海上自衛隊との共用で、

図42　小松空港は、ターミナルに「小松空港」と掲げられているが、正式には「小松飛行場」。

管理するのが国土交通省でも地方自治体でもなく、防衛庁なのだ。そして三沢空港は米軍との共用で、米軍が管理している。現在、東京の米軍横田基地や山口県の米軍岩国基地に民間機も発着させる構想があるが、これらが実現すると三沢と同じような扱いになるのであろう。

　空港の正式な呼び方も異なり、第一種、第二種、第三種は「空港」、その他は「飛行場」となる。小松は「小松空港」ではなく「小松飛行場」というのが正式名称だ。

　ここで疑問も出てくる。自衛隊と共用の空港なら、まだまだあるはずで、小牧空港もターミナルの向かい側にはいつも自衛隊機が駐機しているので、自衛隊との共用空港に思われる。新千歳、熊本、那覇なども自衛隊と共用のはずである。しかし実際は、たとえば小牧空港と小牧基地が隣接しているだけ。滑走路は共用しているものの別の施設とされているのだ。

謎043 滑走路の謎

～滑走路の長さはどうして各空港でまちまちなのか？

日本の空港は最も短い滑走路で８００メートル、最も長い滑走路で４０００メートルある。戦後、日本に国内線の航空便が飛び始めた頃、地方空港は１２００メートル程の滑走路しかなかった。そこで、１２００メートル滑走路で離発着ができるＹＳ－11が日本の空で活躍したのである。では現在の航空機では、どの程度の長さの滑走路が必要なのだろうか？

８００メートル滑走路しかないのはいずれも離島の空港であり、これらにはいずれも定員20席以下の小型プロペラ便しか飛んでいない。ボンバルディアＤＨＣ－８という、ＹＳ－11の後継機にも選ばれた本格的なプロペラ機が飛ぶ空港で最も滑走路が短いのが天草空港で、１０００メートルである。つまり本格的な航空機が飛ぶには最低１０００メートルは必要ということになる。

そしてＢ７３７、ＭＤ－87といった小型ジェット機が発着する空港で最も短い滑走路しかないのは、石垣空港の１５００メートル、北九州空港の１６００メートルとなる。しかし、これらの空港設備は実は充分とは言いがたい。

エアーニッポンのＢ７３７が羽田から石垣への直行便を飛ばすが、石垣から羽田への直行便はない。石垣から羽田までの燃料を積んでの離陸が１５００メートルではできないのだ。石垣空港は環境問題などから滑走路延伸や新空港建設が難しいため、このような状態になっている。北九州空港に関しては、現在、新空港が建設中だ。つまり実際の運用などを考えると、ジェット便を飛ばすには八丈島、大島、利尻空港などと同じ1800メートルは必要ということになる。

B767など、ワイドボディジェット機を飛ばすのであれば、2000メートルの滑走路が必要になる。2000メートルだと、富山、米子のように、国際定期便が飛ぶ空港もある。数の上からでは、日本の空港ではこの2000メートル滑走路の空港が最も多い。

さらにB747ジャンボ機を発着させるのであれば、最低2500メートルは必要となる。実際にB747が飛ぶ空港では、秋田、松山、宮崎空港が2500メートル滑走路の空港で、定期便が就航している。しかし国内線という短区間の便ゆえに発着できるということであって、2500メートルがB747ジャンボ機の運航にとって充分な滑走路の長さというわけではない。ちなみに日本の空港では2000メートル滑走路の次の長さは2500メートルで、2300メートルなどの中途半端な長さの滑走路はない。

B747やB777による欧米便などが離陸するには、3000メートル滑走路が必要で、羽田、伊丹のメインの滑走路をはじめ、新千歳、那覇、広島、鹿児島空港などが3000メートル滑走路である。地方空港の滑走路としては、3000メートル以上は必要なく、どこの地方空港でも、滑走路延伸計画があるとすれば3000メートルは最終目標になる。函館、仙台、岡山、長崎、大分、熊本と3000メートル滑走路の空港は多く、空港の整備は進んでいるが、実際には立派な施設を持て余している状態で、大型機による長距離国際線などは地方空港からは飛んでいない。1年に数回のチャーター便などに威力を発揮する程度で、過剰投資に思えないこともない。

一方で福岡空港は２８００メートルしかなく、周囲の状況などから滑走路の延伸ができない。このように、もう少し長い滑走路が欲しい空港ではそれがままならず、現状では滑走路が３０００メートルなくても運用に差し支えない空港なのに設備が整っているという例は多い。

変わった例としては、三沢空港が３０５０メートル、下地島が３０００メートル滑走路を有するが、三沢は米軍機が発着するため、下地島はＢ７４７の訓練が行われるための長さである。

現在、国際空港として長距離国際線を、機体の重い貨物便などを含めて問題なく飛ばすには、３５００メートル滑走路が標準であり、日本では関西、中部空港がこの長さになる。逆に成田空港のＡ滑走路の４０００メートルはコンコルド就航も考慮に入れた長さといえ、成田空港も現在の基準で計画されていれば、３５００メートル滑走路で充分だったといえるだろう。また成田空港２本目の暫定滑走路（Ｂ滑走路）は２１８０メートルしかないが、日本の各空港の滑走路と比べてみると、この滑走路が国際空港としてはいかに不充分であるかが理解できる。

ところで、同じＢ７４７などの大型機を運航するのに、国内線程度なら２５００メートル滑走路で発着できるのに、国際空港となるとなぜ３５００メートルも必要になってしまうのだろうか。

長距離国際線は、重い燃料を満タンにしなければならないので、離陸するのに必要な滑走距離が長くなる。それと同時に滑走路の長さは、離陸途中に離陸を中止した場合のことを考慮して決められている。

航空機が離陸するのに必要な滑走路の長さは、同じ機種であっても重さによって異なってくる。また、同じ機種であれば、着陸するのに必要な滑走路の長さは、離陸時よりは短くてすむ。航空機は、燃料を使い切った状態での着陸が基本なので、

成田	4000m、2180m	山口宇部	2500m
中部	3500m	高松	2500m
関西	3500m	松山	2500m
三沢	3050m	宮崎	2500m
羽田	3000m × 2、2500m	稚内	2000m
新千歳	3000m × 2	オホーツク紋別	2000m
函館	3000m	根室中標津	2000m
仙台	3000m、1200m	大館能代	2000m
伊丹	3000m、1828m	花巻	2000m
岡山	3000m	庄内	2000m
広島	3000m	山形	2000m
長崎	3000m	松本	2000m
大分	3000m	富山	2000m
熊本	3000m	能登	2000m
下地島	3000m	南紀白浜	2000m
鹿児島	3000m	鳥取	2000m
那覇	3000m	米子	2000m
福岡	2800m	出雲	2000m
小牧	2740m	萩・石見	2000m
小松	2700m	徳島	2000m
女満別	2500m	高知	2000m
釧路	2500m	佐賀	2000m
とかち帯広	2500m	五島福江	2000m
旭川	2500m	奄美	2000m
青森	2500m	徳之島	2000m
秋田	2500m	久米島	2000m
福島	2500m	宮古	2000m
新潟	2500m、1314m		

表43　日本で2000メートル以上の滑走路を持つ空港。

離陸時よりも着陸時は軽くなっているからである。

しかし滑走路を最も長く必要とするのは、離陸でも着陸時でもない。離陸滑走中に、もしエンジンなどにトラブルが発生し、離陸を中止した場合であり、安全に停止できるかどうか。これが重要なのだ。

航空機は離陸滑走し、Vr（ローテーションスピード）に達したら、機首上げをして離陸するが、その前にV1という離陸決定速度というものがある。このV1以前にトラブルが発生した場合はただちにブレーキをかけて離陸を中止しなければならない。この離陸中止は、軽い機体ならすぐにできるが、燃料を多く積んでいる長距離国際線や重い貨物を積む貨物便ではなかなか止まることができない。

たとえば、広島空港からアメリカにB747ジャンボ機が飛んだことがあるが、チャーター便なら旅客が満席になっても、床下に重い貨物を積むということはない。しかし定期便を飛ばす場合は、採算を合わせるためにも、旅客・貨物ともに性能一杯に利用する。同じB747ジャンボ機が欧米に飛べる広島空港クラスと関西空港クラスの500メートルの差はこういったところにあるのだ。

謎044 滑走路に書いてある数字の謎

滑走路の端にある大きな数字は何だろう？

　滑走路の先端を見ると、01から36までの範囲の数字が記されている。これは滑走路の方向を意味し、01というのは10度、36というのは３６０度のことだ。仮に滑走路が南北方向だとすれば、南から北に向かって離着陸する方向を36、北から南に向かって離着陸する方向を18と記す。滑走路先端に記された数字を見れば、東西南北の方向が分かるようになっているのである。

　たとえば、関西空港の滑走路は北東から南西方向に横たわっており、南西から北東に向けての離着陸は06方向、北東から南西に向けての離着陸は24方向となる。太平洋高気圧の勢力が強く南西の風が吹く夏季は24方向、それ以外は06方向を使う。

　航空機は向かい風で離着陸する。「追い風を受けて目的地に予定より早く到着した」などといわれるが、それは巡航高度での話だ。航空機は水平飛行するような高度では追い風のほうが有利だが、離着陸時、とくに着陸時は向かい風に向かって飛び、少しでも風の力を借りて揚力を保てるようにして飛んでいる。

　追い風で飛ぶと、航空機が前に進むことによって得られた風の流れを、追い風が帳消しにしてしまうので、同じ揚力を得るにはさらに速く飛んでいなければならず、不利になるのだ。もちろん少しくらいの追い風なら着陸できないことはないが、最も困るのが強い横風で、機体のバランスを失って主翼先端を滑走路に擦ってしまうこともある。

滑走路は、その地域の風向きの特性を充分考慮し、横風での離着陸を極力避けるように配置する。新空港を建設する場合は、最低3年間、その地域の風向きを調査することになる。日本の気候は、夏は太平洋高気圧の勢力下になり、南の風が吹く。冬は北西の季節風が吹き、これは中国大陸から吐き出てくるように吹くので、西日本ほど北風に、東北や北海道では西風に近くなる。それに加えて、「春一番」などのように春先には強い西風が吹く。そしてこのような大きな風の流れのほかに、海沿いでは陸風、海風が吹き、さらに山が近ければ局所的な風の特性がある。これらのことを細かく調査したうえで滑走路は建設される。

また、風だけでなく、着陸態勢に入った航空機が山にぶつかってしまうような地形や、積乱雲が多く発生する地域を飛ばなくてはならないルートも避けるように配置しなければならない。そのため、強く吹く冬の北西からの季節風を横風として受けないよう、日本では、北西から南東方向への滑走路が多い。成田、羽田といった空港は、16、34方向の滑走路になっている。

平行する滑走路が複数ある場合は、R（ライト）、L（レフト）の記号をつけて左右の滑走路を区別する。たとえば成田空港には4000メートルのA滑走路があり、その東側に2180メートルのB滑走路があるが、A滑走路の南から北方向が34L、B滑走路の南から北方向が34Rとして2本の滑走路を区別している。さらに日本には実例はないが、平行滑走路が3本ある場合は、中央の滑走路に34C（センター）などとして区別している。

では平行滑走路が4本あったらどうするのか？

これが意外な方法で区別している。そもそも4本の平行滑走路は造らない。というより、造ったことにしないといった方が正確かもしれない。日本では新千歳空港に自衛隊と民間用の滑走路が2

本ずつほぼ平行に4本並んでいるが、民間用2本は、01－19方向、自衛隊用は18－36方向で、わずか10度だけずれて、2本ずつの平行滑走路が2組あるように配置されている。ではなぜわずか10度だけずらして造られたのだろうか？　実はこの4本の滑走路は平行にできているが、もし本当に4本がまったくの平行だとすると、それぞれの滑走路の判別がしにくくなる。なので、あえて10度の差があったことにしているのだ。アメリカでは4本の平行滑走路は珍しくないが、どこの空港でも決まって10度ずれていることになっている。大雑把に思えるが、そもそも01から36と、10度単位でしか表していないから、36方向といっても、実際は356度の方向かもしれず、それほど神経質になる問題ではないようだ。

現在、日本で滑走路が複数あるのは6空港（成田、羽田、伊丹、新千歳、仙台、新潟）である。最も多いのが羽田空港で、平行する3000メートル滑走路に横風用滑走路も有する。平行する2本の滑走路の1本を離陸、1本を着陸と利用でき、さらに横風用の滑走路もあるので理想的にも思えるが、実際はパンク状態で増便ができない状態だ。横風用滑走路はなぜ1本でいいかというと、風に対して神経質になるのは、スピードを落として降下する着陸時のみだからである。離陸はエンジン全開で上昇するので、少々の横風は問題ない。横風用滑走路はないが、2本の平行滑走路があるので、新千歳空港も理想的な状態といえる。

成田空港と伊丹空港は、平行滑走路があるものの問題ありだ。1本が短いため、短い方の滑走路は大型機が離陸できないなど制約があり、羽田や新千歳空港のように、2本の滑走路を離陸と着陸に使い分けることができない。成田空港にはもともと横風用滑走路も予定されていたが、この計画は白紙に戻っている。毎年「春一番」の吹くような季節には、難しい着陸が強いられる。

このほかに滑走路が複数あるのは仙台空港と新潟空港だが、ともに1本の滑走路は１５００メートル以下で主に小型機しか離発着できず、民間定期便という意味では、実質、滑走路は1本である。

また、関西空港は現在滑走路が1本だが、2期工事が行われていて、2本目の滑走路が建設中だ。大空港というのは10年、20年のスパンで将来の需要予測を行わなければならないので、一概に不要というわけにはいかないが、現在の関西空港は乗り入れ航空会社の撤退や減便が相次いだ結果、1本でも閑古鳥状態だ。2期工事よりも乗り入れ航空会社を増やす努力が必要だろう。

滑走路の数が多くなれば、イコール利便性が高くなるともいいきれない。2本の平行滑走路があり、それぞれを離陸・着陸に分けて使えればいいが、1本の滑走路が短ければ、そういった使い分けはできない。さらに1本が横風用であれば、2本が同時に使えるわけではない。機種にかかわらず離陸と着陸を同時にできるような複数滑走路でなければ効果は大きくならない。

滑走路1本に対して、2方向からの着陸と離陸が考えられるが、両方向とも使っているとはかぎらない。羽田空港には2本の平行滑走路のほかに横風用滑走路があるが、この滑走路は風向きに関係なく、南西に向かっての離陸、北東に向かっての着陸はできない。この滑走路の南西方向には大田区の人口密集地帯があり、大田区との取り決めで、この地域の上空を航空機が飛ばないような運用を行っている。つまり横風といっても西風にしか対応していないことになる。関東地方では東風は吹くものの、強い東風というのは台風でもない限り吹かないので問題はないのである。

滑走路の着陸誘導装置も見てみよう。霧などで視界が悪くても航空機が着陸できるよう、主要空港の滑走路にはＩＬＳ（Instrument Landing System＝計器着陸装置）が設置してある。これは、地上からの誘導電波によって航空機を滑走路近くまで誘導するシステムだ。その電波は進入方向を知らせるローカライザーと進入角度を知らせるグライドスロープからなる。

そしてこのＩＬＳには、カテゴリーⅠからⅢまであるが、その違いは、どの程度の視程の悪さまで着陸できるかになる。大まかにいうとカテゴリーⅠとカテゴリーⅡは気象条件による違いで、いずれも雲の下まで電波で誘導、そこまで降下し、それでもパイロットから滑走路が視認できなければ着陸はできない。だが、カテゴリーⅢになると、機材の性能やパイロットの経験にもよるが、最終的に滑走路が見えなくても着陸できる精度を持つ。

この精度の高いカテゴリーⅢが運用されているのは日本では、成田、釧路、熊本の3空港だけである。成田空港は国際空港としての重要性を考えれば納得できるが、なぜ釧路と熊本にレベルの高いＩＬＳが設備されているのだろうか？　実はこの2空港は霧が多く、ＩＬＳの精度を高めることで欠航率が大きく改善されるからである。もちろん、他の空港でも霧が出ることはあるが、1年に1日や2日では投資をするだけの意味がない。つまりこの2空港はそれほどに霧が発生する日が多いということになる。

ＩＬＳに載って着陸する場合、電波に載って着陸するため、滑走路の延長上を長く真っすぐ飛ばなければならない。しかし日本には山が迫っている空港もあり、長く真っすぐ飛ぶコースが取れない場合もある。たとえば富山空港や福岡空港はともに南北方向の滑走路だが、南側には山が迫っているため、ＩＬＳは北側からの進入のみである。なので北風が強く、南側から進入しなければならない場合も、北側のＩＬＳに載って着陸態勢に入り、雲の下に抜けてから、低空で空港のまわりを一周して南側から着陸する。このような着陸方法を、サークル・アプローチと呼んでいる。

謎045 成田空港にできたB滑走路の謎
～どう利便性が上がるのか。

成田空港のB滑走路は、長さが2180メートルしかない。日本の国内線でもB747ジャンボ機が発着するには2500メートルは必要なので、国際空港の滑走路としてはいかに短いかが分かる。そのためB滑走路はかなり限られた使われ方になっている。まずB747、また現在は使っている航空会社が少なくなったが、DC－10、MD－11もB滑走路は発着しない。

B747は着陸であってもB滑走路は使っていないが、これは滑走路の長さではなく、変則的な誘導路が関係している。B滑走路は暫定的な長さで完成したが、実は誘導路が完全ではない。用地買収が不完全なため、誘導路が滑走路側に「へ」の字に曲がっていて、B747のような大型機では、接触の危険性があるのだ。

B滑走路を発着する最も大きな機体はB777、A340といったところだ。機体が発着できるということであって、重い機体、つまり燃料を多く積んだ長距離便の離陸となると、一回り小さいB767でもできない。B滑走路完成によって新たに乗り入れたり、増便を果たしたりした航空会社は、ほとんどが韓国、中国、台湾などの近場の航空会社ばかり、そのほか日本の国内線が増えた。B滑走路から離陸する最も長距離の便は、カンタス航空のケアンズ行きB767で、その距離は3650マイルだ。

しかし成田空港のA滑走路は発着枠が満杯で1便の増便もできない。そこで各航空会社とも知恵を絞ってB滑走路の利用方法を編み出している。B滑走路を使ったのではヨーロッパやアメリカへの便は運航できないが、B747ジャンボ機を避ければ着陸はできる。そこでA滑走路を離陸用に、着陸はすべてB滑走路にし、機体をB777などにして増便を行っている。

貴重なA滑走路発着枠を離陸専用にすることによって、アリタリア航空、オーストリア航空、トルコ航空、エールフランス、KLMオランダ航空、アメリカン航空などは増便を果たした。やり方はこうだ。たとえばそれまでA滑走路を使ってB747で、週5便のフライトがあったとしよう。週5便ということは離陸5回、着陸5回の権利を持っていることになるが、言い換えればA滑走路を10回使える権利だ。そこで機材をB滑走路でも着陸できるB777やA340にし、A滑走路10回の使用を離陸に使い、着陸はすべてB滑走路を使うのだ。こうすることによって、それまで週5便しか運航できなかった航空会

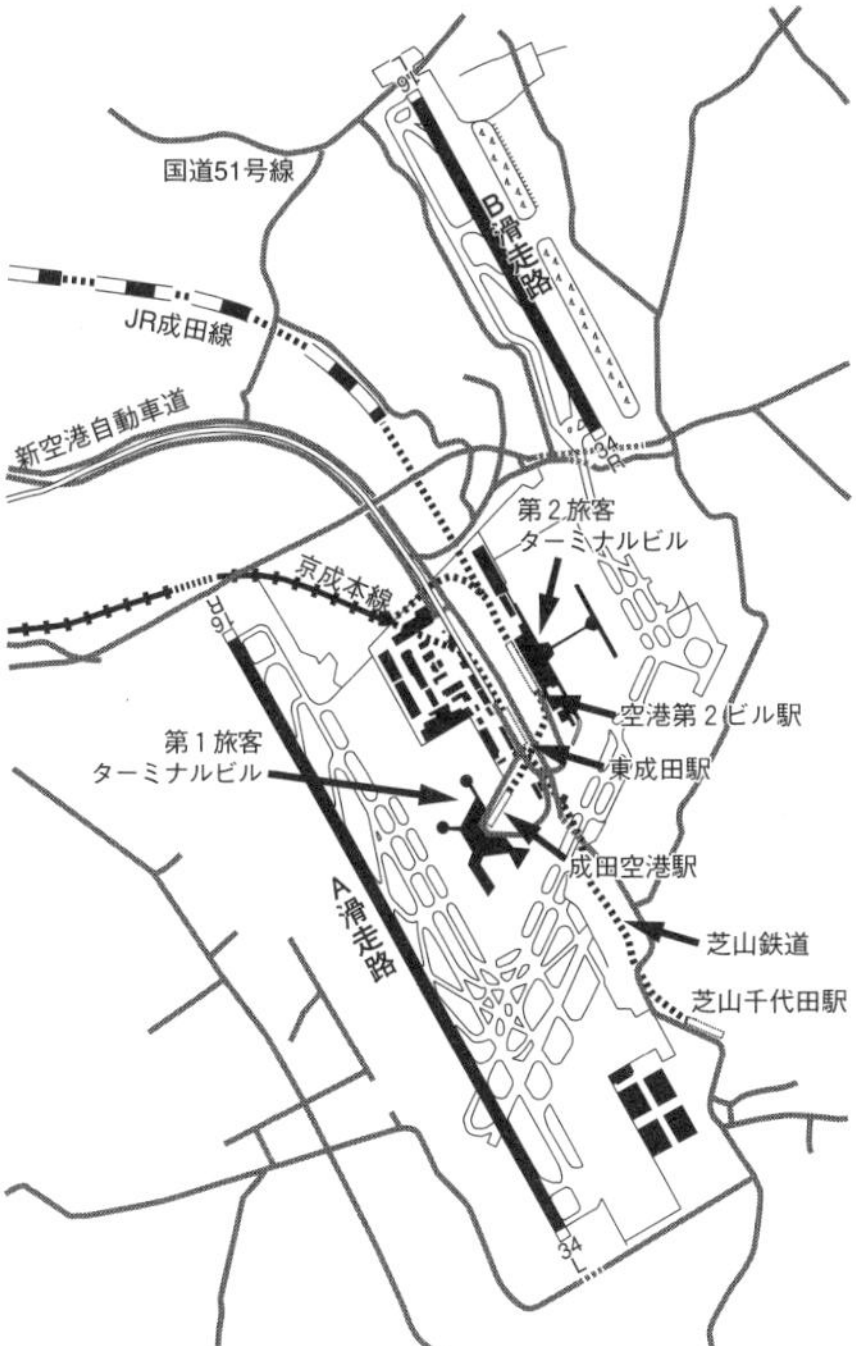

図45　成田空港周辺図。

社が週10便にまで増便できる。

ノースウエスト航空は成田〜アジア間にB滑走路でも発着できる機材としてA320（後にB757に変更）を投入したが、この機材では太平洋は越えることはできないので、アメリカの航空会社でありながら、この機材は日本〜アジア間のみを往復する。短い滑走路が生んだ変則的な運用といえる。

また、ニュージーランド航空は増便を行ったが、B滑走路からではニュージーランドへ直行はできないし、B747では着陸もできない。そこで増便分は機材を小ぶりのB767にし、関西までの燃料でB滑走路から離陸、関西を経由し、関西でニュージーランドまでの燃料を積んで飛ぶ。この便はニュージーランドから飛んでくる時は、B滑走路にでも着陸できるので、ニュージーランド〜成田〜関西〜ニュージーランドと三角形を描くように飛ぶ。ウズベキスタン航空も同じ方法で成田乗り入れを果たした。

しかしこれらの方法にも問題がある。ひとつの便が成田と関西双方で集客しているので、効率がいいように思われるが、日本から1機を飛ばすのに、世界で最も高いといわれる成田と関西双方の着陸料を払わねばならず、採算が合う便にするのが難しいのである。どの路線でも使える方法ではない。

成田空港のB滑走路が完成した年、中東のアラブ首長国連邦のエミレーツ航空が、ドバイから関西への乗り入れを果たした。同社は日本初乗り入れで、乗り入れは成田でもよかったはずだ。B滑走路からの離陸では、ドバイ直行は無理だが、ニュージーランド航空やウズベキスタン航空と同じ方式で、ドバイ〜成田〜関西〜ドバイというルートでもよかったはずである。しかし成田へは乗り入れなかった。やはり成田と関西双方に着陸料を払うと採算性が悪くなるのであろう。

しかし同社は東京からの利用をあきらめたわけではない。羽田～関西間に接続するＪＡＬと提携、ＪＡＬ便に自社便名も載せるコードシェアで、関東からの利用者に対応している。つまり便名上は羽田～関西間にエミレーツ航空が飛んでいる。しかしこれは苦肉の策といえる。エミレーツ航空も、できれば首都東京の空港に乗り入れたいであろうし、利用者側にしても「乗り換え」と「経由するだけ」ではかなり印象が違う。

近年では、韓国、中国、台湾といった近場への需要が急増しているため、これらの国からの航空会社でＢ滑走路はにぎわっている。中国の多くの都市と直行便で結ばれるようになったほか、中国や台湾の航空会社が増便できたことから、これらの航空会社で本国を経由して第三国へ向かう格安航空券も多くなった。

それまでは、中国の航空会社は中国へ行くために利用するという印象だったが、中国が２００３年からビザなし渡航が可能になったこともあってか、増便後は、中国経由の東南アジア、インド、ヨーロッパ方面行き航空券を積極的に販売するようになっている。

意外なのは、成田発着の国内線があまり増えていないことだ。それまであった新千歳、名古屋、伊丹、福岡便に加えて新設されたのは仙台、小松、広島便のみ。それも50人乗り程度の小型機が１日１往復するのみである。

近年は、関東各地から成田空港へ直行する高速バスが増えているせいか、東京および関東一円からの国際空港という位置づけとなったようで、地方都市から成田空港を経て海外へ行くという需要は少ないようである。２００４年には、国内線用に確保してあった発着枠も国際線に解放するようになった。

いずれにしても早期にＢ滑走路の延長を望みたいところだ。

謎046 都市と空港の位置関係

～どこにどう空港を建設するか。

成田空港は2004年3月までは正式名称が「新東京国際空港」だった。だが、東京都心からは66キロも離れている。

世界のどこの都市でも新空港を建設すると、郊外に広い敷地を求めるので、都心から遠くなってしまうのは仕方がない。だが、成田空港はとくに遠く、しかも不便である。

ところが、こんな不便を強いてまで遠くに建設した成田空港であるが、1978年の開港以来30年近く経った現在でも、用地買収などがうまくいかず、現在でも2本目の滑走路は不充分な長さ、誘導路も真っすぐには施設されておらず、横風用滑走路に至っては白紙の状態、加えて反対派の活動があるため、警備なども厳重である。

日本では伊丹空港も苦い経験をしている。伊丹空港は市街地に近い便利な空港とされているが、それゆえに古くから騒音問題を抱えていた。1972年以来、現在に至るまで、22時から翌朝7時までの離発着が禁止されている。それ以前は深夜でも離発着があり、国内線に深夜便も飛んでいた。やがて1967年に「公共用飛行場周辺における航空機騒音による障害の防止等に関する法律」が施行された。これは全国的に適用される法律であるが、発端になったのは伊丹空港で、それ以来、公共性を考えても航空機騒音は耐えがたい、という流れになった。伊丹空港滑走路端には土手があり、連日、航空機見物客でにぎわっているが、見物客のすぐ頭上をジャンボ機が飛び交っている。「世界でこんなに間近にジャンボ機を眺められるポイントはない」とさえいわれている。

以来、日本の空港建設に際しては、用地買収と騒音に対して神経質になったといわなければならない。そしてこういった問題を回避するのに最も手っ取り早い方法が、空港建設用地を海上に求めることだ。関西空港、そして中部国際空港も海上に建設された。

関西空港は海上にあることから、日本では数少ない24時間稼動の空港だ。海に囲まれた国とはいえ、日本には海上空港はことのほか多い。建設中の新北九州空港、神戸空港、また比較的新しい空港としては、１９７５年開港の長崎空港、１９７１年開港の大分空港も海上空港である。大分空港は海沿いにある空港に思われるが、海岸線から突き出ていて、埋め立てられた土地だ。１９９８年開港の佐賀空港も、有明海の干拓地に建設されているから、海上空港といえないこともない。

しかし関西空港などは、人工島ゆえに地盤沈下も激しく、莫大にかかった建設費と維持費が空港経営を圧迫している。それでも海上空港が多いということは、いかに空港建設用地の確保が難しいかを示している。羽田空港も、現在でこそ深夜に国際チャーター便が発着しているが、長い年月をかけて沖合いへと少しずつ移動したために可能となったことである。

比較的新しい空港で海上空港でない場合は、ほとんどが山を削って建設されており、平地をこしらえての建設だ。既存の平地を求めることは困難というわけだ。たとえば１９８７年開港の青森空港、１９８８年開港の岡山空港、１９８９年開港の高松空港、１９９３年開港の福島空港、広島空港などには、ある共通点がある。それは、市内から空港バスで空港に向かうと気づく。どのバスも、市内から平地を空港へと向かうが、まもなく空港に到着するという時点で急坂を上り、小高い丘の上に空港があるということだ。これは山を平らになる高さまで削ったからにほかならない。丘の上に空港があるというより、山を削ってできた人工的な台地にある。こうすることによって用地買収がしやすくなるほか、台地上の土地に滑走路があるので、着陸直前や離陸直後の機体でも、平地からは高度の高い位置を飛んでいることになり、騒音問題が起こりにくいのである。

海外に目を転じても海上空港は多い。従来のソウル・金浦空港に変わって2001年に開港した仁川空港は、ソウル近郊の仁川市沖にあった2つの島と島の間を埋め立て、ひとつの大きな島にしたうえで、その埋立地部分に開港した。それまでの香港・啓徳空港に変わって、1998年に開港した香港・チェクラプコク空港も、陸地に接しているが埋立地に建設されている。1995年にはじめて空港ができたマカオの空港も、ターミナルビル部分は陸地にあるが、滑走路は海上である。そして、それまでの上海・虹橋空港に変わって1999年に開港した新しい上海の玄関口・浦東空港も、地図上は海沿いの空港ながら、ほとんど埋立地の空港に近い。ここは東シナ海に面するが、湿地帯をならして建設された。さらに海側に予定されている増設部分は、大河、長江（揚子江）の河口近くにあるということを活かして建設される。空港予定地の三方を囲み、川の堆積作用によって埋め立てるというのだ。広大な土地を持つ中国なら、空港建設地を見いだすのは容易とも思われるが、実際には都市の近くでは海上などに建設場所を探さなければならないのである。

当然これらの新空港は、従来の空港より市内からの距離は遠くなってしまった。海上空港ではないが、クアラルンプールではアジア最大級規模の空港を実現した結果、都心から50キロという遠い空港になってしまった。成田空港はもっと遠いが、東京23区の人口約８００万人に対して、クアラルンプールの人口は約１１５万人なので、クアラルンプールの空港はかなり遠いといわざるを得ない。

しかし、都心からの時間となると、アジアの空港は決して遠くはないという特徴がある。クアラルンプールでは市内〜空港間が高速鉄道で結ばれており、所要時間は30分。香港でも鉄道が23分で結ぶ。上海では世界で始めて浮上式リニアモーターカーが、空港アクセス交通として実用化された。ソウルでも市内〜空港間を結ぶ高速鉄道を建設中である。成田空港では都心〜空港間が、ＪＲ、京成電鉄、いずれを利用しても最も速い列車で１時間を要する。やはり成田空港は遠いのである。

図 46　香港の鉄道アクセスは、空港〜市内間を 23 分で結ぶ（上）。クアラルンプールでは KLIA エクスプレスが、最高時速 160 キロで市内とを 30 分間隔で運行する（下）。

謎047 ハブ空港ってなに？

～日本にはハブ空港はあるのだろうか？

「ハブ空港」という言葉を聞いたことがあるだろうか。ある航空会社が、運航の拠点にする空港のことで、多くの路線が集まっている。路線図で見ると一点に多くの路線が集まり、自転車のハブが空港、スポークが路線に見えることからこの名称がついた。

ただ単に路線が集まっているだけでなく、あらゆる方向からの到着便が同時刻に集中、出発便も同時刻に出発、乗り継ぎが便利にできていなければハブ空港とはいえない。

ハブ空港は航空戦国時代といわれた１９８０年代のアメリカで発達した。アメリカには全米をネットする航空会社が現在より多かった。しかし各航空会社は、全米の都市間をすべて直行便で結べるほどの機材や需要はない。そこで北米大陸の中央よりやや東に位置する空港を巨大なハブにし、そこから全米への便を運航するようになった。同時刻に到着便を集中させ、その1時間ほど後に出発便を集中させる。こうすることによって全米のどこからどこへでもハブ空港を経由することでアクセスできるようにしたのである。北米大陸の中央よりやや東に位置するのは、大都市が西海岸より東海岸に多いからだ。

具体的にはアメリカン航空のダラス、ユナイテッド航空のシカゴ、デルタ航空のアトランタ、ノースウエスト航空のデトロイト、コンチネンタル航空のヒューストンなどだ。たとえばマイアミからシアトルへ、フェニックスからニューヨークへと向かう利用者に、アメリカン航空なら「ダラス乗り継ぎ」、ユナイテッド航空なら「シカゴ乗り継ぎ」の有利性をアピールするわけだ。だからハブ空港は、設備も充実したものでなければならないほか、乗り継ぎ便の利便性を第一義に考えられた空港でなければならない。

米系航空会社では、日本便にもこのシステムは影響を与えている。ノースウエスト航空では成田からはニューヨーク、ロサンゼルス、デトロイトなどに直行便があるが、中部や関西からアメリカ本土への便はデトロイトへしか飛んでいない。常識的に考えると日本人渡航者はニューヨークやロサンゼルスの方がずっと多く、デトロイトへの渡航者が多いとは思えない。それでもデトロイトへ飛ぶ理由は、デトロイトがハブ空港なので、デトロイトへ飛ぶことによって全米への接続が図れるということにある。ニューヨークへ飛ぶと、ニューヨークへの渡航者は便利だが、他の都市への接続便がない。その点デトロイトへ飛ぶと、ニューヨークなどの大都市へも乗り継ぎになるが、ワシントン、ボストン、フロリダなど、すべての都市に同じ条件で到達できる。またニューヨークも、ラガーディア空港、ニューアーク空港など到着地を選択することもできる。

こんなメリットもある。一般的にニューヨークのジョンＦケネディ国際空港は海外からの航空会社が多く、入国審査も混み合う。しかしハブ空港は接続がスムーズに行われるように設計されていて、国際線も少なく、入国審査がスピーディに行われるのだ。このため、ニューヨークやロサンゼルスなどの大きな空港であっても、これらの空港をハブ空港と呼ぶことはない。

また、空港そのものを指して「ハブ空港」と呼ぶのではなく、「ダラス空港はアメリカン航空のハブ」というように、空港と航空会社がセットで呼ばれなければならない。ダラス空港はアメリカン航空にとってはハブだが、ユナイテッド航空にしてみれば1就航都市にすぎない。さらに「ハブ空港」になるかどうかは、空港側というよりも、そこを利用する航空会社の運航体系で決まるともいえる。

アメリカ国内線で生まれたハブ空港だが、現在は国際線でもこのような運航体系が多くなった。香港をハブにするキャセイパシフィック航空などもその例で、成田、中部、関西、ソウル、台北などから香港へ向かう便はほとんど同時刻に香港に到着、さらにその1時間ほど後にバンコク、クアラルンプール、シンガポール、ジャカルタ、ロンドンなどへの便が出発する。どの都市からどの都市へもスムーズな接続だ。ソウル拠点の大韓航空やアシアナ航空もキャセイパシフィック航空の運航体系に近く、成田、中部、関西、福岡などからの便を受けて、ヨーロッパ便などが出発する。韓国系航空会社の日本からヨーロッパへのルートは接続がよく、速くて便利なルートだ。

しかし、キャセイパシフィック航空が香港、韓国系航空会社がソウルを拠点にしているのは当たり前のことであり、この理屈でいくなら、各国に最低1カ所はハブ空港があることになる。だが、そうではない。成田はJALやANAが拠点にするが、これらの航空会社がハブ空港として利用しているわけではない。たとえばJALのソウルから成田への便は1日3便あるが、どの便を利用しても、ヨーロッパ行きには一切接続しない。韓国系航空会社の日本~ソウル~ヨーロッパというルートは多くの人が利用するが、JALはソウル~成田~ヨーロッパというルートを活用させようとはしていない。ハブ空港と呼べるかどうかは、そこを拠点にする航空会社の運航方式次第なのである。

　ところがこの成田空港は、日系航空会社よりも米系航空会社にとってのハブ空港となっている。ノースウエスト航空、ユナイテッド航空は成田空港をアジアのハブ空港としてうまく機能させている。ノースウエスト航空はニューヨーク、デトロイト、ミネアポリス、シアトル、ポートランド、サンフランシスコ、ロサンゼルス、ホノルルから毎日成田へ運航、さらにソウル、釜山、北京、上海、広州、香港、マニラ、バンコク、シンガポール、中部、サイパンへ接続するようにスケジュールが組まれている。もちろんアジアから北米という逆方向も同じで、これらのフライトが集中する午後から夕方にかけては、ノースウエスト航空やユナイテッド航空のフライトが集中する。この時間帯に限っていえば、そこが日本の空港ではないかのように、米系航空会社の機体がずらりと並ぶ。米系航空会社の国際線がこれだけ集中する空港は、アメリカ本国にもほとんどない。

出発地	便名	成田到着時間	成田出発時間	行　先	運航日
ロサンゼルス	NW001	16:20	19:00	マニラ	毎日
ミネアポリス	NW003	17:05	―――	成田止まり	日曜のみ
ポートランド	NW005	16:05	17:50	釜山	毎日
シアトル	NW007	16:40	18:15	ソウル	毎日
ホノルル	NW009	13:30	―――	成田止まり	毎日
デトロイト	NW011	16:10	17:45	シンガポール	毎日
ニューヨーク	NW017	15:50	18:20	香港	毎日
ミネアポリス	NW019	16:25	18:10	北京	毎日
デトロイト	NW025	17:05	17:40	上海	毎日
サンフランシスコ	NW027	16:30	18:25	バンコク	毎日
成田始発	NW077	―――	17:55	中部、サイパン	毎日
成田始発	NW081	―――	18:00	広州	水曜以外

表47　成田空港を同じ時間帯に発着し、どこからどこへでも乗り継げる体制を整えたノースウエスト航空。

謎048 ドイツの空の玄関の謎

～ベルリンでもボンでもなく、フランクフルトである。

ドイツの首都はベルリンだが、長らく東西に分断され、分断中は西ドイツの首都はボンだった。ベルリンには、飛び地のように西ベルリンというエリアがあり、陸の孤島になった西ベルリンには突貫工事でテーゲル空港を建設するが、大型機の発着できる規模ではなかった。ベルリンにはシエーネフェルト空港があったが、そこは東ドイツの領土だった。当時、ボンは、首都というだけで小さな街であり、独自の空港はなく、近くにあったケルン空港をケルン・ボン空港と呼んでいた。

大都市がなく、中都市が数多くあるドイツでは、古くから国際線の玄関は経済の中心地フランクフルトだ。東西ドイツが統合され、首都がベルリンに戻った現在も空の玄関はフランクフルトである。次いで国際線が多く集まるのはミュンヘンで、日本からの直行便もフランクフルトとミュンヘンに飛ぶ。ドイツへの直行便はほかにも飛んでいた時期があり、JALがベルリンとデュッセルドルフに運航していた。ベルリンが首都に戻ったためであり、デュッセルドルフは日系企業が多いためである。またルフトハンザドイツ航空は、港湾都市ハンブルクへ飛ばしていた時期もあった。しかし現在は、さまざまな都市に少ない便数で直行便を飛ばすより、拠点になるフランクフルトに毎日便を飛ばし、接続便を増やす、というのが主流だ。日本～ドイツ間は、日系航空会社はフランクフルトへ、ルフトハンザドイツ航空はフランクフルトに飛び、便数が多い成田発にのみミュンヘン行きもある。

　このように、日本からの国際線でありながら、その国の首都に飛ばないという例は意外なほどに多い。オーストラリアの首都はキャンベラだが、キャンベラ空港には国際線は発着しない。空の玄関口はシドニー、メルボルン、ブリスベンなどで、日本からはケアンズ、パースへの直行便もある。ニュージーランドの首都はウエリントンだが、長距離国際線はオークランドかクライストチャーチへ飛ぶ。フィジーの首都はスバで、スバにも小さな空港があるが、国際線はナンディが玄関口だ。トルコの首都はアンカラだが、長距離国際線はイスタンブールに飛ぶ。スイスの首都はベルンだが、長距離国際線はチューリヒかジュネーブが玄関口だ。カナダの首都はオタワだが、長距離国際線のほとんどはトロントへ飛び、日本からは西海岸の玄関口バンクーバーにも飛ぶ。ブラジルの首都はブラジリアだが、国際線の多くは経済の中心地サンパウロか、観光都市リオデジャネイロに飛ぶ。日本からの便は、日系ブラジル人が多く住むサンパウロに飛んでいる。首都の空港が、必ずしも国際線の空の玄関口とはいえないのである。

　変わっているのはアラブ首長国連邦から関西空港に乗り入れるエミレーツ航空で、首都はアブダビだがドバイから乗り入れる。というより同社の拠点がドバイで、エミレーツ航空はアラブ首長国連邦の航空会社だが、それ以前に1首長国であるドバイの航空会社なのだ。首都アブダビ拠点の航空会社には、アラブ首長国連邦、オマーン、バーレーン3カ国共同出資のガルフエアーなどがある。

　首都へのフライトもあるが、メインになっていないのがアメリカで、日本からアメリカの首都ワシントンへは成田〜ワシントン間直行のＡＮＡがあるが、米系航空会社は1社もこの間にフライトがない。何社も飛ぶほどの需要はないというわけだ。アリタリア航空も成田とイタリアの間に週10便を飛ばすが、ミラノ7便、首都ローマ3便の割合だ。観光客はどちらかというとローマの方が多いが、同社の拠点空港がローマではなくミラノで、ミラノからの方が多くの接続便がある。アリタリア航空のように、拠点空港への便を強化する航空会社は多い。北欧のデンマーク、スウェーデン、ノルウェー3カ国共同運航のスカンジナビア航空も、以前は成田空港への週7便は、5便をデンマークの首都コペンハーゲンへ、2便をスウェーデンの首都ストックホルムへと飛ばしていたが、現在はコペンハーゲンに一本化し、そこからの接続便を充実させるスケジュールになった。

日本人の特異性が見られるのは日本～インドネシア間のフライトで、ガルーダ・インドネシア航空の日本便は、成田、関西、中部、福岡に乗り入れるが、いずれも観光地バリ島からの乗り入れで、首都ジャカルタからのフライトはない。ちなみにアジア諸都市からインドネシアへの便では、バリ島も多いものの、やはり首都ジャカルタがメインである。だが日本から見ると、インドネシア＝バリ島ということになっているようだ。

実はこのような例は多い。世界的にはその国の玄関口は経済の中心で大都市の空港なのに、日本からのフライトの多くは観光地に直行するという例だ。オーストラリアも一般的にはシドニー、メルボルンが国際線の玄関口であるが、日本からのフライトはクイーンズランド州のケアンズへの便が多い。やはりここも観光地である。

ニュージーランドの空の玄関口は北島にあるオークランドだが、日本からは南島にある観光の拠点クライストチャーチへの直行便が多い。ところがニュージーランドから日本へのフライトはすべてオークランドから直行する。これはツアーの観光パターンに合わせたもので、旅行の前半に南島で自然を満喫、後半にオークランドなどの都市に滞在することが多いためだ。日本人以外だって旅行のパターンはそれほど変わらないと思われるが、日本人には滞在期間が短く効率よく周遊できた方がいいのである。このように、行きと帰りのルートが異なるという便もあり、タイ国際航空も、成田、関西からプーケットへの直行便を飛ばすが、プーケットから日本への直行便はなく、すべてバンコク発だ。やはり前半をリゾートで過ごし、後半は都市で買い物などを楽しむケースが多いのだ。

日本へ乗り入れる海外の航空会社はどうだろう。ほとんどの航空会社が成田を目指すが、関西にしか乗り入れていないというのが、エミレーツ航空、カタール航空、ロイヤル・ネパール航空、上海航空、厦門航空、海南航空、エアーパラダイス国際航空だ。中部、関西、福岡にはオーストラリア航空が乗り入れる。ロシアのウラジオストク航空は、新潟、富山、季節によって関西にも乗り入れている。新潟、季節によって青森にも乗り入れるのがロシアのダリアビアであり、新千歳、函館に乗り入れるのがロシアのサハリン航空、季節によって新潟に乗り入れるのにロシアのシベリア航空がある。これらの航空会社は日本へ乗り入れているが、成田へは来ていない。

それぞれに理由がある。中東の2社は成田2本目の滑走路が完成してからの乗り入れだったので、B滑走路利用なら成田乗り入れもできたのだが、B滑走路からの離陸では中東まで飛べず、関西への乗り入れとなった。ロイヤル・ネパール航空は、関西空港開港まもなく乗り入れ、そのまま関西に定着した。上海航空、厦門航空、海南航空は、フライトの多い成田〜中国間を避けて関西に乗り入れた。オーストラリア航空は、実質、カンタス航空で、オーストラリア航空の低コスト航空会社だ。そしてロシアの航空会社は、古くから日本海側と経済交流などがあり、それがそのまま定着した。

謎049 アンカレッジ空港はどうなった？

～旅客便は立ち寄らなくなったが、意外な利用があった。

成田と多くの旅客便で結ばれていたのに、現在は直行便がまったくなくなってしまったのが、アラスカ州のアンカレッジだ。以前は日本からヨーロッパへ行く北回り便、そしてニューヨーク便もこのアンカレッジに寄っていた。日本航空、スイスエアー、ルフトハンザドイツ航空、スカンジナビア航空、エールフランス、サベナ・ベルギー航空、KLMオランダ航空、イベリア・スペイン航空、ブリティッシュ・エアウェイズと、実に9社もが成田とアンカレッジの間を飛んでいた。

その頃の日本とヨーロッパの間は、航空機の航続距離の関係から直行はできなかったということもあるが、当時は東西冷戦時代で、現在のようにシベリア上空を自由に航空会社が飛ぶことができなかったのだ。だが、時間のかかる南回り便に比べて、アンカレッジ経由の北回り便は、成田を夜に出発すると翌朝にはヨーロッパに到着できる特急便として人気だった。

アンカレッジでの旅客扱いもさまざまで、成田～アンカレッジ間の利用ができる便もあれば、給油のみの寄港で、旅客扱いのない便もあった。アンカレッジまでの利用ができる便では、夏のアラスカ鉄道や、冬のスキーなど、アラスカ行きのツアーもあったのだ。しかし航空機の航続距離が伸びたほか、東西冷戦の終結で、日本～ヨーロッパ間直行便はすべてロシア上空通過のルートになり、日本からアンカレッジを経由する旅客便はなくなっている。

日本発着便以外でもアンカレッジ経由便はほとんどなく、現在でも長距離旅客便がアンカレッジに寄港するのは、チャイナエアラインの台北～ニューヨーク便だが、この便も、偏西風が追い風になる冬季のニューヨーク行きはアンカレッジに寄港しない。現在では、シンガポール～ニューアーク間でも直行できる機材が登場しているので、空のガソリンスタンドとしてのアンカレッジ空港の役目はそろそろ終わりかもしれない。給油という意味からの寄港ではなくアンカレッジまでの便を残しているのは、大韓航空のソウル～ニューヨーク便の一部のみである。

そのため現在、日本からアンカレッジに行こうとすると、とても不便である。シアトルなどアメリカ西海岸まで行って戻るようなルート、つまり直行できた頃の約3倍の時間をかけるか、もしくは週3便しかないソウル乗り継ぎの大韓航空を利用するかになる。

寄港地としてのアンカレッジ空港は、旅客便ではそろそろ役目を終えるが、貨物便だと話は別である。北太平洋を飛ぶ貨物便のほとんどは、アンカレッジに寄港する。日本から北米やヨーロッパへ向かう貨物便も、ほとんどがアンカレッジ、または同じアラスカ州のフェアバンクスに寄港する。重い貨物を積む貨物便では、燃料をたくさん積むだけの重量に余裕がなく、成田からアメリカ西海岸への便でさえ、ほとんどがアンカレッジ経由だ。中国、香港、台北、ソウルからの便もアンカレッジを経由する。北太平洋を飛ぶ貨物便が急増していることから、給油のために寄港する便数は以前より増えている。アメリカ大手貨物航空会社フェデックスなどは、どうせアンカレッジに寄港するならと、アンカレッジをアメリカ～アジア間の貨物積み換え基地として利用している。

謎050

富士山よりも高いところにある空港!?

～地球の反対側にあった!!

航空機が離陸するのに必要な滑走距離は、同じ性能の機体でも積んでいる乗客、貨物、燃料によって異なってくる。成田空港でも、ソウル行きは、4000メートル滑走路の半分くらいの距離を滑走し、急角度で上昇していく。一方、ニューヨークやロンドン直行便などは、滑走路の80パーセントくらいを使って滑走し、ゆっくりした角度で上昇していく。貨物便でならシンガポールくらいの距離でも、旅客便のニューヨーク便と同じくらいの角度で上昇していく。このように航空機の離陸と機体の重さは密接な関係にある。

しかし、機体の重さ以外にも離陸性能を左右するものがある。ひとつは風だ。向かい風が強いほど、大きな揚力が得られる。次に気温。低いほどエンジンの出力は相対的に大きくなり常夏のホノルル空港を離陸するより、吹雪のアンカレッジ空港を離陸する方が、短い滑走距離で離陸できる。

自然条件の中で、最も航空機性能を左右するのが、空港の海抜である。海抜が高くなると空気が希薄になるが、航空機のエンジンは空気を吸い込んで燃焼・爆発させ、後方に排気、またファンで後方に噴出しているので、空気が希薄になると、いわばエンジンが空気を蹴っても蹴ってもその効果が上がらなくなる。また揚力は、主翼を通過した空気の流れによって発生するが、その空気の密度が希薄では揚力は得にくくなる。

日本で最も海抜の高いところにある空港は、長野県の松本空港で、海抜６６５メートル。これでも、微妙に航空機の性能は変わるといえるが、実際の運用を左右するほどの海抜とはいえない。

日本発着の国際線が飛ぶ空港で最も海抜が高いのはメキシコシティで、海抜２２００メートルだ。海抜０メートルに比べて気圧は76パーセントしかなく、長く滑走しなければ離陸できないし、着陸時も高速での着陸になる。空気が稀薄なので、高速にして多くの空気が主翼を通過しないと、揚力を得られないのである。いわば空気の密度が少ない分、単位時間あたりに長い距離を進んで、通過する空気の量で賄うわけだ。

世界で最も海抜の高い空港は、国際線が飛ぶような空港だと南米ボリビアの首都、ラパスになる。ここは海抜４０５８メートル、富士山山頂より高い土地にある。４０５８メートルというと、国内線のプロペラ機が巡航する高度にあたる。気圧は海抜０メートルに比べると60パーセントしかない。これだけ空気が稀薄だと航空機の運用はかなり限られる。海抜０メートルの空港ならコンコルドでも離陸できる４０００メートルという長い滑走路を持ちながら、ラパス空港から最も長距離を飛ぶ便は、隣国ペルーのリマ行きで、たった６８３マイル。成田～ソウル間にも満たない。

長距離国際線は、ラパス出発時は、同じボリビアのサンタクルスを経由する。たとえばマイアミ～ラパス間を飛ぶアメリカン航空は、マイアミからラパスへは直行できるが、マイアミまでの燃料を積むとラパスを離陸することはできない。そこで３３２マイルしか離れていないサンタクルスまでの燃料を積んでラパスを出発する。サンタクルスは下界にあるので、ここでマイアミまでの燃料を積んで再び出発するのだ。ラパスからサンタクルスへのフライトは、飛ぶというより、少し飛び上がって、あとは下降するのみである。

謎051 空港が複数ある都市

～国内線と国際線を分ける日本の方式は世界では珍しい。

日本では東京、大阪、名古屋、札幌、広島が複数の空港を持つ。東京では基本的には国内線が羽田空港、国際線が成田空港ときっぱり分かれていて、羽田空港からの国際線はチャーター便とソウル便があるが、国際線に広く解放されているわけではない。一方の成田空港には国内線も発着するが、国際線への乗り継ぎ客を念頭にした便で、純粋な国内線とは考えにくい。例外の便はあるが、国内線と国際線とで空港を使い分けている。

大阪には伊丹空港と関西空港がある。関西空港が開港してからは伊丹空港には国際線の発着は1便もない。関西空港は国際線と国内線双方が発着する空港だが、最近は国内線には人気がないようで、結果的に国際線がメインの空港になっている。

名古屋は中部空港と小牧空港があるが、国内線もほとんどは中部空港に移り、小牧空港発着で残るのは、ＪＡＬ系列のローカル便のみである。

札幌は新千歳空港と丘珠空港があり、丘珠空港はプロペラ便のみが発着するローカル空港だ。広島には広島空港と広島西空港があるが、広島西空港は旧広島空港だったところで、現在はリージョナルジェットと呼ぶ小型機のみが発着している。

海外ではどうだろう。意外にも国際線と国内線できっぱり分けている都市は少ない。台湾の台北が数少ない例のひとつで、台北には中正空港と松山空港があるが、国際線はすべて中正空港発着、国内線はすべて松山空港発着となっており、１便の例外もない。国際線の中正空港には高雄便が発着するが、国際線からの乗り継ぎ客しか利用できない国内を飛ぶ国際便である。たとえば成田から台北でこの便に乗り換えると、高雄で台湾への入国手続きを行う。国際線からの通しの航空券を持っていないと利用できないのだ。

台北に最も近い分け方なのがソウルで、仁川空港が国際線、金浦空港が国内線となっている。仁川空港からはやはり国際線からの乗り継ぎ客だけが利用できる釜山便が飛ぶのみだが、金浦空港からは国際線として羽田便が飛んでいる。

上海は虹橋空港と浦東空港があるが、現在は虹橋空港に国内線、浦東空港に国際線と国内線となっている。将来的には国内線もほとんどが浦東空港発着になる予定だ。

しかし世界の主流は、国際線か国内線かという分け方をしない方式である。少なくとも「国内線のみの空港」はあっても「国際線のみの空港」はないというのが現状だ。シンガポールのように、「国内線そのものがない」という空港を除くと、「国際線のみ、あるいは国内線はあっても国際線に接続させる程度のごくわずか」という空港は、東京・成田、台北・中正、ソウル・仁川の３空港くらいしかないのだ。

以前から空港が多かったロンドンではどうだろうか。現在は成田からの便はすべてヒースロー空港発着となっている。この空港に国際線と国内線双方が発着する。しかし、かつて全日空なども発着していたガトウィック空港にも国際線・国内線双方が発着するし、国際線には北米便などの長距離便も含まれている。比較的最近ロンドンに乗り入れるようになった航空会社、各国のセカンド・キャリア、旧ソ連からの独立国の航空会社、またチャーター便なども発着する。チャーター便というと、日本ではごくわずかのシェアしかないが、ヨーロッパにはチャーター専門の航空会社が星の数ほどあり、何十機という機材を持つチャーター航空会社も珍しくないので、便数は侮れない。

スタンステッド空港は「ロンドン第3の空港」と呼ばれる空港だ。パンク状態のヒースロー空港に乗り入れている航空会社が、さらに増便したい場合などはこの空港に振り向けられるほか、貨物便が多く発着している。そしてここまでの3空港は、いずれも市内から鉄道アクセスがある。

ルートン空港は、主にチャーター便と格安運賃の航空会社が、さらにシティ空港はその名の通り市内中心地に近いテムズ川沿いにあるが、短い滑走路で離着陸できる小型機のみが発着する。ビジネス需要が主なため、週末は便数が減るといった運用になっている。ロンドンで特徴的なのは、5つも空港があるのに、国際線専用とか国内線専用といった空港がないことだ。

パリも同じような状況で、以前はシャルルドゴール空港が国際線専用だったが、現在はシャルルドゴール空港、オルリー空港ともに国際線・国内線双方が発着している。ミラノは以前、マルペンサ空港は長距離国際線、リナーテ空港は国内線とヨーロッパ内国際線とに分けられていたが、現在はマルペンサ空港にも多くのヨーロッパ内国際線と国内線が発着する。

アメリカは、少し考え方が違う。たとえばニューヨークでは、ジョンFケネディ空港とニューアーク空港は国際線と国内線、ラガーディア空港は国内線と分けられており、ラガーディア空港には入国審査場がない。ところが実際には、ラガーディア空港にはカナダからの国際線が発着する。アメリカ～カナダ間のフライトでは、カナダ側でアメリカの入国審査を行うためにこのような運航が可能となっている。ニューアーク空港は、ニューヨークのあるニューヨーク州ではなく、川を挟んだニュージャージー州にあるため、ニューヨークとは別の都市の空港とみなされることもあるが、ニューヨーク中心街への距離は26キロで、ジョンFケネディ空港からとほぼ同じ距離にある。

広大な面積を持つブラジル2大都市の空港の使い方も特徴がある。リオデジャネイロにはガレオ空港、サンパウロにはギョアルーリス空港があり、ともに国際線と国内線が発着するが、この両都市間を結ぶシャトル便のみは、ともに市内から至近のリオデジャネイロ・サントスデュモン空港とサンパウロ・コンゴニアス空港の間を飛ぶ。この両都市は日本でいえば東京と大阪に相当するが、新幹線などはなく、航空便が重要な交通手段。なので、市内至近の空港から飛ぶ。そして他の国内線は国際線と同じ空港から発着する。

ブラジルでは国内線といっても距離の長い便がほとんどなので、距離の上からは妥当な分け方であろう。もちろん国際線からの乗り継ぎ客用にこの両都市を飛ぶ便は、メインの空港からも飛ぶ。

図 51　ロンドンではヒースロー空港とガトウィック空港が有名だが、そのほかにスタンステッド空港（上）、ルートン空港（中）、シティ空港とあり（下）、いずれにも国際線は発着する。ロンドンの国際空港は計５空港！

謎052 空港コードの謎

～成田…NRT、羽田…HNDなのに、なぜ関空はKIXと「X」？

空港には3レターコードがある。チェックインバゲージに行先タグをつけるが、そこに大きくあるアルファベット3文字がそれだ。たとえば香港行きなら「HKG」、台北行きなら「TPE」と。

世界中の空港にこの3レターがあり、IATA(International Air Transport Association＝国際航空運送協会）が管理する。

正確には都市コードと空港コードがあり、ほとんどの都市では都市コード＝空港コードだが、東京のように空港が複数ある場合は都市コードと、空港それぞれに空港コードがある。東京の都市コードは「TYO」、成田空港の空港コードは「NRT」、羽田空港の空港コードは「HND」である。同様に大阪が「OSA」、関西空港が「KIX」、伊丹空港が「ITM」だ。

成田（NARITA）は「NRT」と分かりやすい3文字だが、関西（KANSAI）は「KIX」なので必ずしも頭文字というわけではない。

伊丹空港には、関西空港が1994年に開港するまで空港コードはなく、大阪の都市コード＝伊丹空港であった。それが新空港の開港によって空港コードをつける必要が生じ、伊丹空港は「ITM」が認められた。関西空港はKIA（関西インターナショナル・エアポートから）を申告したが、その時点ですでに「KIA」はパプアニューギニアのカイアピットという都市が使っていたので、認められなかった。同じ3レターが複数あるわけにはいかないからである。各空港はＩＡＴＡに申告して、基本的にはだぶっていなければそのまま認められる。この時点でＫとＩを活かすと、3番目のアルファベットはＩかＸしか残っておらず、「ＫＩＩ」よりは「ＫＩＸ」の方が〝キックス〟と語呂がいいため、「ＫＩＸ」になった。

このように3レターは、都市名とピッタリくるものもあれば、無関係なものもある。香港の「ＨＫＧ」、マニラの「ＭＮＬ」、バンコクの「ＢＫＫ」、ロンドンはヒースロー空港の「ＬＨＲ」、またダラス市とフォートワース市の中間に位置するダラス・フォートワース空港の「ＤＦＷ」などはいいが、大連の「ＤＬＣ」、ブリスベンの「ＢＮＥ」、ドバイの「ＤＸＢ」、バルセロナの「ＢＣＮ」などは、ちょっと苦しい3レターはたくさんある。ホーチミンが「ＳＧＮ」なのはサイゴンと呼ばれていた頃の、ヤンゴンが「ＲＧＮ」なのはラングーンと呼ばれていた頃の、ムンバイが「ＢＯＭ」なのもボンベイと呼ばれていた頃の名残だ。

カナダはトロントが「ＹＹＺ」、バンクーバーが「ＹＶＲ」、カルガリーが「ＹＹＣ」と、すべて〝Ｙ〟で始まる。どうせピッタリの3文字にならないのならと、あまり使われない〝Ｙ〟で始まる3文字ばかりにし、〝Ｙ〟で始まればそれはまずカナダ、というふうにしているのだ。

似たようなことは日本でも行われていて、青森は「ＡＯＪ」、仙台は「ＳＤＪ」、岡山は「ＯＫＪ」、米子は「ＹＧＪ」、広島は「ＨＩＪ」、松山は「ＭＹＪ」のように国内の22空港がＪＡＰＡＮの〝Ｊ〟で終わる。都市名に使われているアルファベットの中から3文字をしかも他の都市と重ならないようにするのは至難の技。そこで2文字なら容易なことから、2文字＋Ｊにした。世界的にはＪで終わる、あるいはＪが最後の方に使われている都市名が少ないというのも幸いした。

謎053 空港の構造の謎

〜世界中で共通のスタイルと各空港の個性。

空港ターミナルビルには、世界的な「スタンダード」がいくつかある。

日本の地方空港では、1階に搭乗手続きカウンターが並び、その横に到着客の出口、2階が出発ロビーというスタイルが一般的である。しかし羽田空港くらいの規模になると、搭乗手続きカウンターは2階にあり、2階が出発階、1階が到着階とはっきり分かれる。空港に横づけされる道路もそれに合わせて、市内から空港に到着したバスは出発階に横づけされ、市内へのバスやタクシー乗り場は到着階にある。主要国際空港でも上階が出発階、下階が到着階が常識で、出発時に必要な設備は上階に、到着時に必要な設備は下階にある。

ちなみに、世界の趨勢に反してわざわざ常識に逆らってしまった空港ターミナルビルがある。それがパリのシャルルドゴール空港のターミナル1で、下階が出発階、上階が到着階になっている。この空港は、さすがはフランスという優美なデザインで、しかも機能的にできているが、個性を重んじる国ゆえに、旅客の流れを世界とは逆にしてしまった。世界のほとんどの空港では、上階が出発、下階が到着という暗黙の了解があるので、利用者はその常識を体で覚えており、逆のスタイルのシャルルドゴール空港では錯覚を起こしやすい。

そのため、その後に完成したターミナル2は、デザインだけはフランスらしさを残しながらも、世界と逆らった構造にはしなかった。

徹底して出発旅客と到着旅客を分けたのが香港チェクラプコク空港だ。空港を発着する鉄道までが、空港に到着時は出発階に、空港から出発する時は到着階から出発する。電車は折り返し運転せず、いったん車庫に引き上げて、違う階に入線するようになっている。

国際空港で、出国審査を過ぎた後のエリア、つまりこれから海外へ旅立つ旅客しか入れないエリアを保税エリアと呼ぶが、ここの構造は空港によっていくらか異なっている。

成田空港のターミナル２は、出国後のエリア、つまり保税エリアでも上階が出発階、下階が到着階という原則を貫いている。旅客の動線第一という考え方で、出発客と到着客が混ざり合うことはない。

しかし世界で最も使いやすいといわれるシンガポール・チャンギ空港では、保税エリアは１つのフロアで出発客も到着客も混じり合っている。一見整理されていないようにも思えるが、このフロアには、レストラン、インターネットルーム、仮眠室、シャワールーム、そしてプールに至るまで完備されており、出発客、到着客、通過客の誰もが利用できる施設となっている。これがチャンギ空港の人気の秘密でもある。チャンギ空港では、早めに搭乗手続きを済ませ、保税エリア内でくつろぐこともできるし、到着客が到着してすぐに入国審査を行わず、食事をしてから、インターネットでメールのチェックをしてから、あるいは深夜に到着した時などは、仮眠してから入国ということもできる。思い思いに過ごせる空港なのだ。

その点成田空港では、航空機が到着したら、すぐに入国審査を行うしかない。到着階の設備といったら、トイレくらいしかなく、売店すらないのである。保税エリアを出発階と到着階に分けるということは、２層構造にすることなので、狭いスペースでも旅客をさばけるということになるが、最近完成した新しい空港では、シンガポール方式が主流になっている。

保税エリアは当然ながら国際空港にしかない。日本の国際空港のほとんどが、国際線ターミナルと国内線ターミナルが別棟になっているところか、国際線はターミナルの一角を利用するといったケースである。鹿児島空港などは、国内線と国際線では別のターミナルだが、ボーディングブリッジは共用しており、国際線が到着する時は、ボーディングブリッジに通じる通路に仕切りを設けて国内旅客と国際旅客が混ざらないようにしている。国際線と国内線をターミナルのビルで分ける空港はアジアに多いが、ヨーロッパでは国内線も同じビルの一角を使う場合が多い。

関西空港は国際線と国内線が発着するが、1階が国際線到着、2階が国内線、4階が国際線出発となっており、同じビルに双方の旅客が発着するため、旅客はビルの中でやや複雑な動きをする。この国際旅客と国内旅客をどうやって分けるかというのは、各国とも対応はまちまちで、ビルごと分けてしまえば混乱はないが乗り換えが不便だし、かといって同じ場所では混乱が生じるので、どちらを選ぶかは永遠の課題ともいえる。シンガポール・チャンギ空港は優れた空港として人気だが、「シンガポールは国内線がないからできること」と評する人も多い。

国際線が変わったシステムで運航されているのがアメリカだ。アメリカの空港はそもそも諸外国と少し違い、ターミナルビルは各航空会社自前のものが立ち並ぶという方式をとっているところが多い。通常、空港は大きなターミナルを建設し、それを各航空会社が仲良く使っているのだが、アメリカでは共用するのは滑走路などだけになっている。また世界的には、国際線が発着する空港では出国する旅客は出国手続きを、入国する旅客は入国手続きを行わなければならないが、アメリカでは入国手続きは厳重に行われるが、出国手続きはとくになく、搭乗手続きの際に航空会社の係官がパスポートをチェックするだけである。入ってくる旅客は厳重に審査されるが、出て行く旅客はどんどん出て行け、といった感覚であり、ある意味で合理的かもしれない。なのでアメリカでは、「国際線ターミナル」ではなく「国際線到着ターミナル」と呼ぶことも多い。アメリカでは空港ターミナルを国際線か国内線で分けるのではなく、国際線到着とその他で分け、その他は、さらに航空会社別に分けられていることが多い。

シカゴ・オヘア空港を例にすると、ここにはアメリカン航空専用ターミナルがあるが、アメリカン航空であっても国際線で到着する便は国際線到着ターミナルに到着する。ところがシカゴから国際線で出発する便は国内線と同じような扱いなので専用ターミナルから出発する。そのためアメリカのどこか他の都市からシカゴに飛び、そこから国際線に乗り継ぐのはスムーズだが、国際線から国内線に乗り継ぐ場合、入国審査を受け、ターミナルを移動しなければならないので、アメリカン航空同士であっても最低1時間30分は必要だ。そ

図 53　人気ナンバーワンのシンガポール・チャンギ空港は、成田空港などとは比べ物にならないほど利用者本位にできている。

こで、航空会社間の競争が激しいロサンゼルスなどでは、自社ターミナルにも入国審査場を設ける航空会社が多くなり、アメリカン航空、ユナイテッド航空、デルタ航空がそれぞれ入国審査場を持つ。ロサンゼルスでは米系航空会社の同じ航空会社同士であれば国際線から国内線へ1時間程度で乗り継げるが、アメリカ以外の航空会社で到着して、アメリカの国内線に乗り継ぐ場合は2時間以上の接続時間が必要である。

アメリカに国際線で到着した場合は、旅客全員がいやおうなしにアメリカに入国させられるというのもアメリカならではの特徴である。たとえば成田からバンコクに向かい、そこで乗り継いでインドへ、あるいはマレーシアへ行くなど第三国へ乗り継ぐ場合、タイへ入国する必要はない。空港の保税エリア内で次の便を待てばいい。ところがアメリカの空港にはそういった概念がなく、乗り継ぎ客、つまりアメリカに用のない旅客も全員がアメリカへの入国手続きを行い、再び出国するといった扱いになる。現在は乗り継ぎにとどまらず、経由便でも同様の手続きが行われていて、JALの成田〜ニューヨーク〜サンパウロ便、ヴァリグ・ブラジル航空の成田〜ロサンゼルス〜サンパウロ便を通しで利用する場合でも、アメリカに一度入国しなければならない。これらの便を利用する場合、日本人はパスポートがあれば通過できるが、アメリカ入国に際してビザの必要な国籍の利用者は、通過ビザまで必要になる。

入国審査をなるべく簡略化しようとしているのはヨーロッパの国々だ。とくに経済統合されているEU間の国々は、国内同様に自由に行き来できる。EU加盟国中15カ国はシェンゲン条約に加盟しているが、これらの国々は1カ国とみなされるので、これらの国で新しくできた空港ターミナルでは、国際線、シェンゲン条約加盟国の国際線、国内線と、3段階に分けることが多くなっている。

謎054 管制官の仕事

～空の交通整理はどのように行われているか。

管制官は、空港にある管制塔で、その空港を離発着する航空機にさまざまな指示を出している。

まず空港の規模によって管制塔の役割が異なる。成田、関西、羽田、伊丹ほか、主要空港では、管制塔に管制官がいて、離着陸する航空機に対して、どういうルートを、どういうスピードでアプローチして、どの滑走路をどの方向から着陸するようにと「指示」を出している。航空機が、こういった主要空港の管制エリアに入ったら、管制官の指示に従わなければならならず、空港が混雑していれば上空で待機することもある。

それに対して青森、福島、富山といった地方空港や離島の空港には、管制塔はあるが、そこにいるのは正確には管制官ではない。管制通信官といわれ、滑走路の状況や空港近辺の気象状況を航空機のパイロットに情報提供しているだけで、「指示」しているわけではない。これらの空港を離発着する航空機は、管制通信官からの情報を参考にするものの、利用する滑走路の方向や進入速度などはパイロットの判断で行っている。日本にある空港の約80パーセントは後者のタイプだ。

そして成田や羽田空港のように離発着機の多い空港では、管制業務は大きく分けて2カ所で行われている。１つは管制塔で、そこから実際の航空機を見ながら行い、主に離発着する航空機、滑走路から駐機場までの誘導路を移動する航空機、これから出発する航空機などの交通整理を行う。最終的に離陸の許可を出したり、誘導路上の交差点で交差する2機のどちらかに「止まれ」の指示を出したり、出発機にプッシュバック（トーイングカーに押されて航空機が動き出すこと）の指示を出したりする。

もうひとつの管制業務が、レーダールームと呼ばれる部屋で、実際の航空機ではなく、レーダーに映る機影を見ながら行われている管制業務である。たとえば成田空港でいえば、アジア、アメリカ、ヨーロッパなどから成田空港を目指してやってくる航空機が、スムーズに順番通り着陸できるよう、成田空港に近づいた時点で1列に並ばせるといった作業が行われている。空港が混雑した時に上空待機などの指示を出すのもここである。

このように離発着の多い空港では、空港および空港至近の「管制圏」と空港近辺の「進入管制区」を分けている。

さらに管制塔で行う管制も、出発機にその日の高度やコースを伝えて出発許可を出す「クリアランスデリバリー」、駐機場から滑走路までの交通整理を行う「グランド」、滑走路上、正確には着陸直前から離陸直後までの航空機をコントロールする「タワー」からなっている。レーダールームで行う管制も、離陸機をコントロールする「ディパーチャー」、着陸機をコントロールする「アプローチ」、さらに着陸機が多くなって混雑してきた時に利用する「レーダー」というセクションからなる。

ところで、管制官の仕事は空港でだけではない。日本の管制空域を飛ぶすべての航空機は、離陸してその空港の管制圏を過ぎてからは、航空交通管制部（通称・管制センター）のレーダーで一元的に管理されている。日本の空には、札幌、東京、福岡、那覇の4つのACC（エリア・コントロール・センター）がある。東京ACCは埼玉県所沢市の東京航空交通管制部にあり、東北から中国・四国地方、そしてそれに付随する太平洋の大きな面積を管轄している。ここでは日本の国内線、日本に発着する国際線のすべて、そして日本を発着しないものの、日本上空を飛ぶ国際線、たとえば台北発ロサンゼルス便などの管制も行っている。

では具体的に管制はどのように行われているのだろうか。たとえば、成田を出発して東南アジア方面へ向かう便でいうと、成田空港では出発のおよそ20分ほど前から「クリアランスデリバリー」との交信が始まり、フライトプランが承認される。プッシュバックし、動き出すと「グランド」と交信、どの誘導路を通ってどの滑走路を使うかなどが指示される。滑走路へ入る手前からは「タワー」と交信、たとえば何々航空の着陸機があるので待機するようになどの指示がある。ここまでは管制塔との交信で、基本的に管制官からは航空機が目視できる。

およそ空港から10キロ、高度にして３０００フィート（約１０００メートル）くらいに上昇したところからは「ディパーチャー」と交信、方向や高度などが指示され、航空路へと導かれる。ここまでが空港のレーダールームとの交信だ。

定められた航空路に載り、およそ2万フィート（約６０００メートル）に上昇すると、成田との交信ではなく、所沢の東京航空交通管制部との交信になる。ここは、空港の管制塔のように頻繁に指示を出すわけではないが、航空機が高度を変えたい時などは、管制部の許可が必要になる。このようにして、東南アジア行きであれば東京ＡＣＣから那覇ＡＣＣへと引き継がれ、次はマニラＡＣＣの管制エリアへと入っていく。

同様にアメリカからの到着便でいえば、アンカレッジＡＣＣから東京ＡＣＣへと引き継がれ、高度約2万フィートあたりから成田空港の「アプローチ」と交信、着陸機で混雑していると「レーダー」が使われることもある。まもなく着陸という時点で、管制塔の「タワー」との交信になり、着陸、滑走路を出たところから「グランド」に引き継がれ、駐機場へと誘導されるのだ。

なお、「グランド」と交信する、「タワー」と交信するというのは、具体的にどういうことになるかというと、交信する周波数が異なり、空港ごとに「グランド」の周波数、「タワー」の周波数というのは決まっている。ファンの間ではエアバンドラジオを使ってこういった交信を傍受することを楽しみにしている人も多い。たとえば「タワー」を聞いていれば、離発着する航空機は必ずここと交信するので、全便との交信を聴くことができる。

また、着陸する航空機を撮影する目的でエアバンドラジオを聞く人も多いが、その場合は「アプローチ」を聴いている場合が多い。なぜなら、肉眼で見る以前に、次にどんな便が到着するかが分かるためである。

交信はすべて英語だが、ほぼ使われる表現が決まっているため、傍受するのはそれほど難しくはない。むしろ航空会社ごとの「コールサイン」や A、B、Cを「アルファー」「ブラボー」「チャーリー」などと表現することを覚えておく必要はある。成田空港など海外からの航空会社が多く集まる空港では、管制官は日本人の英語なのに対し、航空機側は英語圏のパイロットが話す英語だったり、中国語圏のパイロットが話す英語だったりするので、同じ言語と思えないほどに雰囲気が違う。これもエアバンドの楽しみである。

A	Alpha	アルファー
B	Bravo	ブラボー
C	Charlie	チャーリー
D	Delta	デルタ
E	Echo	エコー
F	Foxtrot	フォクストロット
G	Golf	ゴルフ
H	Hotel	ホテル
I	India	インディア
J	Juliet	ジュリエット
K	Kilo	キロ
L	Lima	リマ
M	Mike	マイク
N	November	ノベンバー
O	Oscar	オスカー
P	Papa	パパ
Q	Quebec	ケベック
R	Romeo	ロメオ
S	Sierra	シエラ
T	Tango	タンゴ
U	Uniform	ユニフォーム
V	Victor	ビクター
W	Whiskey	ウィスキー
X	X-ray	エクスレイ
Y	Yankee	ヤンキー
Z	Zulu	ズール

表54　アルファベットをどう読むか。

謎055 手荷物の謎

～手作業での選別からバーコードでの管理へ。

搭乗手続き時に預けた荷物、チェックインバゲージはどのようにして、間違いなくその乗客が利用する航空機へと運ばれるのであろうか？

昔は荷物に付けられたタグに表示してある行先の3レターコードを係員が眼で見て仕分けしていた。たとえば「ＨＫＧ」なら香港行き、「ＢＫＫ」ならバンコク行きという具合である。

しかし国際便がこれだけ増えた現在、このような原始的な方法では対応できないだろう。また以前はロストバゲージといって、仕分けミスから、乗客の目的地とはまったく違う土地に荷物を運んでしまうといったことも少なからずあった。仕分けミス以外にも、乗り継ぎ便で、乗客は乗り継ぎ空港で走って間に合ったが、荷物の積み換えは間に合わず、次の便で荷物が届いたなどということもあった。

だが現在のチェックインバゲージは以前に比べると格段に高度なシステムで管理されるようになっている。セキュリティの面からも、荷物はルーズに扱うことは許されない時代だ。

成田空港の第1旅客ターミナルは１９７８年の開港だが、開港時と現在では手荷物や搭乗手続きのシステムはまったく変わっている。たとえば旧旅客ターミナル時代は、北ウイング、南ウイング双方にチェックインカウンターがある6つのセクション（通称・アイランド）があり、そのセクシヨンごとに航空会社が決まっていた。なので、午前はヨーロッパ系航空会社のアイランドが混雑し、夕方は米系航空会社のアイランドが混雑するのに、午前の米系航空会社のアイランドなどは閑散としていて不合理だった。その頃は航空会社ごとにCRS（Computer Reservation System＝コンピュータ・リザベーション・システム）の方式が異なり、アイランドに設置された端末も規格が異なっていたのだ。手荷物もアイランド直下に流され、そこがその航空会社指定の荷物仕分け場であった。

しかし1999年にリニューアルオープンした際に、CUTE（Common Use Terminal Equipment＝コモン・ユース・ターミナル・エクイップメント）と呼ばれる共同端末設備が設置され、すべてのチェックインカウンターで、すべての便を扱うことができるようになり、時間帯によって臨機応変にさまざまな航空会社の搭乗手続きを行えるようになった。

原理は、簡単にいえば、航空会社ごとに異なるCRSの方式を、ひとつの規格にそろえるシステムだ。これにともない、チェックインバゲージもどこのカウンターでも扱えるようになり、荷物に貼られたタグのバーコードで手荷物情報が管理されるようになっている。スーパーマーケットのレジでは、読取装置上に商品を通過させると値段などが読み取られるが、これを手荷物で行っていると思えばいい。ベルトコンベアーを通過した荷物は、バーコードにより航空会社、便名、行先などが読み取られ、所定の便に積まれるコンテナへと導かれるのである。こういったシステムは、アジアに最近開港した空港など、多くの空港に普及している。

5章 国内線運賃の不思議

スカイマークエアラインズは、国内線航空運賃の価格破壊に大きな功績を残した。
(鹿児島空港)

謎056 国内線航空普通運賃の謎

～都市間の航空運賃はどうやって決まるのか。

都市間の航空運賃は、JRの運賃のように何キロから何キロまでの間がいくら、といった明確な基準はない。おおむねの距離によって決まっている。

羽田～九州間の通常期普通運賃では、大分が3万300円、北九州、福岡、佐賀、熊本、宮崎が3万1300円、鹿児島、長崎が3万3300円だ。鉄道で考えると北九州が東京から最も近いが、鉄道のように線路をたどった距離ではなく、ほぼ直線距離での割合になるので、東京から九州へは大分が最も近いということになる。

それぞれの都市までの距離は、大分498マイル、北九州534マイル、宮崎560マイル、福岡566マイル、熊本568マイル、佐賀583マイル、鹿児島601マイル、長崎609マイルの順だ。陸路で考えると本州を西へ向かい、九州に入ってから南下するので鹿児島が最も遠く感じるが、空を飛ぶと大分が最も近く、長崎が最も遠くなる。運賃もこの距離に比例している。

しかし、割引運賃や新規参入の格安運賃を武器にした航空会社が増えたことから、普通運賃を使う機会はめっきり少なくなっている。そこで割引運賃で羽田～九州間の運賃を眺めてみよう。すると距離と比例というわけにはいかなくなってくる。

ANA2005年1月の特定便割引運賃で比べると羽田～福岡間は「特割1」（前日まで購入可）

が1万5800円から2万3300円、「特割7」(7日前まで購入可)が1万5300円から2万3００円なのに対し、羽田〜大分間は「特割1」が2万5500円、「特割7」が2万2300円から2万3300円となる。普通運賃では福岡より大分までの方が安かったのに、割引運賃では福岡より大分までの方が高くなっていて、運賃関係が逆転している。羽田〜大分線より羽田〜福岡線の方が大型の機材が使われているから、その分、割引率が高いとも思われるが、最も大きな理由は、羽田〜大分間には大手2社しか運航していないのに対し、羽田〜福岡間には普通運賃が2万5600円と格安のスカイマークエアラインズが運航していることが大きく影響している。

格安運賃の航空会社が就航しているかどうかは大手航空会社の割引運賃に必ず反映されている。同じ時期の羽田〜熊本間は「特割1」が2万3300円、「特割7」が1万9800円と、やはり普通運賃では大分までより熊本までの方が高いにもかかわらず、割引運賃では熊本までの方が安くなっている。これは、羽田〜熊本間に普通運賃が2万3000円のスカイネットアジア航空が飛んでいるからなのである。もちろんスカイマークエアラインズやスカイネットアジア航空にも割引運賃はあるので、実勢運賃でいえばさらに安く利用できる。

こういった傾向はゴールデンウイークなどの多客期になるとさらに顕著になる。2004年の4月から5月にかけてのゴールデンウイークでは、羽田〜大分間の割引運賃は設定がなくなり、羽田〜熊本間では早朝や深夜発着便のみ割引運賃の設定が残り、羽田〜福岡間では割引率こそ少なくなるが、全便に割引運賃が適用される。なので、大分、熊本へは、ゴールデンウイーク期間中は福岡へ飛んで、そこから高速バスなどを乗り継いだ方がお得、ともいえる。

気になるのは、格安運賃の航空会社とは露骨に競い合っているが、大手航空会社同士は意外にも競い合いは感じられない。たとえば羽田から九州各路線でいえば、北九州へはJALが独占、佐賀へはANAが独占、大分、長崎へは大手2社、福岡、鹿児島、宮崎、熊本へは大手2社＋格安運賃の航空会社が運航するが、北九州、佐賀、大分、長崎の4都市で比べてみると、どの都市でも運賃の推移は変わらない。格安運賃の航空会社が飛んでいるかどうかで割引率は大きく変化している。日本航空と日本エアシステムが統合される前は、大手間でももっと競争があり、早朝、深夜便などの割引率が高かったが、大手が2社体勢になり、その2社のフライトが均衡してしまったことで、大手間での競争は穏やかなものになってしまったといえる。

このように、大手2社の普通運賃は飛ぶ距離に比例し、足並みがそろっているが、割引運賃は、格安運賃の航空会社が飛んでいるかどうかなどで条件が違ってくる。ここでは羽田～九州間を例にしたので、大手航空会社の競争相手は格安運賃の航空会社に限られたが、羽田～山陽地方、北陸地方、東北地方などでは、新幹線との競争があるか否かでも割引運賃の額や設定時期が微妙に変わってくる。

割引率では、羽田や伊丹、関西発着などが最も高く、地方空港同士の便になればなるほど割引率は低くなり、路線によっては割引運賃がなくなるが、およそ使われている機材の大きさに比例している。また格安運賃を武器に参入した航空会社以外の小規模航空会社では、やはり機材のキャパシティなどの面から運賃の割引競争には参戦できていない。たとえば中部を拠点にするエアーセントラルは、大手でも格安でもない唯一の全国的な都市間便を運航するが、50人乗りのプロペラ機で運航、ほぼ普通運賃しかないのが現状である。

謎057 「早割」「特割」「超割」の謎

～ＪＡＬの便では、「早割」「特割」「超割」とは呼ばない。

「早割」と「特割」は日本の国内線割引運賃の代名詞として一般利用者にかなり浸透してきた。ではそれぞれどういう意味なのだろうか？

「早割」は何となく字から考えて「早めの予約で割引される」という意味であると見当がつく。では「特割」は「特別な割引」？　かと考えてしまうが、そうではない。「特割」は、「特定便割引運賃」という制度が由来である。

　そもそもこれら「早割」「特割」というのは、利用者にとって知名度の高い航空券だが、ＡＮＡがネーミングした割引運賃で、つまり固有名詞だ。だからＡＮＡの運賃にだけ使われる名称である。

「早割」は「事前購入割引運賃」という種類のもので、ＡＮＡグループでは「早割」と呼ばれ、ＪＡＬグループでは「前売り」と呼び、実際には「早割21」「前売り21」（21日前までに購入する）などとして使われている。一方の「特割」は「特定便割引運賃」という種類のもので、ＡＮＡグループでは「特割」、ＪＡＬグループでは「特便割引」という名称がついている。現在のようにＪＡＬと日本エアシステムが統合する以前は、日本エアシステムにも独自の名称があり、それぞれ「３週割得」「特便割特」と呼ばれていた。各社ともネーミングには苦労のあとがうかがえる。

　この「事前購入割引運賃」と「特定便割引運賃」は、今や日本の国内線割引運賃の主役といえ、空の旅を身近にした立役者である。しかしこの2種の運賃、登場した経緯はまったく異なる理由からだった。誕生の頃を振り返ってみよう。

国内線割引運賃の幕開けとなったのが1995年からの「幅運賃」制で登場した「事前購入割引運賃」だ。きっかけとなったのは前年の1994年に、国際線運賃に一定幅内で各航空会社が自由に運賃を決められる制度ができたためで、その流れが国内線に波及したものである。このときの国際線の運賃規制緩和によって、「JAL悟空」や全日空の「GET（グレート・エコノミー・チケット）」などが登場するが、それを国内線にも拡大しようというものだった。ただし、「事前購入割引運賃」は当時の運輸省主導で行ったもので、航空会社が自発的に行ったものではなかった。どちらかというと航空会社は、運輸省の政策に渋々応じたというものだったためか、座席数はごく限られており、宣伝が派手なわりには席が取れないと評判は悪かった。

一方、「特定便割引運賃」はまったく違う経緯で登場する。羽田空港の沖合展開の進捗で、騒音問題が緩和されたことから、早朝・深夜発着枠が増大するが、この増便にともなって生まれた割引運賃だ。それまでは羽田空港の初便は8時頃だったが、7時台、6時台に出発する便が登場する。早朝・深夜便は敬遠されがちなので、各航空会社は運賃を割り引いて利用促進を図ったのだ。

登場時は早朝・深夜割引などと呼ばれていたが、やがて「早起きは三文の得」ということで、「特定便割引運賃」は定着する。それまでの国内線機材は、朝は8時頃まで、また夜は、およそ20時以降は駐機場で休んでいたわけだが、これら休んでいる機体の稼働率を高くすることで増便したため、航空会社は機材を増やすことなく増便ができた。

そのため運輸省主導だった「事前購入割引運賃」に比べ、「特定便割引運賃」は航空会社も割り引いての販売に抵抗がなかった。供給座席数も多くなり、その後はこの「特定便割引運賃」が、早朝・深夜便に限らず、新規参入航空会社との競合区間や新幹線との競合区間にと波及し、国内線割引運賃の主流として定着していく。

現在はこの「特定便割引運賃」も「特割１」（前日でも購入可）と「特割７」（７日前までに購入）の２本柱になっており、「特定便割引運賃」と「事前購入割引運賃」をミックスしたような運賃がポピュラーな存在になった。反面、日本の国内線割引運賃の幕開けとなった、21日前までに購入といったような「事前割引運賃」は少数派の運賃になってしまっている。

なぜ当初スタイルの「事前割引運賃」が少数派になったかというと、後に登場する大幅な割引運賃が定着するからだ。ＡＮＡの「超割」は期間限定で全国一律１万円というお祭り的な運賃として行われ、当初は、「いつまで続くか」「一時的なもの」と反応は冷ややかであった。ところが破格の値段にしたことで、「この値段で行けるなら」と、本来なかった潜在需要を発掘した。その後はＪＡＬも「ＪＡＬバーゲンフェア」、日本エアシステム（当時）は誕生日の月に割り引くなど他社も追随、現在では各社が毎月のように期間限定で行い、航空需要の底上げに貢献している。

謎058 「スカイマーク」「エア・ドゥ」の謎

～新規参入なのにどうやって料金を安くしたのか。

日本には、スカイマークエアラインズ、エア・ドゥ、スカイネットアジア航空と、3社の格安運賃を掲げた航空会社が誕生している。では、どうやって格安運賃を実現したのだろうか。

経費節減の経緯を見てみると、何かひとつのことで経費を大きく減らすことは無理で、実に多くのことをひとつひとつ見直し、その集大成で経費を削減していることが分かる。

1998年に羽田～福岡間に参入したスカイマークエアラインズを例にすると、機体は新品のB767－300型を使っているものの、購入はせず、リース契約にした。機体メンテナンスも当初は全日空に委託した。機内食などを出さないことからギャレーをなくし、その分、座席を多くした。また通路を狭くし、座席の幅も若干狭くし、通常横2－3－2席配置のところに2－4－2席を配置、たとえばANAの同型機では定員288席のところ、スカイマークエアラインズでは309席にしている。

人件費も削減した。パイロットは大手航空会社を退職した機長や外国人の採用で大手の60パーセントに、キャビンクルーは契約社員制の採用で大手の50パーセントにまで減らした。広告収入を得るため、機体そのものを広告にしたほか、細かな部分では飲物の紙コップにまで広告を入れた。販売方法も大手方式をとらず、電話によるクレジットカード決済を柱にし、それ以外ではコンビニエンスストアを活用した。旅行会社を通すと、予約端末などを用意せねばならず莫大な費用がかかるからだ。

スカイマークエアラインズを設立したのは、急成長した旅行会社、HISだが、格安航空券販売で培った経営手腕が発揮されたといえる。

2002年に羽田〜宮崎間の運航を始めたスカイネットアジア航空では、経営の合理化はより進んでいる。スカイマークエアラインズで実施したような合理化策に加え、機体はスカイマークエアラインズより一回り小さなB737を使い、新品ではなく中古機をアイルランドのリース会社からリースした。B737には-100型から-900型までのバージョンがあるが、最新の-600型以降の機体ではなく、すでに生産が終了していた-400型にすることでリース料も安くなった。機体に関しては、まだまだ使えるが「型落ち」である。

整備も、4000フライト時間ごとに行うC整備は中国のアモイにあるJALやキャセイパシフィック航空が出資するTAECO社という整備会社に委託、エンジン整備もエンジンメーカーがマレーシアに築いた現地法人で行う。乗員訓練は同じB737-400型を運航する韓国のアシアナ航空に委託した。

機体のリース方式、機体整備を海外の会社に委託するなどは、政府の規制緩和によって可能となったが、このスカイネットアジア航空の経営スタイルは、欧米にある格安運賃航空会社の経営形態にかなり近くなってきたといえる。その結果スカイネットアジア航空では、スカイマークエアラインズとは逆に、大手航空会社よりゆったりした座席配置にすることができた。B737-400型では、ANA系列のエアーニッポンを例にすると168席の定員だが、スカイネットアジア航空の機体では150席の定員なのだ。こんなこともあり、同社は羽田〜宮崎間で大きなシェアを持つに至り、現在は大手よりも多い便数を飛ばしている。

これら航空会社を見習って大手航空会社でも経費節減に努力している。が、本体をいきなり大改革ということはできないようで、各社ともグループ会社をまず新規参入航空会社並みの経営体質へと改善している。たとえばJAL系列のJALエクスプレスなどは、キャビンクルーは契約社員である。各社ともこのような、いわば新規参入航空会社をお手本にするといったスタイルで変わりつつあり、新規参入組と大手の実質運賃は近づきつつある。

スカイマークエアラインズは運航当初、羽田〜福岡間を当時の大手普通運賃の半額1万3700円で参入した。運賃はこれ一本で、乗客全員がこの額だった。しかし現在の普通運賃は2万5600円、その代わりに割引運賃が増え、実質的には1万5000円から1万円台後半の運賃が主流だ。一方、大手航空会社も普通運賃は3万1300円ながら、7日前までに購入の割引運賃は1万8000円から1万9000円というのが相場なので、同じ条件の運賃で比べるとスカイマークエアラインズの方が安いものの、運賃水準は変わらなくなっている。

しかしそれまで、つまりスカイマークエアラインズが就航するまでは、ほとんどの利用者は普通運賃を払っていたわけで、日本の国内線航空運賃の価格破壊に貢献したスカイマークエアラインズの役割は大きかったといえる。

エア・ドゥは、やはりB767をリースし、機体整備は日本航空に委託するなどして、スカイマークエアラインズに続けと1998年に羽田〜新千歳間に参入した。しかし、座席数などは大手と同じだし、機体を全面広告にするなどといった大胆な施策もなかった。アメリカ同時多発テロ事件以降は経営が悪化、支援者も離れていった。さらに同社を立ち上げた社長の死去などにより、徐々に当初の経営理念が薄れ、２００２年に東京地方裁判所に民事再生法の手続きを行った。現在はＡＮＡと提携、いわば大手の傘に守られての運航となってしまっている。

なぜＡＮＡが、ライバルであるはずのエア・ドゥを救済したかというと、ＪＡＬと日本エアシステムの統合により、ドル箱路線である羽田〜新千歳間のシェアでＪＡＬグループの方が勝るようになったからだ。危機感を持ったＡＮＡがエア・ドゥと提携、エア・ドゥの運航していたこの間の６往復を共同運航便とすることで、この間のシェアは均衡が保てた。エア・ドゥにしてみればラッキーだったといえるが、このような形態では、すでに新規参入の格安会社とはいえないだろう。

全体的には日本では、格安運賃の航空会社が運航できるような環境になったものの、大手を脅かす存在にまではなれないのが現状だ。その理由は、まず羽田空港の発着枠不足が挙げられる。

日本の国内線で圧倒的な需要は羽田発着路線だが、その羽田空港の発着枠がなく、仮に現在新規の航空会社ができたとしても、羽田発着便を飛ばすことができない。また、運賃水準も現在の状況がギリギリで、これ以上の経費節約は望めない。航空会社は空港に離発着する度に、空港側に空港使用料を払っているが、日本の空港使用料は極めて高い。空港使用料は機体サイズによって決まるが、この使用料に大手も新規参入の別はない。これが切り詰めようのない経費としてのしかかっている。前述のように経営をスリム化したスカイネットアジア航空でさえ、産業再生機構への支援を受けるようになった。

では海外の格安運賃航空会社はどのような状態なのであろうか。アメリカでは古くからサウスウエストエアラインズが有名だが、同社はＢ７３７

図58　ヨーロッパの格安大手「イージージェット（イギリス）」は100機近い機材を保有、スイスにも現地法人を持つ。（ジュネーブ空港）

をすでに400機以上保有している。これは世界的に考えるとすでに大手の域を脱し、メガキャリアといえる規模である。しかしここまでの規模に成長した現在も格安運賃でがんばっている。

同じくアメリカのジェットブルーは1999年設立ながら、保有するA320は50機に達する。やはり、日本とは規模が違う。ヨーロッパでも、ライアンエアーやイージージェットといった格安運賃航空会社大手は100機単位の機体を保有する。アジアでも、マレーシアのエア・アジアはすでにB737を10機以上保有し、国際線にも進出した。

日本にも乗り入れているヴァージンアトランティック航空は、オーストラリアに格安航空会社の現地法人、ヴァージンブルーを運航している。現在ではオーストラリア内に多くの便を運航したため、たまらずカンタス航空が格安航空会社の設立に乗り出した。近くヴァージンアトランティック航空は、アメリカでもヴァージンアメリカという格安会社が運航を始めるが、計画ではエアバスを100機以上そろえる予定で、ここでも日本とは規模が違う。日本ではスカイマークエアラインズがチャーターながら国際線を運航するようになったが、諸外国に比べて動きはスローモーといえる。

謎059 航空各社の最大の敵は鉄道

～航空機と新幹線の激しい競争。

「特定便割引運賃」は、羽田空港の沖合展開にともなって増便された早朝・深夜便に対しての割引運賃として始まり、その後はスカイマークエアラインズなど新規参入航空会社に対抗して使われるようになった。スカイマークエアラインズが羽田～福岡間に参入した当時、スカイマークエアラインズが運航する1時間前後の時間帯だけ、当時の大手航空3社は、スカイマークエアラインズと同額、つまり大手普通運賃の半額の割引運賃を設定して対抗した。あからさまな新規航空会社いじめだったが、これも「特定便割引運賃」だった。

現在はこの「特定便割引運賃」は、対JRとの競合に使われることが多くなっている。競争相手は主に新幹線である。国内主要航空路線のジェット化がほぼ終了した現在、航空機のスピードアップはこれ以上望めない。一方で、新空港になったことで市内から空港が遠くなり、実質的な所要時間が長くなっている区間もある。それに対して新幹線は新型車両導入などで年々速くなる傾向だ。現在では、以前とは異なり、新幹線は速さで対抗、航空機は運賃で対抗の時代だ。

国内線航空便にこれといった割引が往復割引運賃しかなかった頃、新幹線が開通すると航空路線は撤退せざるを得なかった。東北・上越新幹線開通時、それまであった羽田～花巻、羽田～新潟便といった航空便はなくなってしまった。しかし秋田新幹線開通時は状況が違っていた。秋田新幹線は「ミニ新幹線」といわれ、盛岡までは専用の高架を走る従来型の新幹線だが、盛岡～秋田間は在来線を新幹線と同じレール幅にしただけの路線で、この間の最高時速は在来線並みに制限される。つまり時間短縮効果は「フル規格」の新幹線に比べて少ない。そのため航空路線も撤退どころか増便して新幹線を迎え撃った。現在でも新幹線運賃よりも安い「特定便割引運賃」で対抗している。

航空対JRの運賃競争は、対新幹線だけとは限らない。東京対北陸では、「新幹線＋在来線特急」と対抗している。この間の鉄道は、以前は上越新幹線と在来線を新潟県の長岡で乗り継いでいたが、上越線六日町と信越本線犀潟《さいがた》（上越市）の山間部を長大トンネルの連続でショートカットする第三セクター北越急行が開通してからは、北陸へのメインルートが上越新幹線越後湯沢を起点にする北陸方面行き特急に変わり、スピードアップが実現された。そのため、羽田から富山・小松へ行く便では、多くの便で割引が実施され、現在ではJR利用より航空機の方が割安になっている。とくに羽田～富山間は、以前はANAが独占していたが、JAL参入もあって競争が激しくなった。

羽田からの山陽方面行き航空便にも割引運賃が増えた。これは、広島に開港した新空港が市内から遠くなったのに対し、新幹線に登場した「のぞみ」には新型車両が投入され、新幹線が巻き返し攻勢を強めてきた頃からである。現在は、それまでANAが独占していた羽田～岡山・山口宇部間にもJALが参入、東京～山陽地方間は、対新幹線と航空会社間との競合が激しく、各社とも「特定便割引運賃」を1万2300円から設定、すべての便が2万300円以下である。自由席もある新幹線に対抗するため、搭乗前日でも予約できる割引運賃ばかりで設定してあるのも特徴だ。

山陽地方と対照的なのは、列車では不便な山陰地方で、羽田からは鳥取、米子、出雲、石見と4空港へ飛ぶが、山陽地方と距離は同じながらすべての「特定便割引運賃」が2万円以上である。また羽田から山陰地方の4空港へは、鳥取、米子、石見へはANA系列のみ、出雲へはJALのみと、航空会社間の競争もない。便利になる地方がある一方で、地方格差は大きくなっている。

新幹線との競合で各航空会社が最も力を入れているのが東京〜大阪間だ。この間は何といっても新幹線が便利なうえ、実質的な所要時間でも新幹線の方が速い。しかし大幅な割引のない新幹線から少しでも乗客を招こうと、この間は通年で割引運賃を設定している。通常、大手航空会社の特定便割引運賃は、繁忙期はなくなってしまうが、東京〜大阪便では、1年を通じて新幹線よりも割安になるよう設定されている。

また、JALと日本エアシステムの統合は、日本の国内線における新たな競合も生んだ。それまで国内線で最も大きなシェアを維持してきたANAだが、JALと日本エアシステムが統合されたのでは、さすがにシェアは低くなる。そこでANAは、採算性の低い路線から撤退し、より収益の高い路線での便数維持の方向を強めた。

最も収益性の高い路線はなんといっても羽田空港発着路線だが、羽田空港には発着枠の余裕がない。そこで、羽田と旭川、青森、山形、徳島を結ぶ便から撤退、浮いた羽田空港発着枠をより収益の高い路線に振り向けた。旭川便は提携するようになったエア・ドゥが、青森、徳島便にはスカイマークエアラインズが、山形便は地元の強い要望でJALが運航するようになったが、すでにスカイマークエアラインズは羽田〜青森便から撤退している。東北新幹線の八戸延伸などで、利用者が伸びなかったのであろう。

このように大手航空会社でも、羽田〜地方都市間路線などを平気で手放すようになったというのは、それだけ競争が激しくなったことを意味する。

　その後に参入したスカイネットアジア航空は、機材こそＢ７３７と小ぶりであるが、羽田～宮崎間で最多便数を運航している。羽田～熊本間でも、ＡＮＡより便数が多く、ＪＡＬと同数の便を運航している。同社は、２００５年夏には長崎にも就航する。スカイマークエアラインズは関西、神戸、北九州、那覇空港への乗り入れも計画していて、今後は小ぶりなＢ７３７が運航することになる。また、エア・ドゥも旭川便に、現在使っているＢ７６７のリース契約の切れる２００５年からＢ７３７を導入する予定である。

　海外とまったく線路がつながっていない鉄道と異なり、日本の国内線航空会社は、間接的にではあるが海外の航空会社との競合にさらされている。これといった割引が少ない鉄道に比べ、航空路線の割引運賃や、格安航空会社の路線は着実に伸びつつある。

図 59　スカイネットアジア航空は、宮崎、熊本、そして長崎にも運航を始める。機体は小ぶりの B737 だが、座席間隔は大手より広い。（熊本空港）

謎060 国内でも共同運航便!?

～どちらの航空会社で買うかで、運賃が違う。

世界中で共同運航する路線が多くなったが、共同運航するからといって料金も双方が同じになるわけではない。共同運航がこれだけ頻繁に行われている現在、料金が同じになったのでは競争がなくなってしまう。

たとえば日本～ベトナム間ではＪＡＬとベトナム航空は共同運航し、普通運賃は同じであるが、割引航空券の実勢価格はというとベトナム航空の方がかなり安い。同じ機体に乗って同じサービスを受けていても、払っている値段はかなり違ってくるだろう。

日本の国内でも共同運航をするケースが多くなったが、運賃はどうなっているのだろうか。

格安運賃で羽田～新千歳間に参入したエア・ドゥは、大手航空会社に対抗するという趣旨で運航を始めたが、その後の経営難から現在ではＡＮＡと共同運航という形になってしまっている。しかしエア・ドゥは、格安路線を維持している。羽田～新千歳間の２００５年１月実績でいえば、ＡＮＡの片道普通運賃２万８３００円に対して、エア・ドゥは２万３０００円である。たとえば、エア・ドゥ機材運航でＡＮＡとの共同運航便を普通運賃で利用する場合、ＡＮＡ便として買うと２万８３００円、エア・ドゥ便として買うと２万３０００円と差が出るのだ。これは普通運賃なので、ＡＮＡ便として購入すれば、もし急に便を変更したくなった時、1日20便以上ある便の中から選択できる。エア・ドゥでは1日8便の中からしか選択できない。

ところが変更のできない「特定便割引運賃」でも価格差があり、こちらは同じ便に乗るのであれば明らかにエア・ドゥの方が安くなる。たとえば羽田を7時40分発のエア・ドゥ13便はANA47 13便でもあるが、エア・ドゥ「DOバリュー7」で1万4000〜1万5000円に対し、ほぼ同じ条件のANA「特割7」だと1万6300円だ。同じく「DOバリュー1」で1万8000〜1万9000円に対し、「特割1」だと2万4300円になっている。もしANA便を使うにしても、便名が4000番代、エア・ドゥの機体が使われている便に乗るのなら、エア・ドゥで購入した方がお得ということがいえる。

こんなケースもある。中部〜成田間はエアーセントラルが運航し、その便にはANAの便名もついている。つまりエアーセントラルとANAの共同運航である。ところが普通運賃がエアーセントラルの1万8000円に対し、ANAだと1万5000円（通常期）と3000円も差がある。しかも大手の方が安いのである。ではエアーセントラルで航空券を購入すると何かメリットがあるかというとそうでもない。さらにエアーセントラルでも航空券を買えないことはないが、エアーセントラルのタイムテーブルには「予約はANAへ」と記されている。

この便は共同運航ながら、実質的にはエアーセントラルがANAのために運航している便と考えた方がよく、1万8000円という運賃は、共同運航を名乗るための便宜的な運賃であるらしい。同じ運航形態をとる成田〜仙台間にも同じことがいえる。

国内線の運賃もいよいよ複雑になってきたようだ。

6章 国際線運賃の不思議

空の十字路といわれるバンコクには多くの航空会社が乗り入れる。タイ発は航空券も安くて豊富だ。(バンコク空港)

謎061 国際線割引航空券の謎

~価格には相応の理由がある。

都市間の航空運賃だが、この章では国際線の割引航空券料金を、成田からバンコク行きとヨーロッパ行きを例に考えてみよう。

普通運賃に関しては、一般に利用するケースはほとんどなく、形骸化した運賃といえなくもないので省略する。なにしろ普通運賃では、エコノミークラスでも成田~バンコク間往復は条件によって25万3400円から30万4600円、同様にロンドン往復だと57万3200円から70万3700円もするのだ。

旅行会社のウェブサイトでバンコク行き割引航空券検索をすると料金の安い順にずらりと並べて紹介してくる。ビーマン・バングラデシュ航空、大韓航空、中国東方航空……と、たくさんあるので迷ってしまうが、整理するといい。

まずは成田からバンコクまで直行なのか乗り換えがあるのか。直行便に絞ると、この間には日系

到着時間	タイプ	備考
16：05	14日FIX	
16：50	45日FIX	
20：10	10日FIX	
00：10(＊)	10日FIX	
16：45	10日FIX	
01：05(＊)	10日FIX	
02：00(＊)	21日FIX	
01：40(＊)	10日FIX	
23：50	20日FIX	35日前までに購入
11：05(＊)	21日OPEN	乗り継ぎ地で1泊
00：20(＊)	21日FIX	
16：10	10日FIX	
17：50	10日FIX	
23：45	10日FIX	
12：55(＊)	10日FIX	乗り継ぎ地で1泊
22：15	1カ月FIX	21日前までに購入
23：25	1カ月FIX	
21：10	1カ月FIX	
01：30(＊)	1カ月FIX	
22：55	1カ月FIX	21日前までに購入

2社のほかに、米系のユナイテッド航空、ノースウエスト航空、そして、タイ国際航空、エア・インディア、ビーマン・バングラデシュ航空が飛んでいる。ただし日系航空会社2社の割引航空券は、ペックス航空券などと呼ばれる、いわば正規割引運賃に一本化しているので、どの方面で見ても外国系航空会社に比べて割高な存在になっている。

海外から乗り入れる航空会社の割引航空券料金は、フライト内容と密接なかかわりがある。およそ値段を左右するのは、便数、発着する時間帯、就航都市の多さである。成田〜バンコク間でいえば、午前便で出発した場合のタイ国際航空が高く、現地深夜着、早朝発になってしまう米系2社が安い。さらにエア・インディアは週2便、ビーマン・バングラデシュ航空は週1便とフライトが少ないのでさらに安くなる。米系航空会社でバンコクに到着するのは深夜、出発は早朝なので、最終日は深夜にホテルをチェックアウトしなくてはな

航空会社	料金	週間便数	出発時間	乗り継ぎ都市	
ビーマン・バングラデシュ航空	42900円	1	11：20	直行便	
エア・インディア	48400円	2	12：00	直行便	
大韓航空	50600円	5	12：55	ソウル	
	50600円	7	17：00	ソウル	
チャイナエアライン	50600円	7	09：40	台北	
	50600円	7	16：30	台北	
中国東方航空	54300円	7	16：20	上海	
エバー航空	54300円	7	14：00	台北	
ノースウエスト航空	58600円	7	18：35	直行便	
マレーシア航空	65100円	7	13：30	クアラルンプール	
中国国際航空	66200円	7	14：55	北京	
キャセイパシフィック航空	66200円	7	09：30	香港	
	66200円	7	10：55	香港	
	66200円	7	16：20	香港	
フィリピン航空	66200円	7	09：30	マニラ	
タイ国際航空	68000円	7	17：15	直行便	
ユナイテッド航空	68400円	7	18：30	直行便	
アシアナ航空	68400円	7	13：30	ソウル	
	68400円	4	15：30	ソウル	
ＡＮＡ	71000円	7	17：35	直行便	

表61　格安航空券販売の旅行会社のウェブサイトから、バンコク行き航空券を安い順に表示、そこに運航時間帯や条件を加えてみると…。[2005年３月上旬の成田発往復。(＊)＝翌日]

らない。一方ビーマン・バングラデシュ航空はフライトが金曜日の週1便のみ、割引航空券では往復とも同じ航空会社を使うので、金曜出発金曜帰着のスケジュールしか立てられず、かなりの制限といえる。

また、就航地の多さとは何か? バンコク往復であれば関係ないが、たとえば同じ航空会社がプーケット、クアラルンプールなど、周辺の都市にも多く就航していれば、復路はプーケットから帰国にするルートなどができる。

同じ航空会社の航空券にいくつかの種類があることもあり、有効期間、復路がFIXといって日付変更できないタイプと、日付変更可能なOPEN、またはFIX/OPENといって、日付変更できるタイプがあり、有効期間は長い方が、日付変更は可能なタイプの方が値段は高い。「OPEN」とは帰国便のフライトは決めずに出発できるタイプで、主に長期旅行や留学用、「FIX/OPEN」とは、帰国便を決めて発券しなくてはならないが、現地での変更は可能というものだ。

乗り継いでバンコクへ行く航空券も多い。たとえば、香港、台北、上海、マニラといったところで乗り継ぐ。乗り継ぎ便の航空券は、直行便のように内容と値段が合致するとは限らない。値段が安くて便利なものもあれば、値段が高いのに不便なこともあるので、よく調べた方がいい。

たとえばエバー航空の東南アジア行きは、バンコク、ホーチミン、ハノイ、クアラルンプールがひとつのグループ、これらの都市へは同一価格だ。そしてバンコクへは台北でそのまま乗り継げるが、ホーチミンなどへは台北で1泊しなければ乗り継ぎができない。しかしそのことは航空券料金には反映されておらず、1泊になる場合もホテル代は自己負担である。このように、乗り継ぎ便はお得な場合もあれば、そうでない場合もある。台北に何泊か滞在しても構わないので、台湾にも寄れるのがいい、と考える人だっているだろう。成田からバンコク行きひとつを例にとってもさまざまな航空券があるが、どれひとつとして同じ内容の航空券はなく、それぞれが個性を持っている。航空券の中身を知ることが大切だ。

ヨーロッパ行きとなると割引航空券の状況はかなり異なる。直行便と乗り継ぎ便では値段が倍くらいに違ってしまい、夏のシーズンには格安の航空会社と直行便では10万円くらいの開きが出る。

価格が高いのはヨーロッパ系で、各ゲートウェイになる都市まで所要12～13時間。またヨーロッパ往復航空券にヨーロッパ内フライトが含まれているのが普通だ。たとえばエールフランスで成田～パリ間往復でも、成田～パリ～ローマ間往復でも、また往路成田～パリ～ローマ、復路ミラノ～パリ～成田といった行程でも同料金、もちろんパリででも滞在できる。この範囲は東欧などを含めて広範囲にわたり、追加料金を払えば北アフリカや中東諸国も含めることができるので、便利だ。

アジア系航空会社でヨーロッパへ行く場合は、就航する都市のどこかへ入ってどこかから帰国するフライトだけになる。一般的にはこの就航都市が少ない航空会社ほど安くなるし、ロンドンやパリなど多くの航空会社が就航している都市ほど選択肢は多くなる。また、所要時間もさまざまだ。東南アジアや西アジアを経由する航空会社では、乗り継ぎ時間を含めると、20時間以上30時間近く要するものまであるが、韓国や中国の航空会社では朝成田を出発すると夕方にはヨーロッパに入れるルートも多い。一般的には東南アジア系航空会社より韓国や中国の航空会社の方が価格は安いので、やはり価格と所要時間は正比例しない。

また、古くから格安にヨーロッパに入るルートとしてモスクワで乗り継ぐアエロフロート・ロシア航空もある。同社は東欧などにもフライトが多く、現在でも個人旅行者を中心に重宝されている。

謎062 ペックス運賃の謎

〜「ゾーンペックス運賃」と「IATAペックス運賃」。

旅行雑誌などで、よく「格安VSペックスどちらがお得か」などといった記事を目にする。「格安」とは格安航空券のことだが、〝ペックス〟とは何だろうか。

ペックス運賃とは、JALでなら「JAL悟空」、ANAでなら「GET」（グレート・エコノミー・チケット）というニックネームがついた割引航空券で、この制度が誕生したのは1994年のことだ。日本ではこの時初めて、公示運賃で各航空会社が一定幅ながら独自に運賃を定められるようになった。それまでは、たとえ割引運賃といえども、同じ区間ならそこを飛ぶ全社が同一運賃でなければ、日本発着の運賃は認められなかったのだ。こういった航空会社ごとのペックス運賃は、正式には「ゾーンペックス運賃」と呼ぶ。その理由は後述する。

簡単にいえば、「ゾーンペックス運賃」とは、航空会社が認めた公の格安航空券ともいえ、航空会社で直接購入できる。それに対して、いわゆる格安航空券は旅行会社でしか購入できず、料金や細かなルールまでは決まっておらず、旅行会社によって料金がまちまちで、そのルールも統一されていない。ペックス運賃が公示運賃なのに対し、格安航空券は公の航空券ではないのだ。「あの店の料金は安いが、キャンセル料は高い」などといった、いわば〝水物〟的であったことも否定できない。この状況は現在も変わっていないが、インターネットの発達などで、格安航空券情報はどこからでも手に入るようになり、店によっての格差はなくなりつつあるともいえる。

「ゾーンペックス運賃」は、将来的には「格安航空券の代わりになる割引運賃」と位置づけられてこの制度が始まり、日系航空会社には、すでにほとんど格安航空券は存在せず、割引運賃といえばこの「ゾーンペックス運賃」になった。しかしながら海外の航空会社の格安航空券は一向になくなる気配がない。というか「ゾーンペックス運賃」に積極的な会社、消極的ながら行っている会社、ほとんど設定していない会社などさまざまになっている。

なぜこのようなことになっているのだろうか。実は「航空会社が独自に運賃設定が行える」という部分に大きな落とし穴があるのだ。航空会社が独自の運賃設定ができるのは、その航空会社の日本から直接飛んでいる直行便や経由便がある国へだけなのである。たとえばキャセイパシフィック航空でいえば、独自の運賃設定が行えるのは、日本から直行便がある台湾と香港行きのみなのだ。同社が日本から香港乗り継ぎロンドン行き「ゾーンペックス運賃」を設定するには、日本とロンドンの間に直行便を運航する航空会社の運賃に同調するという形でしか設定できない。これでは「乗り継ぎ便」は否定されたも同然である。

この制度は日系航空会社のためにあるといってよく、日系航空会社なら、基本的にどこへ行くにも日本から直行便になる。海外の航空会社でもノースウエスト航空やユナイテッド航空などが積極的に行っているのは、これらの航空会社は日本からの直行便が多いため、独自に運賃設定できる区間が多いからといえる。ちなみにユナイテッド航空の「ゾーンペックス運賃」ではアメリカやアジア行きは設定されているが、格安航空券にはあるメキシコや南米行きはないほか、格安航空券ではアメリカ本土とカナダが同じ扱いになっているが、「ゾーンペックス運賃」ではカナダ行きもない。

もし運賃を設定するなら、日本からこれらの国へ飛んでいる航空会社と同じ運賃にしなくてはならないため、独自性が出せず、それならと設定していないわけだ。「ゾーンペックス運賃」は万能ではなく、少なくとも海外の航空会社は「ゾーンペックス運賃」を設定できたとしても格安航空券をなくすわけにはいかず、それならとあえて中途半端な「ゾーンペックス運賃」を設定していないのである。

なぜここでは「ゾーンペックス運賃」と正式な記し方をしたかというと、「IATAペックス運賃」があるためだ。この「IATAペックス運賃」は航空会社ごとの運賃ではなく、区間ごとに定められた運賃で、そこを飛ぶ全航空会社が利用できる。たとえば、成田~香港間にはJALの「ゾーンペックス運賃」、キャセイパシフィック航空の「ゾーンペックス運賃」と、基本的に直行便を運航する航空会社の数だけ「ゾーンペックス運賃」があり、会社によって条件が微妙に異なる。しかし「IATAペックス運賃」は各社共通で使えるので、この区間に1種類のみ、ストップオーバーや乗り換えの規定も緩やかなので、成田からA社で出発、B社に乗り換えて、帰りはC社で帰ってくるなど、普通運賃に近い使い方ができる。

「IATAペックス運賃」は、「ゾーンペックス運賃」登場以前からあり、その頃は単に「ペックス運賃」と呼ばれていた。そこに各社ごとのペックス運賃が登場し、「ゾーンペックス運賃」と名付けられたため、単に「ペックス運賃」と呼ばれていたそれまでの各社共通運賃は、混同を避けるために「IATAペックス運賃」と呼ばれるようになった。しかし「IATAペックス運賃」より、手軽な「ゾーンペックス運賃」の方がポピュラーになり、現在では単にペックス運賃というと、「ゾーンペックス運賃」を指すようになってしまった。

ではこれら格安航空券、「ゾーンペックス運賃」、「ＩＡＴＡペックス運賃」はどのように使い分ければいいだろう。およそ同じ条件なら、格安、ゾーン、ＩＡＴＡの順に高くなる。使い勝手のいいのは、日系航空会社を除くと何といっても格安航空券で、安くて種類も豊富である。ただし「ゾーンペックス運賃」は、搭乗の14日前、21日前、35日前などと早めに予約・購入を済ませることを条件に大幅に安くする傾向にあるので、早めに日程が確定できる場合は要チェックである。航空会社、方面によっては、「ゾーンペックス運賃＝事前購入条件付き」になっている場合も多い。ちなみに格安航空券は物理的に間に合えば、明日の予約でも可能だ。

「ＩＡＴＡペックス運賃」は高価なので、利用する機会は少ないが、航空券が高くなるピーク時が最も利用価値が高いだろう。当然ピーク時は「ＩＡＴＡペックス運賃」も高くなるが、ピーク時は格安航空券や「ゾーンペックス運賃」も高くなるので、それほどの差がなくなる。そして「ＩＡＴＡペックス運賃」は、ピーク時でも予約の確保の面でも有利だ。これは高い運賃ゆえに取れやすくなるという意味ではない。格安航空券や「ゾーンペックス運賃」は、全行程が同一航空会社というのが基本だ。同一の航空会社で往復とも予約できなければならない。しかし「ＩＡＴＡペックス運賃」では、そこを飛ぶすべての航空会社の中から選ぶことができるので、旅程が成立しやすい。直行便がすべて満席でも、乗り継ぎ便を使うという手も残されているからである。

謎063 海外の都市を空路で周遊する

～海外間の航空券も日本で買える。

日本から海外への割引航空券は、成田～北京往復、成田～ロンドン往復といった単純往復だけではない。〃往路は成田から北京、復路は上海から成田〃〃往路成田からロンドン、復路はパリから成田〃など、さまざまなルートが可能だ。このように往路の目的地と復路の出発地が異なるルートを「オープン・ジョー」のルートという。地図上にこのようなルートを描くと、顎が開いたようなルートになることからこの名がついた。さらに、〃往路は成田からロンドン、復路はパリから関西〃というルートになると、出発地側も出発地も到着地が異なるので、「ダブル・オープン・ジョー」と呼ぶ。こういったルートにした場合は、前述の例でいえば、北京～上海間は別の航空券を購入するか陸路をたどることになる。

鉄道でいう途中下車にあたるのが、ストップオーバー（途中降機）だ。たとえばキャセイパシフィック航空には成田発台北経由香港行きの便があるので、香港行き航空券で台北にストップオーバーすることができる。ただし、航空会社、方面によって、同じ行先でも経由地でストップオーバーできるものとできないもの、また追加料金を払ってできるものなどさまざまである。割引の航空券は全行程を1社の航空会社で完結することが基本なので、このような2都市周遊などをするには、経由便を上手に利用することが必要である。

2都市周遊する場合、考え方のコツとして、2都市のうち、日本から近い方の国を拠点にする航空会社を使えば可能になることが多い。たとえば台湾とタイを1度の旅行で回るなら、日本から近い台湾のチャイナエアラインかエバー航空のバンコク往復航空券を使えば、ともに台北にストップオーバー可能である。

さらにこの方法と経由便をうまく組み合わせれば、3都市以上の周遊もできる。たとえばキャセイパシフィック航空でシンガポールを往復すると、乗り継ぎになる香港で、さらに香港までに台北経由便を、また香港〜シンガポール間にバンコク経由便を利用することで、3都市以上の周遊ができるのだ。

アメリカやカナダ系航空会社の日本から北米行き割引航空券は、最終目的地のほかに3都市までストップオーバーできるので、最終目的地を含めて4都市周遊できる。たとえばユナイテッド航空利用で、ニューヨーク、オーランド、ロサンゼルス、サンフランシスコの4都市を周遊することなどは簡単にできる。「北米」にはカナダも含まれるので、オーランドの代わりにカナダのトロントにすることや、あるいはハワイに寄ることもできる。

目的の4都市がもっとマイナーな都市であった場合、目的地と目的地の間に直行便がなく、途中シカゴやデンバーなどで乗り継ぎになることもあるが、乗り継ぎだけの都市は「3都市」には数えられないので、ルートや経由便などを考えることなく、純粋に、行きたい4都市を回ることができる。

日本からヨーロッパ行きでは、ヨーロッパ系航空会社を利用すると、6章061でも述べたように、拠点空港からヨーロッパ内の2フライトがついている。たとえばKLMオランダ航空を使って往路は成田〜アムステルダム〜ウィーン、復路はローマ～アムステルダム～成田などと組み、ウィーン～ローマ間は列車利用などの行程ができる。

複数の航空券を組み合わせるとさらに旅に厚みが出る。前述のKLMオランダ航空を使った3都市周遊ルートは、もっと格安のアジア系航空会社を使っても、現地のパスを組み合わせることで可能になる。たとえば台北乗り継ぎのチャイナエアラインを使って往路をアムステルダム、復路はローマから帰国のルートにし、アムステルダム～ウィーン～ローマ間をオーストリア航空の「A－PASS」でつなげば、2区間2万4000円で飛べる。このパスはオーストリア航空のヨーロッパ内フライトが距離によって1区間1万2000円から利用できるもので、この種の運賃はヨーロッパ以外の地域から観光で訪れた旅客の特権で、現地では購入できない。こういった運賃を利用すれば、難しそうに思える海外間の国際線も、日本で簡単に円払いで購入でき、個人旅行に厚みが出てくるというものだ。

現地で使うパスや周遊券類は、お得なものとそうでないものがある。見極めのコツとしては、安くてルールが単純なものを選ぶといい。ここに紹介したオーストリア航空のパスは1区間から利用でき、日本出発の航空会社もどこでもいい。スイスインターナショナルエアラインズや、イギリスのｂｍｉなどにも同種のパスがある。しかし使い方が難しいパスがあることも確かで、最低でも3区間以上利用するとか、日本からヨーロッパ往復には○○航空を利用しなければならない、などの条件があるパスもある。

謎064 世界一周航空券とは
～夢の世界一周旅行。さて、お値段は？

豪華客船による世界一周は誰もが憧れる旅行だと思うが、金額的にも日数的にも手軽にできる旅行ではない。日本人の性に合わないともいわれる。

しかし空路による世界一周は意外なほどに簡単だ。世界一周をするための航空券がある。世界の主要航空会社は連合を組んでいるが、その連合ごとにさまざまな「世界一周航空券」を販売している。「世界一周航空券」は「ラウンド・ザ・ワールド」なので、略して「ＲＴＷ」などと呼ばれる。

ＡＮＡも参加する「スターアライアンス」の「世界一周航空券」は、エコノミークラス用、ビジネスクラス用、ファーストクラス用があり、飛べる距離によって運賃が異なっている。ファーストクラスで世界一周とは、何とも夢のある響きで、こんな旅行ができたらさぞ自慢になりそうだ。

最も手軽な2万9０００マイル以下の距離で、

●エコノミークラス＝33万５０００円
●ビジネスクラス＝59万５０００円
●ファーストクラス＝86万６０００円

となっている。この航空券はペックス運賃などと同じカテゴリーになり、公示運賃だ。だから、航空会社で直接購入できる。この運賃で、成田～ニューヨーク～フランクフルト～シンガポール～シドニー～バンコク～成田などと飛べ、「スターアライアンス」に参加する航空会社が利用できる。

成田～ニューヨーク間ならＡＮＡかユナイテッ

ド航空、ニューヨーク〜フランクフルト間ならルフトハンザドイツ航空かシンガポール航空といった感じだ。その距離内で一筆書きの要領で世界を一周する。航空券の有効期間は1年間、オープンといって、すべての日程を決めず行く先々で予約を入れる気まぐれ旅行も可能。よほどの時間的余裕が必要だが豪華客船の旅より贅沢かもしれない。

注目すべきは「世界一周航空券」の運賃だ。前述のコースなら33万5000円と記したが、この運賃は季節による変動はなく、真冬の閑散期（といっても南半球に行けば夏のシーズンだが）でもゴールデンウイークやお盆時期でもこの運賃だ。

ちなみにANAを利用して夏のお盆時期にフランクフルトを往復すると、出発21日前に予約・購入しなければならない「ゾーンペックス運賃」で26万8000円（週末は27万8000円）、21日前を切ってしまうと34万2000円（週末は35万2000円）もする（「ゾーンペックス運賃」はいずれも2004年8月のお盆時期）。これらの運賃はヨーロッパを往復するだけで、往復ともANAのみ利用、日程を決めてからの発券で、日程変更はできない。割引運賃ゆえにがんじがらめの航空券だ。

一方で「世界一周航空券」は、1年間有効のオープン航空券だから、最初の区間を決めたら、その後は日程変更もできる。お盆時期に限っていえば、明らかに制約の多い航空券のほうが値段が高く、自由自在にスケジュールが立てられる航空券の方が安いという逆転現象が起きている。

なぜこのようなことが起こっているのか。まず日本発の「ゾーンペックス運賃」は、ピーク時の運賃がとくに高い。それだけ日本人の旅行需要が一時期に集中していることを意味する。ここに紹介したヨーロッパ往復運賃にしても時期によっては10万円以下である。ヨーロッパ往復が10万円で世界一周が33万5000円なら異論はないだろう。「世界一周航空券」は日本の航空会社ではANA

で扱っているが、「スターアライアンス」参加航空会社共通の運賃なので、いわば、世界的にはこのくらいの運賃が妥当な水準なのである。ＡＮＡとしてもこの〝ワールド・スタンダード〟には合わせるしかないから時期によっては日本発の割引運賃との矛盾が生じてしまう。夏のピーク時に直行便でヨーロッパを往復するなら、そのまま地球をぐるりと回った方がお得、となってしまうのだ。

割安ともいえる「世界一周航空券」だが、人気はどうかというと、かつて程ではない。割安とはいえ33万５０００円の航空券というのは高額だし、世界一周ともなれば1週間というわけにはいかない。休みの取れない日本人向きの航空券ではない。

そしてもうひとつ、世界各国への航空券が繁忙期を除けば安くなるという事情がある。日本発の割引航空券は、世界でも突出してピーク時とオフ・ピーク時の料金差が大きい。つまり繁忙期はものすごく高くなるが、閑散期の日本発の航空券は安い。航空会社を選べば、北米でもヨーロッパでも往復5万円台で行けるし、韓国や台湾なら曜日や便によっては往復1万円台などというのもある。およそ日本から直行便がある国なら10万円以下で往復できる。すると33万５０００円を出して一度に世界一周するより、５万円の航空券を何度か利用した方がいいに決まっている。「世界一周」という言葉には魅力を感じるが、具体的に旅行を考えると、何カ国ものガイドブックを用意せねばならず、ニューヨークとシドニーなどが同じ旅行に入っていたのでは季節は逆、着るものだけでも大変な荷物になってしまう。そもそも一度に欲張っていろいろな国へ行くというのは、「海外旅行は一生に一度」といわれていた時代の考え方である。

旅行は旅行、世界一周は世界一周と割り切ってこの航空券を利用している人もいるという。世界を一周してみて、地球が丸いことを実感したいというのだ。分かるような気がする。

謎065 普通運賃の賢い買い方

～購入する国によって倍以上も違う!!

今どき、国際線の正規運賃を利用することはないだろう。だが、正規運賃というものはまったく無縁のものかというと、海外間などでは利用価値があることがある。

正規運賃は「発地国通貨建て」になっている。日本発の運賃なら、すべて円建てだ。アメリカ発なら米ドル建て、イギリス発ならポンド建て、ヨーロッパのユーロ圏ならユーロ建て、タイ発ならタイバーツ建てで運賃が定められている。そのため、国によって物価が異なるように、同じ区間であっても買う国によって航空運賃も差が出てくる。また同レベルの運賃水準に設定しても、その後の為替レートの差で、航空券の高い国、航空券の安い国、というものはできてしまう。

日本は、どちらかというと航空運賃の高い国に数えられる。エコノミークラス普通運賃の片道で、成田からバンコクまで18万円（週末は19万円）に対し、バンコクから成田までは2万９９００タイバーツ、日本円でおよそ8万円だ。成田からロサンゼルスまで26万２９００円（週末は28万２９００円）に対して、ロサンゼルスから成田までは２１２２米ドル（週末は２２２７米ドル）、日本円で約22万円になる。同じ区間であっても、成田からバンコクまでの運賃は、バンコクから成田までの2倍以上、アメリカは日本より15パーセント程安い。

逆転するケースもある。成田からパリまで42万9900円に対して、パリから成田までは３９６８ユーロ、日本円でおよそ55万円にもなってしまう。このため、航空運賃の安いタイと、航空運賃の高いフランスの間で比べてみると、バンコクからパリへは６６２２５タイバーツ、日本円で約17万円に対し、パリからバンコクへは３２０４ユーロ、日本円で約45万円と、大幅な差ができてしまうのだ。

だからといって、物価水準の安い国ほどその国発の国際線運賃水準も安いかというと、そうでもない。通貨の安定していない国の場合、その国の通貨ではなく、米ドルが使われていることがあるから、かえって航空運賃が高かったりする。

格安旅行者はバンコクを目指し、ここを拠点に旅行をする。バンコクは空の十字路で、さまざまな方面への便が多いということもあるが、航空券が安く手に入る土地だからでもある。格安旅行者が普通運賃の航空券を利用するわけではないが、普通運賃が安ければ、当然、割引運賃も安くなる。

仮にバンコクへ普通運賃で往復するなら、帰りの航空券はバンコクで買った方が得ということになる。だが、実際には、往復航空券を所持していないとタイ入国時にビザが必要になるから、さまざまな条件をクリアーしなければならない。

では、日本でバンコクから成田への航空券は買えるのか？　タイバーツで買えるのか？　あるいはタイバーツを日本円に換算した額なのか？　答えはノーだ。片道の発地国通貨建て運賃というのは、あくまでも「その国で買った場合」の運賃である。片道運賃を発地国以外で購入すると、逆方向の運賃と比べて高い方が適用される。つまり、バンコクから成田への航空券を日本で購入すると、成田からバンコクへの額と同じになる。ただし、日本でタイバーツ建て運賃の日本円相当額を払い、実際に搭乗する人がタイで航空券を受け取るなら、日本で買っても、タイで買うのと同等額になる。

いずれにしても、日本に発着する航空券を普通運賃で利用することはあまりないだろう。しかしこのルールは覚えておいて損はない。普通運賃といえども、短い距離ならそれほどの額にはならない。シンガポールへ行き、帰りはクアラルンプールから帰国というルートは日本人にもポピュラーであろう。シンガポール～クアラルンプール間は列車、バスでも移動できるが、この間の航空券を普通運賃で購入するなら、先述の知識が役に立つ。

シンガポールからクアラルンプールへは152シンガポールドル（日本円で約9649円）、クアラルンプールからシンガポールへは222リンギット（日本円で約6132円）となるから、クアラルンプールからシンガポールへ向かった方が安い。しかしその場合でも、日本で、というかマレーシア以外の国で航空券を購入すると、運賃の高いシンガポールからクアラルンプールへ向かう時の運賃相当額の購入国通貨を払うことになる。

つまり、クアラルンプールからシンガポールへ向かうなら、日本では予約のみにとどめ、航空券はマレーシアに入ってから購入した方が得だ。シンガポールからクアラルンプールへ向かうなら、現地で航空券を購入しても、日本であらかじめ購入しても、シンガポールドルで払うか、それを日本円に換算して買うかの差しかないといえる。ただしこのような差というのは、為替レートの変動によって話が変わってくる。仮に、どちらかの通貨が大幅に安くなったり高くなったりすれば、話が逆になる（シンガポールからクアラルンプールへの方が相対的に安くなる）ことだってありうる。

ここでは海外間の片道普通運賃購入時の計算方法を記したが、往復の場合は、出発地の通貨をそのまま購入国の通貨に換算する。つまり運賃の安い国からの航空券を日本のような第三国で購入しても、目的地側の運賃と比較することはない。

7章

マイレージ・プログラムの不思議

貯まる？　貯まらない？　マイレージで得するには、日系プログラムを避けるのがコツ。

謎066 マイレージを効率よく貯める4カ条
～日系プログラムでは貯まらないのだ!!

航空会社のマイレージ・プログラムが話題だが、本当に得なのかどうか疑問に思っている人は少なくないだろう。会員は増えているようだが、特典を有効活用した人は意外に少ない。「会員にはなったが、無料航空券獲得なんて無理、何のメリットもなかった」「無料航空券まであと一歩というところまで貯めたのに、期限がきてしまった」「あれはビジネスクラスで頻繁に出張するビジネスマン向けだ」と考えている人も多いようだ。

このように考えがちだが、最適なプログラムを選び、上手に貯めれば、年に1、2度程度の海外ツアー利用で、2年に1回くらいの割合で無料航空券の旅を楽しむことも可能だ。ただしそのためには、ただ漫然とマイルを貯めたのでは駄目だ。

よく航空会社や旅行会社の宣伝に「マイルが貯まる」というフレーズがあるが、マイルは貯まるだろうが、貯めただけでは意味がない。マイレージを貯めるからには、無料航空券を獲得できてこそ意味がある。マイレージ・プログラムは入会金、会費がなく、気軽にはじめられるが、無料航空券がもらえなければ何のメリットもない。

的確なプログラムに入会し、加算先、特典選びをしていれば、もっと得はできる。日本でマイレージ・プログラムに入会している会員の多くは、何といっても日系航空会社のプログラムであろう。しかし残念ながら日系プログラムは、ビジネスマン向きに作られており、そうでない人が特典を獲得することは難しい。「米系航空会社のプログラムでマイルを貯めること」、これが鉄則である。その理由を検証してみよう。

どんなプログラムがマイルを貯めやすいのか、プログラム選びのポイントを列記してみよう。

ここで、「プログラムを選ぶといっても、利用する航空会社のプログラムを選ぶしかないのでは？」とも思うであろうが、航空会社の提携が増えた現在、「ＪＡＬに乗るからＪＡＬのプログラムに入会、ＡＮＡに乗るのだからＡＮＡのプログラムに入会」と考える必要はない。

なおプログラム選びは、旅行頻度やスタイルによるが、ここでは年に海外旅行を１、２回から５、６回までくらい、パッケージツアーや割引航空券のエコノミークラス利用という前提だ。「ビジネスクラスで頻繁に海外出張する」という場合は、おのずとプログラム選びは変わってくる。

ポイントは大きく分けて４つある。

① ツアーや割引航空券利用時もマイル加算されるかどうか。そしてその加算率は？

プログラムによって割引運賃での加算を行っていなかったり、加算率を減算したりしている。加算を全く行わないプログラムは少ないが、加算率を少なくするプログラムは多い。またペックス運賃などと格安航空券やツアーでは加算率を変えているプログラムもある。そこで割引運賃類でもマイル加算されるプログラム、できれば１００パーセント加算のプログラムを選ぶ。

② マイルを貯める路線が多いかどうか

マイルを貯める路線が多いかどうかということは、その航空会社の日本路線が多いかどうかということになるが、１社の路線ではなく、提携航空会社の合計で考えればいい。航空会社のグループ化が進んでいるので、単独のプログラムは少ないが、提携航空会社は多いにこしたことはない。提携航空会社が多いということは、マイルを貯める機会が多いということになる。提携航空会社は、単に数が多いだけでなく、日本から各方面への路線が確保できるようバラエティに富んでいるとよく、とくに近距離路線があるといい。できれば提携に日本の航空会社が入っているとベストだ。ただし自社と提携他社では、加算条件が異なる場合があるので、提携他社の加算条件も要チェック、提携航空会社のツアーや割引航空券利用時でも、ちゃんと100パーセントのマイル加算ができるプログラムかどうかがポイントだ。

③ どのくらいのマイル数で特典が得られるか

①と②はマイルを貯める時の条件で、この条件がよければマイルも早く多く貯まる。しかしたくさんのマイルが貯められても、特典獲得に必要なマイル数が多ければ意味がない。そこで、「捕らぬ狸の皮算用」ではないが、どのくらいのマイル数でどのような特典をもらえるのかを確認、少ないマイル数でもらえる特典があるプログラムを選ぶ。マイル加算条件はどのプログラムも似たり寄ったりだが、特典獲得に必要なマイル数は、プログラムによって大幅に異なることがある。

④ 貯めたマイルの有効期限

3タイプがある。最もお薦めなのは「無期限」、期限を気にする必要がない。次に「条件付き無期限」、マイルには有効期間（3年が多い）があるが、有効期間内にまた利用すれば、以前に貯めたマイルもその時からまた（3年間）有効になるタイプ、簡単にいえば3年に1回でも利用していれば無期限というタイプだ。この場合、3年に1回の利用は提携航空会社や提携カード利用でもよく、考え方によっては「実質無期限」になるプログラムも多い。避けたいのは有効期限のあるプログラム、一定期間内に特典をもらわないと、以前に貯めたマイルがどんどん消えていくタイプだ。旅行回数が少ない人には（ほとんどの人がそうだろうが）、この条件が最も重要なポイントで、多くの人がこの条件につまずく。

では、この4つのポイントを、実際のプログラムに当てはめて検証してみよう。

①の条件。加算率は、通常、エコノミークラスを利用した場合は１００パーセントが多い。５０００マイル飛べば５０００マイル分のマイルが貯まる。だが、日系航空会社ではツアーなどを利用すると、５０００マイルの距離を飛んだとしても50パーセントの２５００マイルしか加算されない。またペックス運賃でも、70パーセント加算で３５００マイルだ。一方、米系航空会社は割引運賃利用でも１００パーセント加算されることが多い。中には、旅行会社主催の団体ツアーではマイル加算されないと思い込んでいる利用者もいるようだが、日本国内や一部の航空会社を除いて、ほとんどの場合はマイル加算対象になっている。

②の条件。現在はメジャーな航空会社のほとんどが「連合」に参加している。「連合」に参加していない航空会社には、単独あるいは2社程度のプログラムもあるが、利用機会が限られ、よほどその国へのリピーターでもない限りマイルは貯まらない。「提携航空会社に日本からの近距離路線があった方がいい」理由は、近距離路線は少ないマイル数で特典を得られるからである。また提携航空会社では加算条件が異なることがある。つまり加算条件や加算率を自社と他社で分けるというケースだ。たとえばＪＡＬのプログラムではツアーでも50パーセントながらマイル加算されるが、それはＪＡＬグループのみで、提携他社のツアーを利用してもマイル加算はない。

③の条件は、具体例で示してみると、ＪＡＬやＡＮＡのプログラムでは、韓国特典を得るのに1万５０００マイル、中国、台湾が2万マイル、タイ、シンガポールなどの東南アジアが3万５０００マイルが必要だが、対するユナイテッド航空や

ノースウエスト航空では、アジア特典は2万マイルで獲得できる。特典獲得に必要なマイル数は貯められるマイル数以上に各社間で差がある。

④の条件は目立たない条件だが、最も重要だ。JALやANAのプログラムは、貯めたマイルには期限がある。有効期間は翌々年末まで、つまり最高3年だ。たとえば、香港行き無料航空券を得るには2万マイルが必要だが、それに対して50パーセント加算率では、欧米を約4往復しなければならないし、ハワイ、シンガポール程度では6往復しなければならない。とくにJALのプログラムではこれを実質JAL1社で飛ばなければならず特典は遠い。国内線でもマイルは貯められるが、羽田～福岡間でも566マイルしかなく、万の単位にするには短すぎる。「期限付き」プログラムは特典獲得が難しいと考えたほうがいい。一方、米系航空会社のプログラムは、アメリカン航空、ユナイテッド航空、デルタ航空3社ともプログラムは条件付き無期限タイプだし、ノースウエスト航空とコンチネンタル航空のプログラムは完全な無期限タイプである。

このほか、貯めたマイルの譲渡条件が日系と米系では異なる。日系プログラムでは貯めたマイルを譲渡できるのは家族など、会員本人から見て2親等以内に限っているのに対し、米系プログラムでは条件を付けていないため、貯めたマイルは、妻や親などの家族、友人、知人誰にでも譲ることができる。自分のマイルを使って家族と、友人と旅行をすることも可能である。

以上のポイントを総合すると、日系航空会社のプログラムには、まず蓄積マイルに有効期限があるという点で失格といえるほか、決して加算条件や、特典獲得条件もよくない。日本のローカル国内線などでもマイルが貯まるなどの米系航空会社にはないメリットもあるにはあるが、有効期限のデメリットを補うほどのメリットは見いだせない。

謎067 どのマイレージ・プログラムに入会するか

～3つの勢力に集約された航空連合を枠に考える。

「米系航空会社のマイレージ・プログラムが有利だということは理解できても、旅先はアメリカよりアジアやヨーロッパ、米系航空会社以外の航空会社も利用したい」という人も多いだろう。しかし心配はない。米系航空会社のマイレージ・プログラムに入会したからといって、アメリカ旅行をする必要もなければ、必ずしも米系航空会社を利用する必要もない。「提携」「連合」が進んだ現在、マイレージ・プログラムはニュートラルなものになっており、どこの航空会社で貯め、どこの航空会社の特典をもらうかということと、そのプログラムを行っている航空会社を利用するかどうかは、直接関係がなくなっている。

ＡＮＡは「スターアライアンス」に参加しているが、同じグループのユナイテッド航空プログラムでもマイルが貯められ、ＡＮＡの路線を特典としてもらうこともできる。つまり、ユナイテッド航空プログラムに入会し、ＡＮＡにだけ乗り、ＡＮＡの無料航空券をもらうこともできる。なにも日本に住んでいるからといって日系航空会社プログラムに入る必要はなく、米系プログラムに入った方がずっと条件がいい。海外の航空会社だからといって入会が面倒といったこともない。アジア系やヨーロッパ系プログラムでは、プログラムガイドが英語版しかないなど、日本人には不便なところがあるが、日本便の多い米系航空会社では、入会、マイル蓄積、特典獲得に際し、日系航空会社での手続きとほぼ同じように行うことができ、なんら不自由は感じない。

マイレージを貯めるには、航空会社の提携関係、主要航空会社の連合地図を把握しておくことが重要だ。A社に乗ってA社のプログラムへマイル加算し、B社にも乗ってB社のプログラムへマイル加算したとする。あとでA社とB社が提携していたことに気づいても後の祭り、一度加算したマイルを他のプログラムに移すことはできない。提携を上手に使ってマイルを貯めるのが特典への早道だ。所詮、1社だけで貯めるのは難しい。

ではどういう提携があるのか。以前の提携は各航空会社が個別に行うことが多かったが、現在は「連合」という形でグループ化されている。そのグループは「スターアライアンス」「ワン・ワールド」「スカイチーム」の3グループに集約された。以前は第4の勢力としてノースウエスト航空/KLMオランダ航空連合が中心になった「ウイングス」が結成されようとしたが、このグループは「スカイチーム」に合流している。

具体的なメンバーを紹介する。「スターアライアンス」参加航空会社で日本路線があるのは、ANA、アシアナ航空、タイ国際航空、シンガポール航空、ニュージーランド航空、オーストリア航空、ルフトハンザドイツ航空、スカンジナビア航空、エア・カナダ、ユナイテッド航空、ヴァリグ・ブラジル航空。このほかにも4社のメンバーがあり、全16社が参加する最大グループで、「連合」という意味では突出してメンバーも多く、そのネットワークは全世界をカバーする。マイル加算条件もよく、最もマイルを貯めやすいグループである。

第2の勢力が「ワン・ワールド」。参加航空会社で日本路線があるのは、キャセイパシフィック航空、カンタス航空、フィンランド航空、ブリテイッシュ・エアウェイズ、アメリカン航空、このほかに3社のメンバーがあり、全8社だ。当初は「スターアライアンス」と同じ5社で始まったが、その後メンバーが倍以上に拡大した「スターアライアンス」に比べると見劣りがするほか、「マイルを貯める」という点では、他の「連合」よりマイル加算に渋めの航空会社が多く、とくに割引運賃で利用するとマイル加算が少ない。また第2の勢力ではあったが、現在では参加航空会社数では、第3の勢力だった「スカイチーム」に抜かれてしまった。当初はJALも「ワン・ワールド」入りが噂されたが、参加には至らなかった。ただしJALは、キャセイパシフィック航空、カンタス航空、ブリティッシュ・エアウェイズ、アメリカン航空と個別に提携しているので、「ワン・ワールド」に近い立場ではある。

第3の勢力で、現在は参加航空会社数で「ワン・ワールド」を抜いたのが「スカイチーム」。参加航空会社で日本路線があるのは、大韓航空、アリタリア航空、エールフランス、KLMオランダ航空、デルタ航空、ノースウエスト航空、コンチネンタル航空、このほかに2社のメンバーがあり、全9社。発足時は日本とは最もかかわりの薄い連合だったが、日本路線を最も多く運航する海外の航空会社であるノースウエスト航空の参加によって、俄然、日本とのかかわりは大きくなった。マイルも貯めやすく、「ワン・ワールド」よりずっと日本人にメリットがある。現在アエロフロート・ロシア航空と中国南方航空も参加を予定している。

これら3つの勢力が形成されるまでは、さまざまな紆余曲折もあったが、最終的には、アメリカ航空会社輸送実績上位3位のアメリカン航空、ユナイテッド航空、デルタ航空のいわゆる「ビッグ3」、そしてヨーロッパのメガキャリアである3社（ブリティッシュ・エアウェイズ、ルフトハンザドイツ航空、エールフランス）がそれぞれの勢力に分散し、それぞれの連合の核となって世界の航空会社が寄り添うようになった。

第4の勢力を目指していたノースウエスト航空、またコンチネンタル航空は、それぞれアメリカ航空会社の輸送実績4位と5位だが、その2社がデルタ航空などと同じ「スカイチーム」に参加したことで、今後も世界の航空会社連合は3大勢力で推移するであろう。

こういった状況を踏まえて、マイレージの貯め方を考えてみよう。最も賢い貯め方は、3つのグループの中で、最も条件のいいプログラムに入会、そのプログラムをそのグループの代表にさせる方法だ。

たとえば「スターアライアンス」グループからは、ユナイテッド航空プログラムに、「ワン・ワールド」グループからはアメリカン航空プログラムに入会し、「スターアライアンス」航空会社利用時は、すべてユナイテッド航空プログラムにマイル加算するという具合だ。

「スカイチーム」はどのプログラムに代表させるかは迷うところだ。なぜなら「スカイチーム」には条件のいい米系航空会社が3社も含まれているから。ただしノースウエスト航空とコンチネンタル航空2社のプログラムは、蓄積マイルが無条件に無期限なので、多少蓄積マイルが分散したとしても、それぞれに入会しておいて損はない。

だから、「ユナイテッド航空とノースウエスト航空のマイレージ・プログラムは、どちらがお薦めか？」などという言い方はあまり意味がない。お互いに参加するグループ、提携関係が異なるので、「スターアライアンス」系航空会社を多く利用するならユナイテッド航空、「スカイチーム」系航空会社を多く利用するならノースウエスト航空のプログラムがいいだろうということしか言えない。そして、「ユナイテッド航空、ANAそれぞれのプログラムに入会する」というのは、よほどこの2社を頻繁に利用するのでなければ意味がない。2プログラムに入会しても使うのは1プログラムだけ、もしくは蓄積マイルがばらけてしまうだけだ。

そこで、同じグループ内から条件のいいプログラムを選べばよい。例えば「スターアライアンス」にはＡＮＡ、ユナイテッド航空、ルフトハンザドイツ航空などが参加、どの航空会社でもマイレージ・プログラムは行っていて、参加航空会社のマイルは貯められる。そして1プログラムに集約する意味からも、同じグループの複数プログラム入会は無意味だ。そこで最も条件の良さそうなユナイテッド航空プログラムに「スターアライアンス」系航空会社利用時の加算マイルを集中させる。「ワン・ワールド」ではアメリカン航空の、そして「スカイチーム」ではデルタ航空、ノースウエスト航空、コンチネンタル航空のプログラムのいずれかにということになる。

ちなみに、日本人として利用度の高い航空会社はＪＡＬとＡＮＡである。この2社を利用した時はどうすればいいか？　まずＡＮＡは「スターアライアンス」メンバーなので、国内線・国際線利用時ともにユナイテッド航空のプログラムでＯＫだ。そしてＪＡＬグループ利用時はというと、国内線、それに国際線ペックス運賃はアメリカン航空のプログラムでＯＫだが、団体ツアー旅行では、アメリカン航空プログラムには加算できない。ＪＡＬの団体ツアー利用時にマイル加算できるのは、ＪＡＬプログラムへだけなのだ。しかし、加算されるといっても50パーセントである。蓄積マイルには有効期限もあるので、よほどＪＡＬ系列ばかりで旅行しない限り、なかなか特典には達しない。ＪＡＬを使ったパックツアーは、マイルを貯めるものと思わずに割り切った方がいいかもしれない。

謎068 マイルをどのように貯めていけばよいか

〜目標、2万マイル。

具体的にどのようにマイルを貯めればよいだろうか。

国内線でも構わないので、ANA利用予定があったら、ANAと同じ「スターアライアンス」に参加するユナイテッド航空のプログラムに入会しよう。「ANAに乗るのだからANAプログラムに入会」と考えがちだが、後々のことを考えると米系の方が有利だ。ユナイテッド航空を利用する予定がなくてもユナイテッド航空のプログラムに入会することはできる。

たとえばANAに2005年3月に利用したとする。ANAプログラムだと蓄積マイルは翌々年末まで有効なので、2007年12月まで有効となる。逆にいえば2007年12月には消えてなくなってしまうので、それまでに最低でも1万5000マイル貯める必要がある。1万5000マイルは無料航空券獲得の最低のマイル数で、国内線や日韓線が得られる。

一方、ユナイテッド航空プログラムに貯めれば、3年後に有効期限が来るが、それまでにマイルの増減があれば、その時からまた3年間、それまでに貯めたマイルも含めて有効になる。つまり3年に1回、ANAの国内線を利用しているだけでも、それまで貯めたマイルが消えてなくなることがないのだ。マイルが消えてなくなるのは、3年間何も利用しなかった時だけなのである。

ユナイテッド航空、アメリカン航空、デルタ航空の3社はすべて同じルールである。このうちユナイテッド航空はＡＮＡと、アメリカン航空はＪＡＬと提携しているので、この2社のプログラムは、日本の国内線の利用だけでも、貯めたマイルをずっと有効にすることができる。これは、日本人にとって容易といえる。

デルタ航空は、日系航空会社との提携がないので、ユナイテッド航空やアメリカン航空プログラムに比べると、有効期限の心配をしなくてはならない。ちなみに同じ「スカイチーム」のノースウエスト航空やコンチネンタル航空のプログラムには蓄積マイルの期限がない。一度貯めたマイルは一生ものだ。そのため、「スカイチーム」では、どのプログラムに貯めるかを迷ってしまうわけだ。

さて、マイレージ会員になったら、まずは2万マイルから3万マイル貯めることを目指すといい。国内線特典は1万5000マイルで獲得できるが、できれば国際線特典を獲得したい。割引運賃や新規参入格安運賃航空会社が飛んでいる現在、1万5000マイルで国内線特典を得るより、2万マイル貯めて国際線特典を得た方がお得感を感じるはずだ。

貯め方にも鉄則がある。遠距離でマイルを貯めて、近距離特典をもらうということだ。具体的にどのように2万マイル貯めればいいか。成田から世界主要都市への距離を列挙すると次のようになる。

- ソウル＝759マイル
- 香港＝1807マイル
- バンコク＝2868マイル
- シンガポール＝3311マイル
- ホノルル＝3831マイル
- シドニー＝4859マイル
- ロンドン＝6220マイル
- ニューヨーク＝6737マイル

●ロサンゼルス＝5451マイル

100パーセントの加算率だとして、それぞれの都市を何往復すれば2万マイル貯まるかを計算すると、ソウル14往復、香港6往復、バンコク、シンガポール4往復、ホノルル、シドニー3往復となる。そして欧米ならいずれも2往復で2万マイルが貯められる。

ロンドンやニューヨーク行きは、往復するだけで1万マイルを越えるが、ソウルは往復で1518マイルだから、ロンドン往復1万2440マイルの8分の1しかマイルは貯まらない。

航空券やツアー料金は、遠い国ほど高くなるが、距離相応の価格にはなっていない。どんなに韓国旅行が安くなったといっても、ロンドン旅行の8分の1の料金ということはないだろう。

一方で、2万マイル特典でバンコクやシンガポールは往復できる。ヨーロッパ往復だと最低6万マイル、平均的には10万マイルほどが必要になってくる。

特典は近場でもらった方が得なのである。仮に6万マイル貯まったとしても、その6万マイルでヨーロッパ行きや北米行き特典をもらうよりも、2万マイルのアジア特典を3回もらった方が得なのだ。

「遠距離＝お金を払ってマイルを貯める」「近距離＝無料特典で旅行」、遠距離と近距離の境は、西はバンコク、東はホノルルを目安とするといい。

そこでこのように考える。およそ日本からアジア方向ならバンコクやシンガポール、太平洋方面ならホノルルを境に、それより遠い路線を「マイルを貯める路線」と意識することだ。たとえばアメリカやヨーロッパ旅行をするなら、「どこの航空会社に乗ってどのプログラムにマイル加算するか」ということを年頭において航空会社を選ぶ。

一方、韓国、香港、グアム旅行は、それほどの距離にはならないので、マイルが貯まるかどうかより、航空券料金や、発着時間帯などの要素に重点をおいて航空会社選びをする。

　では、具体的な航空会社と路線ではどうなるだろうか。

「スターアライアンス」系航空会社では、ユナイテッド航空、エア・カナダ、ヴァリグ・ブラジル航空のアメリカ方面行き。オーストリア航空、ルフトハンザドイツ航空、スカンジナビア航空のヨーロッパ行き。ニュージーランド航空のニュージーランド行き。これらをユナイテッド航空プログラムに貯めると往復およそ1万マイル以上貯まる。

「ワン・ワールド」系航空会社では、アメリカン航空のアメリカ方面行き。フィンランド航空のヨーロッパ行き。これらをアメリカン航空プログラムに貯めると往復およそ1万マイル以上貯まる。

「スカイチーム」系航空会社では、デルタ航空、ノースウエスト航空、コンチネンタル航空のアメリカ方面行き。エールフランス、アリタリア航空のヨーロッパ行き。これらを「スカイチーム」の米系航空会社プログラムに貯めると往復1万マイル以上貯まる。

　しかし、マイルを多く貯められる路線はこれだ

けではない。ここでは連合に参加する航空会社の直行便だけを例にしたが、この他に連合には参加していないが、マイレージ・プログラムで個別に提携している航空会社も多い。ユナイテッド航空とはエミレーツ航空。アメリカン航空とはJAL、エア・パシフィック、トルコ航空、スイスインターナショナルエアラインズ。デルタ航空とはチャイナエアライン、エミレーツ航空、ヴァージンアトランティック航空。ノースウエスト航空とはマレーシア航空、ガルーダ・インドネシア航空。コンチネンタル航空とはエバー航空、エミレーツ航空などが提携している。

乗り継ぎ便利用の格安航空券は一般的に価格が安いが、乗り継ぎで遠回りする分、マイルは多く貯まる。シドニー4859マイル、ロンドン6220マイルなどと記したが、これはあくまで直行便ののマイル数で、乗り継ぎ便を利用すればマイル数は多くなる。たとえば成田から大韓航空のソウル乗り継ぎシドニー行きは5936マイル、マレーシア航空のクアラルンプール乗り継ぎロンドン行きは9893マイル、シンガポール航空のシンガポール乗り継ぎロンドン行きは10059マイルもある。直行便では往復1万マイルに満たないシドニー行きも、大韓航空利用なら往復11872マイルだし、ロンドン行きもマレーシア航空なら往復2万マイル近く、シンガポール航空なら往復2万マイル以上貯まる。

注意したいのは、経由便では直行便と同じマイルしか加算されないこと。たとえばJALのローマ行きとモスクワ経由ローマ行きでは貯まるマイル数は同じなのだ。異なる便名に乗り換えることが必要になる。

（マイル数は運賃計算用マイル数で記述、航空会社によって独自の「飛行マイル」を使っている場合があり、数字が若干異なる場合あり）

謎069 無料航空券でどこへ行けるのか　その1

～2万マイル特典の使い方。

米系マイレージ・プログラムに2万マイル貯めるとどんな無料航空券が得られるのだろう。

ユナイテッド航空プログラムでは、同社のアジア行き全路線が2万マイル特典、ソウル、香港、台北、バンコク、シンガポール路線がある。日本人が最も多くマイレージ特典として利用している路線だ。

米系航空会社のアジア路線は本国からみると西の果ての路線となるのか、特典獲得に必要なマイル数は大雑把に区切られ、成田からソウル行きでもシンガポール行きでも2万マイルと変わらない。成田～バンコク間や成田～シンガポール間は、マイレージ特典でもらう路線としては大変お得な路線だ。

自社便以外の「スターアライアンス」参加航空会社の特典獲得に必要なマイル数は、地域ごとにどの航空会社でも同じ条件である。日本から2万マイルで得られる地域は、韓国、中国（香港は除く）、台湾、グアム行きで、具体的にはANAの韓国、中国、グアム行き、アシアナ航空の韓国行きなどがある。ANA特典は、日本の国内線を含めてのルートが可能、新千歳～関西～ソウルなどと飛ぶことができる。

アメリカン航空プログラムでは、2万マイルで得られる日本発着の特典はすべて提携他社便になる。JALグループで、日本から韓国、中国、香港、台湾、フィリピン、グアム、サイパン行き特典が2万マイル、台湾へは日本アジア航空を、グアム、サイパンへはJALウェイズを利用する。JAL特典では新千歳〜関西〜香港などと、国内線の飛んでいる区間から日本国内で乗り継いでのルートも可能だ。またキャセイパシフィック航空の香港行き特典が2万マイルだ。

デルタ航空プログラムでは、最低2万5000マイル必要だが、ノースウエスト航空と大韓航空のアジア路線が得られる。

ノースウエスト航空のプログラムでは同社のソウル、釜山、北京、上海、広州、香港、台北、マニラ、バンコク、シンガポール、グアム、サイパン行きが2万マイル特典になる。このほかマレーシア航空のマレーシア行き、ガルーダ・インドネシア航空のインドネシア行きなど、2万マイルでもさまざまな特典がある。日本からの直行便区間に限らず、マレーシア航空で成田〜クアラルンプール〜ホーチミンなどといったルートも可能だ（ストップオーバーは不可）。

無料航空券特典は有効に使いたい。たとえば、同じ都市間の単純往復ではなく、

- 成田から釜山へ、復路はソウルから
- 成田から北京へ、復路は上海または香港から
- 成田からバンコクへ、復路はシンガポールから

のようなルートを考えたとしよう。マイレージ特典では、多くの場合、同じ特典ゾーン内でならオープン・ジョーのルートは可能となっている。ユナイテッド航空やノースウエスト航空のプログラムでは、バンコクとシンガポールなどは、特典獲得に必要なマイル数が2万マイルで同じゾーンなので、オープン・ジョーのルートは可能になる。

オープン・ジョーは渡航先でしかできないということではない。たとえばアメリカン航空プログラムでは、2万マイル特典で日本アジア航空の台

湾行きが得られ、成田から台北へ、復路は高雄から成田へ帰国といったルートができるが、成田～台北～関西といったルートも可能だ。関西へ帰国して何か意味があるのか、と思われるかもしれないが、要は、特典航空券はパックツアーなどと違ってさまざまなルートが可能だということだ。

無料航空券に別の航空券をプラスして最終目的地に行くことも考えられる。たとえばタイのリゾート地プーケットへは成田からタイ国際航空の直行便があり、ユナイテッド航空プログラムの特典としてもこの路線を得ることができる。が、必要マイル数は4万マイルだ。しかしユナイテッド航空のバンコク行きなら2万マイルで得られる。そこでバンコクまでは無料航空券利用、バンコク～プーケット間は国内線を買うという方法がある。バンコクで乗り換えになるうえに、ユナイテッド航空のバンコク着が深夜のため同日乗り継ぎはできないが、バンコク～プーケット間は往復1万5000円ほどだ。その1万5000円と、必要マイル数の差2万マイルを比べたら、2万マイル＋1万5000円を利用した方が得だろう。このようにして、最終目的地までの足がかりに無料航空券を使うこともできる。

こんな利用方法もある。日本～韓国間は航路が増えていて、韓国への片道には船旅も楽しんでみたいもの。しかし航空券は往復が基本なので、フェリーを組み込むわけにはいかない。だが、特典航空券の多くは1年間有効、しかも復路の日付変更が可能だ。そこでこんなプランはどうだろう。1年以内に韓国旅行を2回計画、特典航空券を1回目の往路と2回目の復路に利用する。そして1回目の復路と2回目の往路には船を利用するのだ。現在、日本からの釜山行きフェリーは、下関、福岡、広島、大阪から運航している。これも1年有効の航空券ならではのプランである。復路の日付変更は可能なので、あえて1年後のスケジュールを確定させる必要もない。

マイレージでの特典予約は通常の予約より取りづらい。各社とも、無料ゆえに座席枠を少ない数に抑えている。ユナイテッド航空を例にすると、エコノミークラス普通運賃はYクラス、割引運賃は種類によってB、M、H、Qクラスなどと分けられているが、無料航空券はXYというクラスが利用される。無料ゆえに優先順位は最下位ともいえ、お金を払ってなら予約が取れる場合でも、無料航空券では予約ができないということはざらにある。

そこで混雑期などに無料航空券でも予約を取れやすくしたのが、ユナイテッド航空プログラムでいえば「スタンダード特典」である。優先順位が有償航空券と同等になるのだが、アジア行きだと2万マイルで得られる「セーバー特典」に対して、4万マイルが必要になる。マイル数が2倍になるが、ピーク時にどうしても予約を取りたい場合は威力を発揮する。

しかしこんなこともいえる。バンコク行きに「スタンダード特典」4万マイルを使うなら、同じマイル数で提携するANAやタイ国際航空でも利用できる。あるいはこれらの航空会社なら便数が多いので空席があるかもしれない。

4万マイルを使うなら、ユナイテッド航空の「セーバー特典」で、3万マイルでビジネスクラスを利用する方法や、4万マイルでファーストクラスを使う方法もある。同じ4万マイルを使うにしてもエコノミーとファーストでは大違いだ。エコノミークラスは満席でも、ビジネス、ファーストクラスなら空席があるかもしれない。このように、同じプログラムの特典でバンコクへ行こうとしてもさまざまな使い方がある。

ビジネスクラスを利用したい場合は、ビジネスクラス特典をもらう方法もあるが、マイル数をアップグレード特典に使う方法もある。アップグレードとはエコノミークラスの航空券でビジネスクラスを利用することなどで、ユナイテッド航空を例にすると、アジア路線は正規割引運賃に片道１万マイルでアップグレードが可能だ。たとえばユナイテッド航空「GO　UNAITED」運賃（ゾーンペックス運賃）を使い、復路便だけを１万マイル使ってビジネスクラスにアップグレードする使い方などもある。

せっかく貯めたマイルだけに、上手に使いたいものである。

スタンダード特典で
混雑期に
航空券を
ゲット
して行く
チケット
連休に
予約が
とれた♡
提携の航空会社で
ANAで
行って
TGで
帰ってきます
Thai
ANA
セーバー特典で
ファーストクラスを
利用して行く
ゆったり
ユナイテッド航空の
4万マイル…
どのように
使う？
タイ・バンコク
旅行

謎070 無料航空券でどこへ行けるのか その2

～国内線込みで発券できる日系航空会社特典。

日系航空会社の特典は、たとえば台北行きなら、成田～台北、関西～台北間などと「区間」で区切っているわけではない。「日本～台北」というくくりになっているので、成田～台北間の往復でも2万マイル必要だが、同じマイル数で、直行便のない新千歳、鹿児島などから飛んでも構わない。「日本～台北」の意味は、「日本のどこからでも台北まで飛ぶことが可能」という意味だ。

この場合、新千歳～関西～台北、あるいは新千歳～伊丹、関西～台北というルートになり、この国内線部分を含めて2万マイルで得ることができる。このように日系航空会社特典は、国内線込みで発券でき、地方からの海外旅行には便利だ。日本国中、その航空会社の路線があれば、東京や大阪から利用するのと同じマイル数で特典旅行ができる。海外の航空会社は東京など都会在住者に多くのメリットをもたらしているものの、地方在住者は、特典をもらっても自費で東京などに出る必要がある。その点、日系航空会社の特典は、日本国中どこに住んでいてもほぼ同じメリットが得られる仕組みだ。ただし途中乗り継ぎになる大阪では乗り継ぎのみで、大阪でストップオーバーして滞在することはできない。あくまで国内では「乗り継ぎ」しかできない。

しかし「ストップオーバー」の定義は24時間以上滞在することだから、24時間以内の滞在ならストップオーバーにはならない。つまり24時間以内なら乗り継ぎ地で１泊することも可能だ。新千歳から伊丹行きの便で飛び、関西から香港へ行くとして、その間23時間滞在しても構わないのである。羽田と成田、関西と伊丹は同じ都市と考えるので、国内線で伊丹に到着、関西から国際線で出発することなどは問題ない。往路が新千歳～羽田、成田～台北、復路が台北～関西、伊丹～新千歳などと、往路と復路を異なるルートにし、東京と大阪双方で24時間以内の滞在を楽しむこともできる。ここでは新千歳～台北間という、日系航空会社には直行便のない区間を例にしたが、同じようなことは直行便が飛んでいるかいないかに関係なく可能で、東京～台北間でも羽田～関西～台北などと飛んで、関西で23時間滞在、１泊することは可能だ。

「24時間以内はストップオーバーにならない」というルールは、海外ででも上手に使ってみたい。たとえば米系航空会社のアジア内特典ではストッ

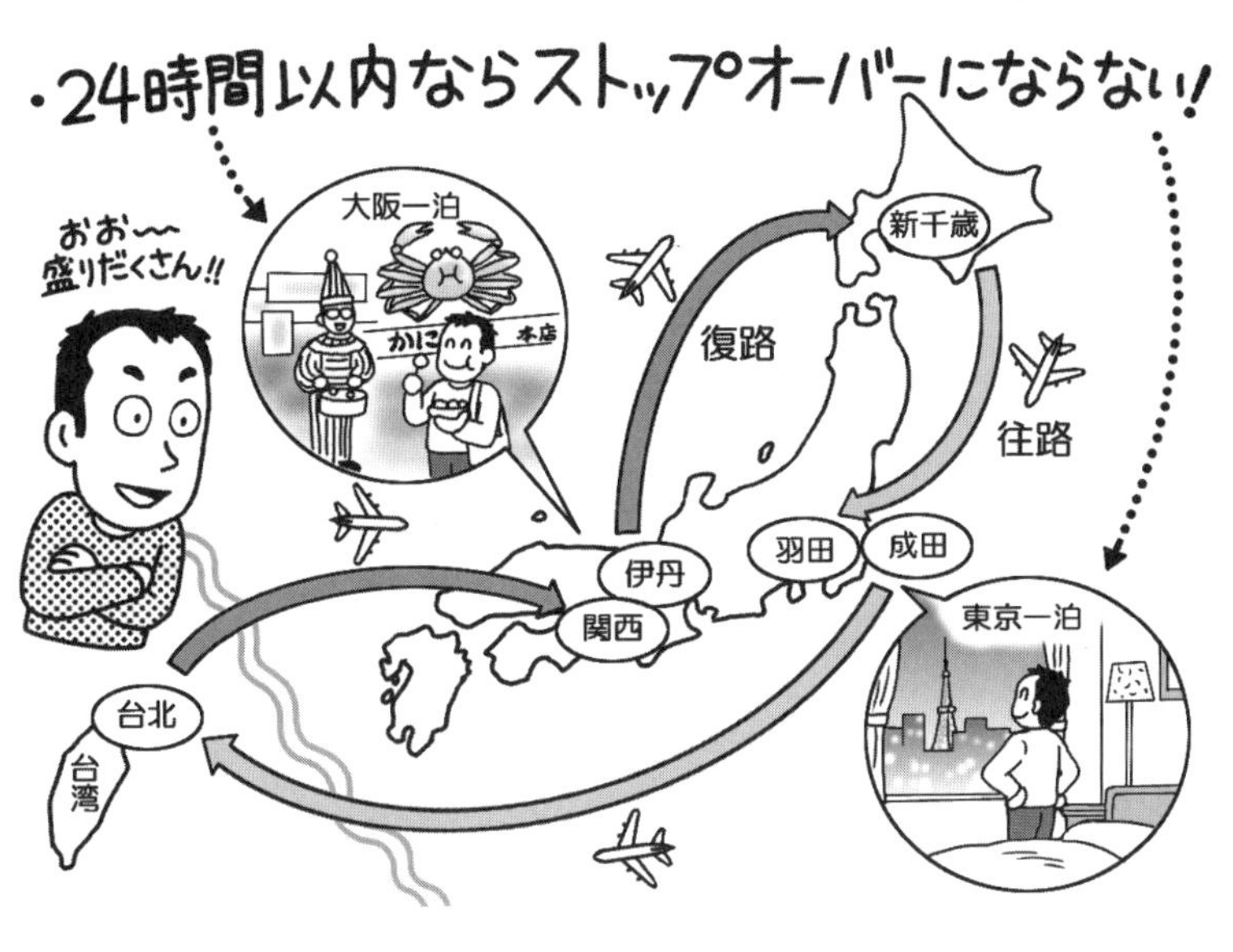

プオーバーできないので、基本的に滞在できる都市は1都市になる。あるいは複数の都市を周遊したい場合は、往路の目的地と復路の出発地が異なるオープン・ジョーの旅程にするかになる。また日本からアジア方面へ飛ぶ米系航空会社は直行便ばかりで、乗り継ぎ便がなく、乗り継ぎ地そのものがないので、24時間以内の滞在を楽しめるルートはほとんどない。

しかし探せば、乗り継ぎ地での24時間以内滞在ができるケースもある。

たとえばノースウエスト航空のプログラムでは、マレーシア航空のアジア内特典が2万マイルで得られるが、滞在できる都市はあくまで1都市だ。あるいはオープン・ジョーのルートにして、2都市を周遊するかしかできない。だが、マレーシア以外へ行く場合には、必ずクアラルンプールで乗り継ぎになる。そしてベトナム行きなど、乗り継ぎの関係でクアラルンプールに1泊しないと乗り継げない場合もある。そこで逆に、乗り継ぎ便の豊富にあるシンガポールを最終目的地にし、クアラルンプールに24時間以内の滞在をすることなら可能である。成田からクアラルンプールへの便はクアラルンプールに夕方到着するが、そのままクアラルンプールで1泊、翌日の夕方、成田から到着した時間より前にシンガポールに向かえばいいことになる。

コンチネンタル航空でも同じようなルートはできる。グアム乗り継ぎサイパン行き、デンパサール行きなどでは、グアムに24時間以内の滞在ができる。

海外でこのように乗り継ぎ都市で滞在する場合、たとえ24時間以内でも、入国したときには再度出国するときに出国税などが必要にはなる。

ちょっとしたことだが工夫を凝らすことで特典旅行がパックツアーとは異なる趣を持ってくることを覚えておきたい。

謎071 共同運航便のマイル加算

～思わぬマイルの落とし穴。

共同運航便を利用した時のマイル加算はどうなるのだろうか。例として、Ａ社とＢ社の共同運航便で、機材はＡ社、そしてＡ社、Ｂ社それぞれにマイレージ・プログラムがあったとしよう。

この場合マイル加算はどうなるだろう。実は、これだけでは答えは出せない。肝心なのはこのフライトをＡ社、Ｂ社、どちらの便名で利用したかになる。Ａ社の便名で利用していればＡ社のプログラムに、Ｂ社の便名で利用していれば、たとえＡ社の機材で運航する便であっても、Ｂ社を利用した扱いになり、Ｂ社のプログラムにマイル加算されることになる。

実際のフライトに当てはめてみよう。ＪＡＬとベトナム航空は共同運航していて、機材はＪＡＬだがベトナム航空便でもある便や、機材はベトナム航空だがＪＡＬ便でもある便がある。そしてＪＡＬ、ベトナム航空それぞれにマイレージ・プログラムがある。しかしＪＡＬ便の便名で利用すれば、ＪＡＬに乗ったことになるので、ベトナム航空の機材に乗っていても、ベトナム航空に乗ったことにはならない。共同運航便のマイル加算の鉄則は、利用した機材ではなく、利用した便名によって決まる。

航空会社間の提携が進み、Ａ社を利用したが、マイルはＢ社のプログラムに加算したいというケースは多いだろう。こんな実話がある。ヨーロッパ旅行を計画したA氏は、関東在住ながら関西発タイ国際航空を利用、バンコク乗り継ぎでヨーロッパへ向かうことにした。なぜ関西発の便を利用したかというと、ビジネスクラスの航空券が安かったからで、楽して旅行することとマイレージを多く貯めようと考えた。マイレージはタイ国際航空と提携するユナイテッド航空プログラムに加算するつもりだった。ところが実際は関西〜バンコク間ではマイル加算できなかった。関西〜バンコク間はタイ国際航空便ではあるが、JAL機材便だったために加算できなかったのだ。

だが、これは前述の鉄則に合致しないことになる。JALではなくタイ国際航空の航空券を利用している。A氏はこういった事情に精通していて、事前にタイ国際航空に、共同運航便で、機材が相手側でもマイル加算されるかどうかを確認、「加算可能」の回答を得ていたのだ。

ところが大きな落とし穴があった。タイ国際航空の「加算可能」というのは、あくまでタイ国際航空のプログラムにであって、タイ国際航空と提携する他のプログラムという意味ではなかったのだ。つまりJAL機材のタイ国際航空便を使った場合、タイ国際航空のプログラムへは加算できるが、タイ国際航空と提携するプログラムへの加算はできない。

このからくりを解くと、タイ国際航空とJALは共同運航で提携しているので、JAL機材の便でもタイ国際航空のプログラムに加算できる。これは鉄則通りだ。タイ国際航空とユナイテッド航空は提携しているのでマイル加算が相互にできる。しかしJALとユナイテッド航空には提携がないので、タイ国際航空の便名利用者でも、JAL機材便ではユナイテッド航空プログラムへの加算はできない、という理屈になる。この理屈は、割引航空券だからとかという問題ではなく、A氏の場合、たとえ正規のビジネスクラス航空券を持っていたとしても加算できなかった。そのくらいに大前提の話だ。

こういったことがあるので、共同運航便利用時のマイル加算は要注意である。とくに購入した航空券の会社と、実際に搭乗する航空機の会社が異なる場合はマイル加算条件を詳しく調べておく必要がある。

Ａ氏はバンコク〜ヨーロッパ間のフライトはタイ国際航空機材の便だったためマイル加算できたが、これとて便によっては加算できない。たとえばバンコク〜チューリヒ間のスイスインターナショナルエアラインズ機材の便では、やはりスイスインターナショナルエアラインズとユナイテッド航空には提携がないのでマイル加算できなかった。

では他社便機材による便はすべてこのような結果になるかというと、そうでもない。バンコク〜フランクフルト間にはルフトハンザドイツ航空機材によるタイ国際航空便もあるが、この便をタイ国際航空の便名で利用した場合はユナイテッド航空プログラムにでもマイル加算できる。ルフトハンザドイツ航空とユナイテッド航空の間にも提携があるから、ということになる。

このタイ国際航空とＪＡＬのような大きな落とし穴のある共同運航便は、どのような経緯からこのようなことになったのであろうか。ここには近年、航空会社同士の連合の移り変わりがある。

以前の「共同運航便」とは、２社がそれぞれ多くの便を運航するほどの需要がない場合に行われていた。タイ国際航空は、成田、関西、中部、福岡へ乗り入れるが、成田へは1社だけでも多くの便があったので、ＪＡＬ、タイ国際航空ともに単独運航だった。しかし需要の少ない関西、中部、福岡便は共同運航で福岡便に関しては共同運航ながら機材は全便タイ国際航空が提供している。そして共同運航の相手は路線によって変わっていた。ＪＡＬでいえばベトナム便ではベトナム航空、ニ

スターアライアンス

●北米
ユナイテッド航空
エア・カナダ

●中南米
ヴァリグ・ブラジル航空
メキシカーナ（参加したものの2004年に脱退）

●ヨーロッパ
ルフトハンザドイツ航空
スカンジナビア航空
オーストリア航空
ラウダエアー（オーストリア航空グループ）
チロリアン・エアウェイズ（オーストリア航空グループ）
スパンエアー（スカンジナビア航空グループ）
ｂｍｉ（ブリティッシュ・ミッドランド）
ＬＯＴポーリッシュエアラインズ

●アフリカ
南アフリカ航空（参加予定）

●アジア
タイ国際航空
ＡＮＡ
シンガポール航空
アシアナ航空

●オセアニア
ニュージーランド航空
アンセット・オーストラリア航空（倒産により脱退）

ワン・ワールド

●北米
アメリカン航空

●中南米
ＬＡＮチリ

●ヨーロッパ
ブリティッシュ・エアウェイズ
フィンランド航空
エア・リンガス（アイルランド）
イベリア・スペイン航空

●アフリカ
なし

●アジア
キャセイパシフィック航空

●オセアニア
カンタス航空

スカイチーム

●北米
デルタ航空
ノースウエスト航空
コンチネンタル航空

●中南米
アエロメヒコ

●ヨーロッパ
エールフランス
ＣＳＡ（チェコ）
アリタリア航空
ＫＬＭオランダ航空
アエロフロート・ロシア航空（参加予定）

●アフリカ
なし

●アジア
大韓航空
中国南方航空（参加予定）

●オセアニア
なし

図71-1　航空会社連合の勢力地図。

ユージーランド便ではニュージーランド航空と共同運航を行っている。

ところが現在の共同運航便はニュアンスが変わってきた。需要の少ないところを2社で運航するという意味合いは薄れ、同じ連合の航空会社とならどの路線でも行うといった雰囲気になった。

A氏の利用した関西〜バンコク間の共同運航便は、そういった意味では古くからの共同運航便スタイルだ。それに対してタイ国際航空利用時の搭乗マイルをユナイテッド航空「マイレージ・プラス」に加算するというのは、近年の航空会社連合が進んでからの常識ということで、ここにギャップがあったのだ。

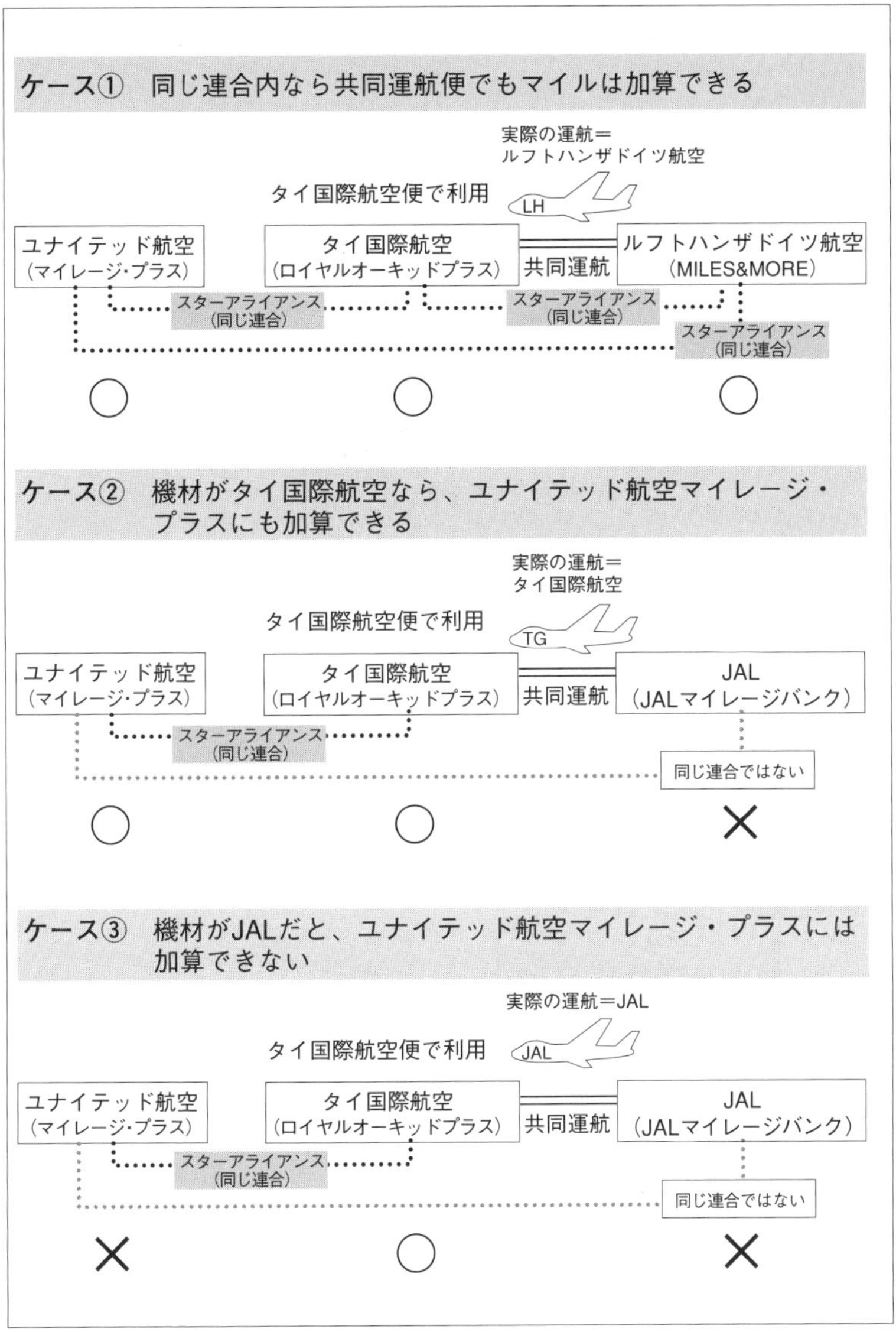

図 71-2　共同運航便でのマイレージ加算の可否。

旅客機一覧［1978年（成田空港開港年）以降に日本の空を定期便で飛んだ機材のみ］

❶＝ローンチ年　❷＝初飛行年　❸＝初就航年　❹＝生産機数（2004年10月現在、ただし欧米以外の機材は4月現在）❺＝全長　❻＝航続距離　❼＝標準定員。(2)は2クラスの場合、(3)は3クラスの場合　❽＝エコノミークラスの横標準座席配置
❾＝現在日本国内、または日本発着国際線で運航する航空会社

■ボーイング（アメリカ）

世界最大の航空機メーカーで、B707からB777までを開発、1997年にはアメリカ第2の航空機メーカーだったマクドネル・ダグラスと合併するが、旧マクドネル・ダグラスの機体はMD-95をB717として受け継いだ以外は生産中止になる。2004年には新型機7E7をローンチ、この機体はアメリカと日本が同じ比率で生産することになる。世界最大の航空機メーカーであったが、受注数ではエアバスにトップの座を譲ってしまった。

B707（4発ジェット）			
❶ 1954年	❷ 1957年	❸ 1958年	❹ 856機（生産終了）
❺ 46.6メートル	❻ 6240マイル	❼ 165席（2）	❽ 3－3
❾ 現在はなし	＜備考＞実質的な初代ジェット旅客機。パンナム、ブリティッシュ・エアウェイズなど世界の主要航空会社で運航され、日本へは成田空港開港後も、イラン航空、パキスタン航空、エジプト航空、ルフトハンザドイツ航空などが運航していた		

B727-200（3発ジェット）			
❶ 1965年	❷ 1967年	❸ 1967年	❹ 1260機（生産終了）
❺ 46.7メートル	❻ 2488マイル	❼ 145席（2）	❽ 3－3
❾ 現在はなし	＜備考＞B727-100の胴体を延長した機体。3発機ゆえに経済性に劣り、旅客便でこの機体を運航する航空会社はほとんどなくなった。日本では全日空が導入、国内線ジェット化の立役者といえる。海外からでは大韓航空、コンチネンタル航空がこの機体で日本に乗り入れた。		

B737-200（双発ジェット）			
❶ 1965年	❷ 1967年	❸ 1968年	❹ 1095機（生産終了）
❺ 30.5メートル	❻ 2158マイル	❼ 115席（2）	❽ 3－3
❾ 現在はなし	＜備考＞ボーイングが開発した初代短距離機B737-100の発展系だが、-100は30機の生産、-200は1000機以上製造されたので、実質的にはこの機体が基本形だ。日本でも全日空、旧南西航空が導入した。騒音が大きく現在は世界でも急速に少なくなった。		

B737-300（双発ジェット）			
❶ 1981年	❷ 1984年	❸ 1984年	❹ 1113機（生産終了）
❺ 33.4メートル	❻ 3282マイル	❼ 128席（2）	❽ 3－3
❾ CA、MU	＜備考＞高バイパス比の新エンジンを装備、同じB737ながら、-200までと、-300以降では騒音が大幅に減少、エンジンが太い形状のものになった。騒音や経済性の関係で、-200は急速に活躍の場が減ったが、-300は世界中で活躍する		

B737-400（双発ジェット）			
❶ 1986年	❷ 1988年	❸ 1988年	❹ 486機（生産終了）
❺ 36.5メートル	❻ 3108マイル	❼ 146席（2）	❽ 3－3
❾ JC、NU、EL、6J、OZ、HD（予定中）	＜備考＞B737-300の胴体を延長した機体で、日本でも多く使われていて、ＪＡＬグループのローカル国内線の標準型ともなった。しかし日本の航空会社では多く使われているが、短距離用機材なので、日本で見られる海外のB737-400はアシアナ航空のみである		

B737-500（双発ジェット）			
❶ 1987年	❷ 1989年	❸ 1990年	❹ 389機（生産終了）
❺ 31.0メートル	❻ 1958マイル	❼ 110席（2）	❽ 3－3
❾ EL、CZ	＜備考＞B737-300の胴体を短くした機体。B737は-300が新エンジンでの基本形だが、胴体を長くしたのが-400、短くしたのが-500である。エアーニッポンに多く導入され、国内ローカル線を飛ぶ。エンジンが太く短い機体はずんぐりむっくりの印象だ		

<table>
<tr><th colspan="4">B737-600（双発ジェット）</th></tr>
<tr><td>❶ 1995年</td><td>❷ 1998年</td><td>❸ 1998年</td><td>❹ 56機</td></tr>
<tr><td>❺ 31.2メートル</td><td>❻ 3511マイル</td><td>❼ 110席（2）</td><td>❽ 3－3</td></tr>
<tr><td colspan="4">❾ 現在はなし ＜備考＞B737-700の機体を短くした機体で、B737-500の後継機にあたり、B737-700より後に登場している。以前は中国西南航空が日本便に運航していたが、現在は日本でこの機体を見ることができなくなった</td></tr>
<tr><th colspan="4">B737-700（双発ジェット）</th></tr>
<tr><td>❶ 1993年</td><td>❷ 1997年</td><td>❸ 1998年</td><td>❹ 668機</td></tr>
<tr><td>❺ 33.6メートル</td><td>❻ 3752マイル</td><td>❼ 126席（2）</td><td>❽ 3－3</td></tr>
<tr><td colspan="4">❾ MU、NH（発注中） ＜備考＞B737-300の後継機で、操縦系統などをより近代化した機体。すでに-500までは生産終了していて、-600以降をニュー・ゼネレーションということでB737NGなどとも呼ぶ。B737-700はそのB737NGの基本形になる。ＡＮＡにも2005年から導入される</td></tr>
<tr><th colspan="4">B737-800（双発ジェット）</th></tr>
<tr><td>❶ 1994年</td><td>❷ 1997年</td><td>❸ 1998年</td><td>❹ 818機</td></tr>
<tr><td>❺ 39.5メートル</td><td>❻ 3383マイル</td><td>❼ 162席（2）</td><td>❽ 3－3</td></tr>
<tr><td colspan="4">❾ KE、CA、FM、MF、HU、CI、OM、CO ＜備考＞B737-700の胴体を延長した機体で、B737-400の後継機に当たる。B737NGの中で最も売れている機体で、日本へこの機体で乗り入れる航空会社も多いほか、手軽なサイズで普及している機体のため、格安運賃航空会社でも多く使われている</td></tr>
<tr><th colspan="4">B737-900（双発ジェット）</th></tr>
<tr><td>❶ 1997年</td><td>❷ 2000年</td><td>❸ 2002年</td><td>❹ 45機</td></tr>
<tr><td>❺ 42.1メートル</td><td>❻ 3160マイル</td><td>❼ 177席（2）</td><td>❽ 3－3</td></tr>
<tr><td colspan="4">❾ KE ＜備考＞B737-800の胴体をさらに延長した機体で、B737の中で最も長い機体を持つ。しかしドアの数などがB737-800と同じになっているため、最大座席数はB737-800と同じ189席。そのため多くの航空会社では、座席間隔などをゆったりさせて使っている</td></tr>
<tr><th colspan="4">B747-100（4発ワイドボディジェット）</th></tr>
<tr><td>❶ 1966年</td><td>❷ 1969年</td><td>❸ 1970年</td><td>❹ 176機（生産終了）</td></tr>
<tr><td>❺ 70.7メートル</td><td>❻ 5528マイル</td><td>❼ 354席（3）</td><td>❽ 3－4－3</td></tr>
<tr><td colspan="4">❾ 現在はなし ＜備考＞初代のジャンボ機で、日本航空にもまとまった数で導入されたが、現在は全機が引退、世界的にもほとんどの機体が引退するか、貨物機などに改造された。登場当初は2階席がファーストクラス客用のラウンジで、窓が片側3カ所しかなかった</td></tr>
<tr><th colspan="4">B747SR（4発ワイドボディジェット）</th></tr>
<tr><td>❶ 1972年</td><td>❷ 1973年</td><td>❸ 1973年</td><td>❹ 33機（生産終了）</td></tr>
<tr><td>❺ 70.5メートル</td><td>❻ 2262マイル</td><td>❼ 536席（2）</td><td>❽ 3－4－3</td></tr>
<tr><td colspan="4">❾ JL、NH ＜備考＞初期のジャンボ機を短距離用にした機体で、SRはショート・レンジの意。日本の国内線向けに開発された機体で、日本航空と全日空だけが導入、全日空は導入時「スーパージャンボ」と名づけた。しかし外観上の差はなかった。現在は少数派で引退も近い</td></tr>
<tr><th colspan="4">B747SP（4発ワイドボディジェット）</th></tr>
<tr><td>❶ 1973年</td><td>❷ 1975年</td><td>❸ 1976年</td><td>❹ 45機（生産終了）</td></tr>
<tr><td>❺ 56.3メートル</td><td>❻ 6623マイル</td><td>❼ 266席（2）</td><td>❽ 3－4－3</td></tr>
<tr><td colspan="4">❾ IR ＜備考＞初期のジャンボ機のエンジン性能などはそのままに胴体を短くし、少なくなった重量分を燃料増に当てた長距離機、SPはスペシャル・パフォーマンスの意。ジャンボ機ファミリーで唯一機体が短い。パンナムが最初に導入、羽田～ニューヨーク間を初の直行便で飛んだ</td></tr>
<tr><th colspan="4">B747-200（4発ワイドボディジェット）</th></tr>
<tr><td>❶ 1966年</td><td>❷ 1970年</td><td>❸ 1971年</td><td>❹ 389機（生産終了）</td></tr>
<tr><td>❺ 70.7メートル</td><td>❻ 7893マイル</td><td>❼ 366席（3）</td><td>❽ 3－4－3</td></tr>
<tr><td colspan="4">❾ JL、JO、EG、NW ＜備考＞B747-100に新エンジンを搭載して航続距離が伸びたタイプ、本格的にジャンボ機が普及、-200には、コンビ機と呼ばれる貨客混載型-200M、コンビにも旅客にも貨物にもなるコンバーチブル機-200C、貨物専用機-200Fもそろう。しかし急速に引退が進んでいる</td></tr>
</table>

B747-300（4発ワイドボディジェット）			
❶1980年	❷1982年	❸1983年	❹77機（生産終了）
❺70.7メートル	❻7707マイル	❼400席（3）	❽3－4－3
❾JL、JO、EG、KE、TG、QF、AI ＜備考＞2階席を延長したジャンボ機で、SUD＝ストレッチド・アッパー・デッキなどとも呼ばれ、シンガポール航空では「ビッグ・トップ」、当時のUTAフランス航空では「ビッグ・ボス」などとニックネームがついた。しかし大手航空会社からはほとんどが引退した			

B747-400（4発ワイドボディジェット）			
❶1985年	❷1988年	❸1989年	❹608機
❺70.7メートル	❻8452マイル	❼412席（3）	❽3－4－3
❾JL、NH、KE、OZ、CA、CX、CI、PR、TG、SQ、NZ、LH、KL、BA、UA、NW ＜備考＞それまでのジャンボ機を、外観はほとんどそのままに、大幅にコンピュータ化した機材で、コックピットクルーが2人乗務になったほか、外観の違いとしては、翼端にウイングレットが設けられた。各航空会社で看板機材として長距離国際線で運航される			

B747-400D（4発ワイドボディジェット）			
❶1988年	❷1991年	❸1991年	❹19機
❺70.7メートル	❻2592マイル	❼569席（2）	❽3－4－3
❾JL、NH ＜備考＞B747-400の日本国内線向け短距離型で、日本の航空会社のみが導入、B747SRの後継機に当たる。Dはドメスティックの意味。通常のB747-400との違いは、翼端のウイングレットがない。A380登場までは旅客機最大定員を誇る			

B757-200（双発ジェット）			
❶1979年	❷1982年	❸1983年	❹986機（生産終了）
❺47.3メートル	❻4488マイル	❼201席（2）	❽3－3
❾CA、CZ、RA、NW ＜備考＞B727の後継機として、B767と並行して開発された機体。B727は中距離機ながら3発だったので、同じ用途を双発にした。胴体を延長したB757-300も登場するが、B737とB767の狭間で売れ行きが減り、比較的新しい機体であるにもかかわらず生産を終了している			

B767-200（双発ワイドボディジェット）			
❶1978年	❷1981年	❸1982年	❹128機
❺47．6メートル	❻3708マイル	❼216席（2）	❽2－3－2
❾JL、BC、HD、BR ＜備考＞B757と並行して開発された中型ワイドボディ機、ワイドボディ機としては座席配置が横7列と少ないので、ゆったりした印象の機材で、ほとんどの乗客が窓側か通路側に座ることができる。-200型はワイドボディ機としてはボーイングでは最も小さなサイズの機体だ			

B767-200ER（双発ワイドボディジェット）			
❶1982年	❷1984年	❸1984年	❹114機
❺47.6メートル	❻7677マイル	❼181席（3）	❽2－3－2
❾CA ＜備考＞B767-200の長距離用で、ERはエクステンデッド・レンジの意。B767-200と外観上の差はない。この機体は座席数が少なく航続距離が長いという特徴を持つが、胴体を延長した-300型が主流になったので、導入する航空会社は少なかった			

B767-300（双発ワイドボディジェット）			
❶1983年	❷1986年	❸1986年	❹104機
❺54.9メートル	❻4630マイル	❼269席（2）	❽2－3－2
❾JL、NH、OZ、CA ＜備考＞B767-200の胴体延長型で、日本の国内線で最も多く使われている機体だが、航続距離が短いので、海外からこの機体で日本へ乗り入れるのは韓国、中国の航空会社のみ。「大は小を兼ねる」的に、航続距離の長いB767-300ERを導入する航空会社が多くなっている			

B767-300ER（双発ワイドボディジェット）			
❶1984年	❷1986年	❸1988年	❹540機
❺54.9メートル	❻6830マイル	❼218席（3）	❽2－3－2
❾JL、NH、EL、BC、HD、BR、VN、FJ、NZ、PX、QF、AO、HY、SU、AC ＜備考＞B767-300の航続距離を長くしたタイプで、B767-300との外観上の差はない。ＡＮＡでは-300が国内線用、-300ERが国際線用ときっぱり分けている。-300と違って欧米からも乗り入れていて、スカンジナビア航空やアリタリア航空の日本便でも使われた			

B767-400ER（双発ワイドボディジェット）			
❶ 1997年	❷ 1999年	❸ 2001年	❹ 37機
❺ 61.4メートル	❻ 6495マイル	❼ 245席（3）	❽ 2ー3ー2
❾ CO	＜備考＞B767-300ERの胴体を延長したタイプ、デルタ航空のL1011トライスター後継機として開発。しかし現在、アメリカのデルタ航空、コンチネンタル航空の2社しか導入していない。日本へもコンチネンタル航空で乗り入れるのみである		

B777-200（双発ワイドボディジェット）			
❶ 1990年	❷ 1994年	❸ 1995年	❹ 84機
❺ 63.7メートル	❻ 4664マイル	❼ 375席（2）	❽ 3ー3ー3
❾ JL、NH、CA、CX、TG	＜備考＞双発では最大の機体として開発され、ボーイングでは初めてFBW（フライ・バイ・ワイヤ）の機体となったが、従来型の操縦桿も残された。この機体の登場で400人近くを2基のエンジンで運べるようになったことから、ジャンボ機全盛時代に翳りが生じるようになった		

B777-200ER（双発ワイドボディジェット）			
❶ 1996年	❷ 1997年	❸ 1997年	❹ 347機
❺ 63.7メートル	❻ 8978マイル	❼ 305席（3）	❽ 3ー3ー3
❾ JL、NH、KE、OZ、CZ、VN、MH、SQ、SU、AZ、AF、KL、AA、UA、DL、CO	＜備考＞B777-200の航続距離を長くした機体で、B777-200との外観上の違いはない。この機体の登場で、北太平洋便などの長距離国際線も双発が主流の時代を迎える。日本からの国際線用機材では、B747-400と並んで主役となる機体だ		

B777-300（双発ワイドボディジェット）			
❶ 1995年	❷ 1997年	❸ 1998年	❹ 55機
❺ 73.9メートル	❻ 6854マイル	❼ 451席（2）	❽ 3ー3ー3
❾ JL、NH、KE、CX、TG	＜備考＞B777-200の胴体を延長した機体。登場時は初めてジャンボ機の長さを上回った機体だった。またエコノミークラスのみにすれば、最大で500席以上にすることも可能で、ジャンボ機以来初めて500席以上を乗せられる機体が現れた		

B777-300ER（双発ワイドボディジェット）			
❶ 2000年	❷ 2003年	❸ 2004年	❹ 8機
❺ 73.9メートル	❻ 8869マイル	❼ 365席（2）	❽ 3ー3ー3
❾ JL、NH、AF	＜備考＞B777-300の航続距離を長くした機体。B777-300との外観上の差はほとんどなく、機体の長さは同じだが、主翼が長い。ボーイングでは最も新しい機体で、エールフランスに導入され、いち早く日本便に就航、次いでＪＡＬも導入、さらにＡＮＡも導入する		

7E7（双発ワイドボディジェット）			
❶ 2004年	❷ 2007年予定	❸ 2008年予定	❹ 0
❺ 55.5メートル	❻ 9782マイル	❼ 200席（3）	❽ 2ー4ー2
❾ NH（発注中）	＜備考＞B767の後継機として開発中の機体で、日本もアメリカと同じ割合で開発にかかわる。またB767の後継機とはいうものの航続性能はB777ERを上回る。ＡＮＡの50機という大量発注で開発が決まり、最終的には世界中から500機ほどの受注をもくろんでいる		

旧ダグラスDC-8-50（4発ジェット）			
❶ 1955年	❷ 1958年	❸ 1959年	❹ 143機（生産終了）
❺ 45.9メートル	❻ 5721マイル	❼ 155席（2）	❽ 3ー3
❾ 現在はなし	＜備考＞DC-7まではプロペラ機なので、ダグラス初のジェット旅客機である。ボーイング707とライバル関係になる機体。日本航空初のジェット旅客機もこのDC-8で、DC-8-30が導入された。北米線など長距離国際線に導入された。ビートルズ来日時もこの機体だった		

旧ダグラスDC-8-61（4発ジェット）			
❶ 1965年	❷ 1966年	❸ 1967年	❹ 88機（生産終了）
❺ 57.1メートル	❻ 3751マイル	❼ 202席（2）	❽ 3ー3
❾ 現在はなし	＜備考＞胴体を延長したタイプで、航空機の座席定員が初めて200席以上になった。これはB747ジャンボ機登場以前では最大の機体になる。スマートなスタイルで人気のあった機体だ。日本航空にも導入され、国内線や近距離国際線で活躍した		

旧ダグラスDC-8-62（4発ジェット）			
❶ 1965年	❷ 1966年	❸ 1967年	❹ 67機（生産終了）
❺ 50.0メートル	❻ 5991マイル	❼ 156席（2）	❽ 3－3
❾ 現在はなし ＜備考＞DC-8-61の胴体を短くし、航続性能を重視した機体で、DC-8の中では最も航続距離が長い。日本航空にも導入され、長距離国際線に活躍、晩年は貨物専用機にも改造されて貨物専用便として余生を送った			

旧ダグラスDC-8-63（4発ジェット）			
❶ 1965年	❷ 1966年	❸ 1967年	❹ 107機（生産終了）
❺ 57.1メートル	❻ 4500マイル	❼ 200席（2）	❽ 3－3
❾ 現在はなし ＜備考＞DC-8-61の収容力と、DC-8-62の航続性能の中間をとった機体で、DC-8の最終バージョンとなる。日本へはスカンジナビア航空が運航させていた。ちなみにDC-8にはエンジンを高バイパス比のものに載せ換えたDC-8-70もあるが、こちらは従来型の改造による			

旧ダグラスDC-9-40（双発ジェット）			
❶ 1962年	❷ 1967年	❸ 1968年	❹ 71機（生産終了）
❺ 40.7メートル	❻ 1686マイル	❼ 141席	❽ 2－3
❾ 現在はなし ＜備考＞ダグラス初の短距離用ジェット旅客機で、2基のエンジンは機体後部に取りつけられ、水平尾翼は垂直尾翼先端にある。DC-9-10に始まり、徐々に機体は延長され、-40が当時の東亜国内航空に導入され、日本国内の主にローカル線で運航された			

旧ダグラスDC-10（3発ワイドボディジェット）			
❶ 1968年	❷ 1970年	❸ 1971年	❹ 446機（生産終了）
❺ 55.5メートル	❻ 6221マイル	❼ 231席（3）	❽ 2－5－2
❾ JL、JO、NW ＜備考＞ダグラス初のワイドボディジェット機で、ナローボディ機とB747ジャンボジェット機しかなかった時代に、その間の機体サイズを埋めるように登場した。しかし3発機ゆえに経済性に劣り、現在は貨物専用機などで余生を送る機体が多く、旅客便からの引退も近い			

旧マクドネル・ダグラスMD-11（3発ワイドボディジェット）			
❶ 1986年	❷ 1990年	❸ 1990年	❹ 200機（生産終了）
❺ 61.2メートル	❻ 7626マイル	❼ 276席（3）	❽ 2－5－2
❾ AY、RG ＜備考＞DC-10の後継機として誕生、その間にダグラスからマクドネル・ダグラスになったため、DCからMDへと変わった。DC-10の胴体が延長されたほか、主翼先端にウイングレットが装備されている。しかし新しい機体にもかかわらず、急速に活躍の場が減っている			

旧マクドネル・ダグラスMD-81（双発ジェット）			
❶ 1977年	❷ 1979年	❸ 1980年	❹ 132機（生産終了）
❺ 45.1メートル	❻ 1800マイル	❼ 143席（2）	❽ 2－3
❾ JL ＜備考＞DC-9は基本形の胴体を徐々に延長、DC-9-81が登場するが、マクドネルとダグラスの合併により、形式の呼び方がDCからMDに変わり、合わせて「9」を省略してMD-81という形式になる。日本では東亜国内航空が導入し、日本エアシステムを経てＪＡＬが運航			

旧マクドネル・ダグラスMD-82（双発ジェット）			
❶ 1979年	❷ 1981年	❸ 1981年	❹ 569機（生産終了）
❺ 45.1メートル	❻ 2360マイル	❼ 143席（2）	❽ 2－3
❾ CZ ＜備考＞MD-81の航続距離を伸ばしたタイプ、MD-81、MD-82、MD-83の3機種は、航続距離性能の違いで、外観や客室設備の違いはない。またDC-9ファミリーの一員なので、2基のエンジンは後部に取りつけられ、水平尾翼は垂直尾翼先端にあるT字型尾翼である			

旧マクドネル・ダグラスMD-83（双発ジェット）			
❶ 1983年	❷ 1984年	❸ 1985年	❹ 265機（生産終了）
❺ 45.1メートル	❻ 2881マイル	❼ 143席（2）	❽ 2－3
❾ 現在はなし ＜備考＞MD-82の航続距離をさらに伸ばしたタイプで、DC-9、MD-80シリーズでは最も航続距離が長い。日本の航空会社では導入されなかったが、大韓航空が導入、日本の地方空港へこの機体で乗り入れていた時期があった			

旧マクドネル・ダグラスMD-87（双発ジェット）			
❶ 1985年	❷ 1986年	❸ 1987年	❹ 75機（生産終了）
❺ 39.8メートル	❻ 2731マイル	❼ 114席（2）	❽ 2—3
❾ JL ＜備考＞MD-81のコックピットをデジタル化した機体。胴体を短くしたものがMD-87、MD-81同様の機体を持つものがMD-88となった。MD-87は日本エアシステムが導入、ＪＡＬに引き継がれたが、現在のところMD-88は日本国内、日本発着国際線ともに使われていない			

旧マクドネル・ダグラスMD-90（双発ジェット）			
❶ 1989年	❷ 1993年	❸ 1995年	❹ 116機（生産終了）
❺ 46.5メートル	❻ 2399マイル	❼ 158席（2）	❽ 2—3
❾ JL ＜備考＞MD-81の機体を基本にし、高バイパスのエンジンを装備した機体で、騒音レベルの低下などを果たした。日本では日本エアシステムが国内ローカル線用に導入、ＪＡＬに引き継がれている。MD-80シリーズとの見分け方は、エンジンが太いという部分だ			

■ロッキード・マーチン（アメリカ）

ロッキード・エアクラフトとグレン・L・マーチンが合併。ロッキードはL1011トライスター以外にも、以前にはエレクトラ、コンステレーションなど、マーチンもM-130、M-202などと、旅客機創生期にはいくつかの機材を開発したが、L1011トライスターを最後に旅客機からは撤退している。しかしロッキードではC-130ハーキュリーなど、日本の自衛隊でも使用している輸送機、かつてB747の母体となる輸送機案とライバル関係にあって実現したC-5ギャラクシーなどの輸送機は有名である。

L1011トライスター（3発ワイドボディジェット）			
❶ 1968年	❷ 1970年	❸ 1972年	❹ 200機（生産終了）
❺ 54.2メートル	❻ 4146マイル	❼ 272席（2）	❽ 2—5—2
❾ 現在はなし ＜備考＞ロッキード初のジェット旅客機、登場時は同じサイズのダグラスDC-10と激しい売り込み合戦を展開、全日空に導入されて国内幹線や近距離国際線に就航したが、ロッキード事件では政界を巻き込んでのスキャンダルも残した。現在はほとんどの機体が引退している			

L1011-500トライスター（3発ワイドボディジェット）			
❶ 1976年	❷ 1978年	❸ 1979年	❹ 50機（生産終了）
❺ 50.1メートル	❻ 6156マイル	❼ 246席（2）	❽ 2—5—2
❾ 現在はなし ＜備考＞L1011トライスターの基本形の胴体を短くし、その分の重さを燃料にあてた長距離タイプで、日本の航空会社では導入されなかったが、パンナムを経てユナイテッド航空、デルタ航空、エアランカ（現在のスリランカ航空）はこの機体で日本へ乗り入れていた			

■レイセオン・ビーチ（アメリカ）

アメリカのビーチ・エアクラフトと、イギリスのブリティッシュ・エアロスペースのビジネスジェット機部門を統合した会社。

レイセオン・ビーチ1900			
❶ 1979年	❷ 1982年	❸ 1984年	❹ 690機
❺ 17.6メートル	❻ 981マイル	❼ 19席	❽ 1—1
❾ エアトランセ（発注中） ＜備考＞開発当時はビーチ・エアクラフト社だったため、一般的にはビーチクラフト1900と呼ばれる機体で、アメリカ国内のコミューター路線で多く使われている。日本ではエアトランセが導入予定で函館～帯広間に運航予定である			

■エアバス（ヨーロッパ共同）

フランス、ドイツ、イギリス、スペインの航空機メーカーが分担して旅客機を開発・製造、フランスのツールーズとドイツのハンブルクで最終組み立てを行っている。現在はアメリカのボーイングよりも多くの旅客機受注を得ているが、なぜか日本の航空会社はエアバス導入に消極的だ。現在次期巨人機A380が開発最終段階で、2006年に就航予定。この機体が完成すると、世界一大きい機体、世界一長い機体、世界一航続距離の長い機体、すべてがエアバス製になる。

A300（双発ワイドボディジェット）			
❶ 1969年	❷ 1972年	❸ 1974年	❹ 249機（生産終了）
❺ 53.6メートル	❻ 3052マイル	❼ 263席（2）	❽ 2－4－2
❾ JL ＜備考＞エアバスが最初に手掛けた機体で、300人乗りを目指して開発されたことからA300と名づけられ、実際にエコノミークラスだけにすると約300席配置することができる。日本では初期型が東亜国内航空に導入され、日本エアシステムを経てＪＡＬに引き継がれている			

A300-600R（双発ワイドボディジェット）			
❶ 1980年	❷ 1983年	❸ 1984年	❹ 286機
❺ 54.1メートル	❻ 4786マイル	❼ 266席（2）	❽ 2－4－2
❾ JL、KE、MU、CZ、CI、TG ＜備考＞初期型のA300の胴体を延長したタイプがA300-600で、航続性能も向上させたタイプがA300-600Rとなったが、受注を受けたのはほとんどがA300-600Rで、機数の286機というのはA300-600とA300-600Rを合計したものである			

A310（双発ワイドボディジェット）			
❶ 1978年	❷ 1982年	❸ 1983年	❹ 255機
❺ 46.7メートル	❻ 5966マイル	❼ 220席（2）	❽ 2－4－2
❾ OM、AD、BG、AI、PK ＜備考＞A300の胴体を短くし、その分の重量を燃料にあてた長距離型、座席定員が少なく、長距離性能を有していることから、需要の少ない発展途上国で多く使われているほか、現在は各国の政府専用機としても人気がある。			

A319（双発ジェット）			
❶ 1993年	❷ 1995年	❸ 1996年	❹ 637機
❺ 33.8メートル	❻ 4226マイル	❼ 124席（2）	❽ 3－3
❾ MU、CZ ＜備考＞A320の胴体を短くしたタイプで、日本の航空会社では採用されていないが中国系航空会社の機体が日本にも飛ぶ。また日本への乗り入れはないもののA319の胴体をさらに短くした100席クラスのA318も登場している			

A320（双発ジェット）			
❶ 1984年	❷ 1987年	❸ 1988年	❹ 1331機
❺ 37.6メートル	❻ 3543マイル	❼ 150席（2）	❽ 3－3
❾ NH、MU、PR、VN ＜備考＞エアバス初のナローボディ機で、旅客機としては初めて電子信号で制御するFBW（フライ・バイ・ワイヤ）の機体となった。この機体の開発でエアバスのシェアは一段と拡大する。日本ではＡＮＡがローカル便に運航する程度だが、アメリカでも大量に導入されている			

A321（双発ジェット）			
❶ 1989年	❷ 1993年	❸ 1994年	❹ 317機
❺ 44.5メートル	❻ 3480マイル	❼ 185席（2）	❽ 3－3
❾ NH、OZ、CZ ＜備考＞A320の胴体を延長した機体で、全日空が導入したが、引退が決まっていて、日本の国内線では搭乗チャンスがまもなくなくなる。しかし世界的にはポピュラーな機体で、とくにヨーロッパ内国際線などには多用されている			

A330-200（双発ワイドボディジェット）			
❶ 1995年	❷ 1997年	❸ 1998年	❹ 170機
❺ 59.0メートル	❻ 7427マイル	❼ 293席（2）	❽ 2－4－2
❾ BR、MH、SB、QR（2005年4月より）、OS、NW ＜備考＞A300の後継機で、機体サイズはA300と同じになるが、操縦系統はFBW（フライ・バイ・ワイヤ）化されている。このA330は胴体の長い-300が先に開発され、追ってA330-300の胴体を短縮したA330-200が製造され、性能的には-300より長い航続距離を誇る			

A330-300（双発ワイドボディジェット）			
❶ 1987年	❷ 1992年	❸ 1994年	❹ 149機
❺ 63.6メートル	❻ 5460マイル	❼ 335席（2）	❽ 2−4−2
❾ KE、CX、KA、CI、PR、TG、GA、QF	＜備考＞A340とともに開発され、A340が4発エンジンに対してA330は同じ機体の双発版、A330-300とA340-300は機体のサイズは同じになる。日本では導入されていないが、アジアの航空会社では多用されていて、アジア内国際線用に多く活躍する		

A340-200（4発ワイドボディジェット）			
❶ 1987年	❷ 1992年	❸ 1993年	❹ 28機
❺ 59.4メートル	❻ 9198マイル	❼ 239席（2）	❽ 2−4−2
❾ MS、OS	＜備考＞A340-300とともに開発され、A340-300より機体が短い分の重量を燃料にあてた長距離型である。機体サイズはA330-200と同じになる。長距離ノンストップ便用機材といえ、日本へはカイロからとウィーンからの直行便に使われている		

A340-300（4発ワイドボディジェット）			
❶ 1987年	❷ 1991年	❸ 1993年	❹ 207機
❺ 63.6メートル	❻ 8515マイル	❼ 295席（3）	❽ 2−4−2
❾ MU、CX、PR、TN、UL、TK、OS、LX、LH、SK、AC	＜備考＞A330-300とともに開発された長距離用機材で、A330-300はA340を双発にした機体で、機体は同じサイズだ。B747ジャンボ機に代わって主要航空会社の長距離国際線で活躍する。成田空港の暫定滑走路でも着陸できるため、長距離便の増便にも活躍している		

A340-500（4発ワイドボディジェット）			
❶ 1997年	❷ 2002年	❸ 2003年	❹ 14機
❺ 67.9メートル	❻ 9975マイル	❼ 313席（3）	❽ 2−4−2
❾ EK	＜備考＞-200、-300の発展型、強力なエンジンを装備、太いエンジンという外観上の違いもある。-500、-600が姉妹機で、-500は-600の機体を短縮、航続距離を延ばし、現在最も長い航続距離の機体。シンガポール航空ではシンガポール～ニューアーク間を直行する		

A340-600（4発ワイドボディジェット）			
❶ 1997年	❷ 2001年	❸ 2002年	❹ 36機
❺ 75.3メートル	❻ 8639マイル	❼ 380席（3）	❽ 2−4−2
❾ LH、VS	＜備考＞-200、-300の発展系で-500と姉妹機の関係、-600は最も機体が長く、B777-300を抜いて世界最長の旅客機である。イギリスのヴァージンアトランティック航空が世界に先駆けて運航し、ロンドン～成田便にも使われている		

A380-800（4発ワイドボディジェット）			
❶ 2000年	❷ 2005年予定	❸ 2006年予定	❹ 0
❺ 73.0メートル	❻ 9198マイル	❼ 555席（3）	❽ 3−4−3（メインデッキ）、2−4−2（アッパーデッキ）
❾ SQ（発注中で日本便にも運航予定）	＜備考＞開発中の総2階建て巨人機。日系航空会社の発注は今のところないが、シンガポール航空、エミレーツ航空、エールフランス、ルフトハンザドイツ航空などすでに100機以上の受注を受けている。完成するとB747を抜いて世界最大の旅客機になる		

■イリューシン（ロシア）

「イリューシン」というのは人名でこのイリューシンという航空機メーカーの創設者である技師。ちなみにロシアの航空機である「ツポレフ」「ヤコブレフ」「アントノフ」などのブランド名はすべて人名である。また旧ソ連時代に製造された機体は、社会主義国家ゆえに「ローンチ」といった概念はなかったようだ。イリューシンの機体にはIℓ-76という、軍・民両用の輸送機もあり、貨物便としては日本へも運航している。またIℓ-96の発展系には、アメリカ製エンジンを搭載した機材もある。

Iℓ-62（4発ジェット）			
❶ ——	❷ 1963年	❸ 1967年	❹ 278機（生産終了）
❺ 53.1メートル	❻ 4164マイル	❼ 132席（3）	❽ 3−3
❾ 現在はなし	＜備考＞エンジンは4基とも後部に装備、水平尾翼は垂直尾翼先端にあるT字型尾翼。イギリスのビッカーズVC-10そっくりだったため、コピーしたと罵られたが、VC-10より多くの数を生産、アエロフロート・ソ連航空時代は成田～モスクワ間もこの機体だった		

Iℓ-96-300（4発ワイドボディジェット）			
❶ ——	❷ 1988年	❸ 1993年	❹ 15機
❺ 55.4メートル	❻ 4661マイル	❼ 235席（3）	❽ 3－3－3
❾ 現在はなし <備考>冷戦時代、西側のB747、DC-10、A300などに刺激されて、旧ソ連でもIℓ-86という、ソ連製ワイドボディ機が開発されたが、その機体の胴体を短縮し、航続距離を長くしたタイプがIℓ-96になる。一時期、アエロフロート・ロシア航空がモスクワ～関西間に運航した			

■ツポレフ（ロシア）

ツポレフは旧ソ連で最も歴史ある航空機メーカーで、日本には乗り入れていないがTu-134というTu-154を双発にしたような機体もあり、こちらも500機以上が製造されたほか、世界で初めて超音速旅客機の飛行にも成功した。Tu-204シリーズは、ロシア製では唯一のFBW（フライ・バイ・ワイヤ）方式の機体、常に先進的な技術の機体を開発している。

Tu-154（3発ジェット）			
❶ ——	❷ 1968年	❸ 1971年	❹ 1015機（生産終了）
❺ 47.9メートル	❻ 2424マイル	❼ 151席（2）	❽ 3－3
❾ H8、XF、S7 <備考>西側でいえばB727に似た機体だが、主脚が3軸、主翼が通常のジェット旅客機とは逆方向に角度がついているなど特徴あるスタイルだ。現在でも極東ロシアの航空会社が日本便に運航するが、成田への乗り入れはない			
Tu-214（双発ジェット）			
❶ ——	❷ 1996年	❸ 2001年	❹ 8機
❺ 46.2メートル	❻ 2393マイル	❼ 164席（2）	❽ 3－3
❾ H8 <備考>ロシア製新鋭機で、Tu-154の後継機種、Tu-204シリーズの1機種で、欧米でいえばB757かA321に相当するスタイル・サイズになるが、大きめのウイングレットを装備、ロシア製では初めてFBW（フライ・バイ・ワイヤ）方式の操縦系統を持つ。			

■ヤコブレフ（ロシア）

Yak-40とYak-40の機体を延長したYak-42という機体を開発、小型の機体ではあるが、合計で約1300機あまりを生産している。

Yak-40（3発ジェット）			
❶ ——	❷ 1966年	❸ 1968年	❹ 1136機（生産終了）
❺ 20.4メートル	❻ 808マイル	❼ 20席	❽ 2－2
❾ XF <備考>3基のエンジンはすべて後部に装着、水平尾翼は垂直尾翼先端にあるT字尾翼。世界でも最小クラスになるジェット旅客機で、主にロシア、また旧ソ連からの独立国、キューバなどで使われた。日本でこの機体が見られるのはウラジオストック航空の富山便のみだ			

■アントノフ（ウクライナ）

旧ソ連の航空機メーカーだが、CIS（独立国家共同体）となってからは、工場などがあったキエフ、つまりウクライナの航空機メーカーとなった。An-24は小型プロペラ機であるが、このメーカーは大型輸送機が有名で、日本でもイラクへの自衛隊派兵時の物資輸送に活躍したAn-124大型輸送機が知られている。また250トンまで積載可能な6発エンジン世界最大の輸送機、An-225も開発している。

An-24（双発ターボプロップ）			
❶ ——	❷ 1994年	❸ 1995年	❹ 404機（生産終了）
❺ 23.5メートル	❻ 1865マイル	❼ 36席	❽ 2－2
❾ HZ <備考>製造当時、西側機材でいうところのフォッカーF27フレンドシップ相当の機体であった。現在でもロシアや旧ソ連からの独立国で使われているが、次第に数が少なくなっている。日本へはサハリン航空が新千歳と函館にこの機体で乗り入れる			

■BAEシステムズ（イギリス）

以前はイギリスには多くの航空機メーカーがあった。初代ジェット旅客機「コメット」を開発したデハビランド社、ジェット旅客機トライデントなどを開発したホーカーシドレー社、ジェット旅客機VC-10やプロペラ旅客機で日本でも使われたバイカウントを開発したビッカーズ社、プロペラ旅客機ヘラルドなどを開発したハンドレページ社が、フランスと超音速旅客機コンコルドを開発したBAe（ブリティッシュエアロスペース）と統合され、そのBAe が後にBAEシステムズという社名になった。しかしBAe 146の後継機であるアブロライナーもアメリカ同時多発テロの影響から生産中止になり、現在は旅客機を生産していない。またイギリスという単位で見ても、現在はジェット旅客機を生産していない。

旧ホーカーシドレー121トライデント2E（3発ジェット）			
❶ 1957年	❷ 1962年	❸ 1964年	❹ 50機（生産終了）
❺ 35.6メートル	❻ 2400マイル	❼ 103席	❽ 3－3
❾ 引退済み　＜備考＞エンジンは3機とも後部に装着、ボーイングでいうところのB727を小ぶりにしたような機体だった。世界に普及することはなかったがブリティッシュ・エアウェイズや、当時の中国民航に導入され、中国民航の機体は日本便でも使われていた			
旧ビッカーズVC-10（4発ジェット）			
❶ 1957年	❷ 1962年	❸ 1964年	❹ 55機（生産終了）
❺ 52.3メートル	❻ 4721マイル	❼ 139席（2）	❽ 3－3
❾ 引退済み　＜備考＞4基のエンジンはすべて後部に装着、T字尾翼のスタイル。失敗したコメットの名誉挽回と、イギリスで開発された初代ジェット長距離旅客機。世界に普及することはなかったが、ブリティッシュ・エアウェイズが導入、同社の日本便にも使われていた			
BAe 146-100（4発ジェット）			
❶ 1977年	❷ 1981年	❸ 1983年	❹ 219機（-100、-200、-300合計）（生産終了）
❺ 26.2メートル	❻ 1866マイル	❼ 82席	❽ 2－3
❾ 現在はなし　＜備考＞高翼スタイルで、短い滑走路でも離着陸できるほか、通常の航空機より深い角度で着陸態勢に入るので、空港近隣への騒音低減という性能にも優れていた。また空気の稀薄な高地空港での運航にも威力を発揮した。日本へは中国東方航空が運航していた			
BAe 146-300（4発ジェット）			
❶ 1977年	❷ 1987年	❸ 1989年	❹ 219機（-100、-200、-300合計）（生産終了）
❺ 31.0メートル	❻ 1404マイル	❼ 112席	❽ 2－3
❾ 現在はなし　＜備考＞BAe 146は-100に始まり、胴体を延長した-200、さらに延長した-300も登場する。-300は中国西北航空が日本へも運航していたが、同社は現在中国東方航空に統合された。機数が合計でしか表せないのは、-100型を改造した-300型などがあるため			
BAe ジェットストリームスーパー31（双発ターボプロップ）			
❶ 1981年	❷ 1982年	❸ ビジネス機として就航	❹ 380機（生産終了）
❺ 14.4メートル	❻ 805マイル	❼ 19席	❽ 1－2
❾ 現在はなし　＜備考＞通常19席程度の小型機材は、与圧装置を持っていないが、この機体は本格的な与圧装置を持ち、高空を高速で飛ぶ。日本では以前、日本航空グループのジェイ・エアが広島西を拠点に、国内ローカル便に飛んでいた			

■B-Nグループ（イギリス）

ブリテン・ノーマン社はその名の通りイギリスの航空機メーカーだが、現在はスイスのピラタス社に買収されている。なのでスイスの会社ということになるが、アイランダーを開発・製造したのはイギリスなので、ここに紹介する機材でいえばイギリス製ということになる。

BN-2アイランダー（双発レシプロ）			
❶ 1964年	❷ 1965年	❸ 1967年	❹ 1138機
❺ 10.9メートル	❻ 735マイル	❼ 9席	❽ 2
❾ NGK、琉球エアーコミューター、旭伸航空、新中央航空　＜備考＞その名の通り、離島を結ぶことなどを前提に開発された機体で、日本国内の定期便では唯一のレシプロ機、最小サイズでもある。通路はなく、自動車のように乗る。高翼、固定脚で与圧装置はない			

■フォッカー（オランダ）

オランダの老舗航空機メーカーだったが、1997年に倒産している。

F28フェローシップ（双発ジェット）			
❶ 1962年	❷ 1967年	❸ 1968年	❹ 241機（生産終了）
❺ 29.6メートル	❻ 1296マイル	❼ 60席	❽ 2－3
❾ 現在はなし　＜備考＞2基のエンジンは後部に装着、T字尾翼を持ったローカル使用の機体で、後に100席のF100、そのF100を70席にしたF70へと発展する。日本の航空会社では導入されなかったが、以前、大韓航空の地方空港発着便として運航されていた。			
F50（双発ターボプロップ）			
❶ 1983年	❷ 1985年	❸ 1987年	❹ 223機（生産終了）
❺ 25.3メートル	❻ 1277マイル	❼ 56席	❽ 2－2
❾ NV　＜備考＞以前、全日空のローカル使用にF27フレンドシップという高翼の双発ターボプロップ機があったが、その機体の後継機で、定員が約50席なのでF50と名づけられた。現在、中部拠点のエアーセントラルで運航されていて、ＡＮＡとの共同運航で成田へも飛ぶ			
F100（双発ジェット）			
❶ 1983年	❷ 1986年	❸ 1988年	❹ 277機（生産終了）
❺ 35.5メートル	❻ 1555マイル	❼ 97席（2）	❽ 2－3
❾ 現在はなし　＜備考＞F28を基本形にした機体で、100席程度の機体ということでF100と名づけられ、さらに胴体を短縮して70席程度のF70も誕生した。日本へは一時期、大韓航空と中国東方航空が、地方空港発着便に運航していた			

■ドルニエ（ドイツ）

エアバスを実際に製造しているDASA（ダイムラー・クライスラー・エアロスペース）のコミューター機部門で、Do228、Do328、そしてDo328ジェットというジェット旅客機まで開発したが、現在はアメリカで、スウェリンジェン社が開発した小型プロペラ機メトロの生産などを引き継いだフェアチャイルド社に買収されている。

Do228（双発ターボプロップ）			
❶ ——	❷ 1981年	❸ 1982年	❹ 290機（生産終了）
❺ 16.6メートル	❻ 725マイル	❼ 19席	❽ 1－1
❾ 新中央航空　＜備考＞与圧装置を持たない高翼機で、沿岸警備などに使われる用途で開発された機体なので、ローンチといった概念でもなく、ローンチした年ははっきりしない。日本では一時、日本エアコミューター、壱岐国際航空でも使われたことがある			

■サーブ（スウェーデン）

サーブ340に続いて、胴体を延長したサーブ2000も開発したが、1997年に民間機開発から撤退している。

サーブ340（双発ターボプロップ）			
❶ 1980年	❷ 1983年	❸ 1984年	❹ 456機（生産終了）
❺ 19.7メートル	❻ 1123マイル	❼ 36席	❽ 1－2
❾ 3X、NTH　＜備考＞YS-11を小ぶりにしたような機体で、胴体を延長したサーブ2000も開発され、一時はYS-11の後継機としても候補に挙がったが、現在のサーブは旅客機製造から撤退してしまった			

■ボンバルディア（カナダ）

ボンバルディアは鉄道車両などを製造するメーカーだったが、1988年にプロペラ機を製造していたデハビランド・カナダとカナディア・リージョナル・ジェット（CRJ）という小型ジェット機を製造したカナディア社を買収、カナダを代表する航空機メーカーになっているほか、小型ジェット機やプロペラ機において、世界でも大きなシェアを占める。ちなみにデハビランド・カナダ社と、以前イギリ

スで初代ジェット旅客機を開発したデハビランド社は別会社で、そのためにカナダの会社はデハビランド・カナダという名称にして混同されないようにしていた。

DHC-6ツインオター（双発ターボプロップ）			
❶ 1964年	❷ 1965年	❸ 1966年	❹ 844機（生産終了）
❺ 15.8メートル	❻ 794マイル	❼ 19席	❽ 1－2
❾ ADK ＜備考＞自家用などに使うオターという単発機があり、それを双発にしたための名称。高翼、固定脚で与圧装置なし。日本ではエアー北海道が奥尻へ運航するが引退が近い。発音的には「オッター」だが、「落ちた」に似ていることから日本での輸入代理店が「オター」にした			

DHC-8-100／200　ダッシュ8Q（双発ターボプロップ）			
❶ 1979年	❷ 1983年	❸ 1984年	❹ 394機
❺ 22.3メートル	❻ 944マイル	❼ 39席	❽ 2－2
❾ NGK、琉球エアーコミューター、天草エアライン ＜備考＞DHC-6とDHC-8の間にDHC-7という4発ターボプロップ機もあるが、4発ゆえにあまり普及せず、日本でも見られない。DHC-8はDHC-7を双発にした高翼機で、フォッカーやサーブがターボプロップ機の製造を行わなくなった現在、プロペラ機の代表格だ			

DHC-8-300　ダッシュ8Q（双発ターボプロップ）			
❶ 1985年	❷ 1987年	❸ 1989年	❹ 211機
❺ 25.7メートル	❻ 956マイル	❼ 56席	❽ 2－2
❾ EH ＜備考＞DHC-8-100の胴体を延長したタイプで、この機体の登場によりYS-11の後継機がDHC-8にかたまった。ちなみにDHC-8のエンジンは主翼にあるが、尾翼はすべてT字尾翼のスタイルだ。北海道内路線や羽田～大島間などを飛んでいる			

DHC-8-400　ダッシュ8Q（双発ターボプロップ）			
❶ 1995年	❷ 1998年	❸ 2000年	❹ 87機
❺ 32.8メートル	❻ 1492マイル	❼ 74席	❽ 2－2
❾ 3X、EH、NV ＜備考＞DHC-8-300の胴体をさらに延長したタイプで、現在普及しているプロペラ機としては最も大きいタイプになり、YS-11よりも大きく、日本国内では、ＪＡＬ系列、ＡＮＡ系列ともに導入、路線によってはジェット便だった路線をプロペラ機に置き換えている			

CRJ100／200（双発ジェット）			
❶ 1989年	❷ 1991年	❸ 1992年	❹ 979機
❺ 26.8メートル	❻ 1892マイル	❼ 50席	❽ 2－2
❾ ジェイ・エア、FW ＜備考＞CRJはカナディア・リージョナル・ジェットの略で、その名の通り地域のジェット機。従来50席はプロペラ機の守備範囲だったが、低燃費・低騒音エンジンでジェット便を実現した。欧米では何十機単位で運航する航空会社が増えたが、日本ではまだまだ少数派だ			

■日本航空機製造（日本）

YS-11プログラムのために組織された。実際の航空機生産は三菱重工や川崎重工業、富士重工などが行ったので、日本航空機製造はまとめ役という形だ。そのためYS-11の開発、生産が終わると同時に、日本航空機製造も解体された。

YS-11（双発ターボプロップ）			
❶ 1959年	❷ 1962年	❸ 1965年	❹ 182機（生産終了）
❺ 26.3メートル	❻ 677マイル	❼ 64席	❽ 2－2
❾ 3X ＜備考＞日本が独自に開発した唯一の旅客機で、日系各社で使われていたが、まもなく日本の空から引退、現在は日本エアコミューターの離島便などに残るのみとなった。海外に輸出された機体はもう少し現役で飛びそうである			

空港一覧［1978年(成田空港開港年)以降に日本から直行便、経由便が飛んだ都市］

●都市名、カッコ内は空港名
❶＝位置する国や地域　❷＝都市コード（あれば空港コード）　❸＝成田からのマイル数
❹＝市内からの距離　❺＝日本からの直行便を運航する航空会社
❻＝直行便がある日本の都市

ソウル（仁川）			
❶ 大韓民国	❷ SEL(空港コードはICN)	❸ 721マイル	❹ 50キロ
❺ JL、NH、KE、OZ、UA、NW	❻ 新千歳、青森、秋田、仙台、福島、成田、新潟、富山、小松、中部、関西、岡山、米子、広島、高松、松山、福岡、長崎、大分、熊本、宮崎、鹿児島、沖縄		
<備考>ソウル郊外の仁川市沖の島と島の間を埋め立てて建設、平行滑走路2本で2001年に開港したが、最終的には滑走路は4本建設できる。現在アクセス鉄道も建設中			
ソウル（金浦）			
❶ 大韓民国	❷ SEL(空港コードはGMP)	❸ 721マイル(羽田から)	❹ 26キロ
❺ JL、NH、KE、OZ	❻ 羽田		
<備考>2本の平行滑走路があり、以前は韓国の玄関口だった。仁川空港開港後国内線のみの空港になったが、羽田への国際線が運航されるようになった。地下鉄5号線が乗り入れる			
大邱			
❶ 大韓民国	❷ TAE	❸ ——	❹ 3キロ
❺ 現在はなし	❻ 現在はなし		
<備考>以前は関西との間に大韓航空の直行便があったが、現在の国際線は中国便のみとなっている			
釜山（金海）			
❶ 大韓民国	❷ PUS	❸ 599マイル	❹ 28キロ
❺ JL、KE、OZ、NW	❻ 成田、中部、関西、福岡		
<備考>国際線と国内線ターミナルがあり、その間は無料バスが結ぶ。日本以外では、中国、香港、台湾、タイ、マレーシア、極東ロシアへの国際線がある			
済州島			
❶ 大韓民国　済州道	❷ CJU	❸ 769マイル	❹ 市内にある
❺ KE、OZ	❻ 成田、中部、関西、福岡		
<備考>空港は東シナ海沿いにある。南国ムード溢れる空港で、かつては韓国人ハネムーナーでもにぎわった。滑走路は2本。日本以外では中国、台湾、タイへの国際線がある			
北京（首都）			
❶ 中華人民共和国　華北区北京市	❷ BJS（空港コードはPEK）	❸ 1309マイル	❹ 25キロ
❺ JL、NH、CA、MU、PK、IR、NW	❻ 成田、中部、関西、福岡		
<備考>2本の平行滑走路を有し、1999年に新ターミナルが完成。中国国際航空が拠点にするが、さらに2008年の北京オリンピックに向けて改築される			
天津（濱海）			
❶ 中華人民共和国　華北区天津市	❷ TSN	❸ 1107マイル(中部から)	❹ 18キロ
❺ JL	❻ 中部		
<備考>天津市は北京に程近く、広い中国からすれば北京の郊外といった感覚で、日本からは中部としか結ばれていない空港。以前は中国国際航空の直行便もあった			
瀋陽（桃仙）			
❶ 中華人民共和国　東北区遼寧省	❷ SHE	❸ 966マイル	❹ 10キロ
❺ NH、CZ	❻ 新千歳、成田、関西、福岡		
<備考>以前の中国北方航空が拠点にする空港で、現在は合併した中国南方航空の便が多い。日本以外では、韓国、ロシア、そして北朝鮮との間にも定期便がある			
大連（周水子）			
❶ 中華人民共和国　東北区遼寧省	❷ DLC	❸ 1023マイル	❹ 11キロ
❺ JL、NH、CA、CZ	❻ 仙台、成田、富山、中部、関西、広島、福岡		
<備考>日本との結びつきの深い都市で、成田からは4社が飛ぶ。韓国、極東ロシアへの国際線も飛ぶが、国際線では日本便が圧倒的に多い			

長春（大房身）			
❶中華人民共和国　東北区吉林省	❷CGQ	❸975マイル	❹11キロ
❺CZ	❻仙台、成田		
＜備考＞日本との間に最初に定期便が飛んだのは仙台で、その後に成田への定期便も開設された。日本以外ではソウルとの間に国際定期便が飛び、こちらは2社が毎日飛ぶ			

ハルビン（太平）			
❶中華人民共和国　東北区黒龍江省	❷HRB	❸833マイル（新潟から）	❹35キロ
❺CZ	❻新潟		
＜備考＞成田からも関西からも定期便がないのに、日本では新潟からのみ定期便が飛ぶ。日本から定期便が飛ぶ中国の都市では最も北に位置し、極東ロシアへの便も多い			

上海（浦東）			
❶中華人民共和国　華東区上海市	❷PVG	❸1092マイル	❹30キロ
❺JL、NH、CA、MU、FM、NW	❻新千歳、仙台、福島、成田、新潟、中部、小松、関西、岡山、広島、松山、福岡、長崎、大分、鹿児島、沖縄		
＜備考＞1999年開港。東シナ海沿いの湿地に建設、最終的には4本の滑走路を有する空港になる。市内とのアクセス交通には世界で初めて浮上式リニアモーターカーが採用された			

上海（虹橋）			
❶中華人民共和国　華東区上海市	❷SHA	❸——	❹12キロ
❺現在はなし	❻現在はなし		
＜備考＞浦東空港が開港するまでは上海の玄関口だったが、現在は国内線の一部が残るのみとなった			

南京（碌口）			
❶中華人民共和国　華東区江蘇省	❷NKG	❸976マイル（関西から）	❹15キロ
❺MU	❻関西		
＜備考＞国際線は関西とソウル便があるのみ、上海に近いため、上海への国内便はなく、成田から南京へアクセスするには北京乗り継ぎが一般的だ			

杭州（蕭山）			
❶中華人民共和国　華東区浙江省	❷HGH	❸1187マイル	❹15キロ
❺JL、NH	❻成田、関西		
＜備考＞2004年から日本と杭州の間は2社が直行便を飛ばすようになった。日本以外ではソウル、バンコク、シンガポールへ国際線がある			

福州（長楽）			
❶中華人民共和国　華東区福建省	❷FOC	❸——	❹11キロ
❺現在はなし	❻現在はなし		
＜備考＞以前は中国東方航空が関西から直行便を運航、現在は上海経由			

厦門（高崎）			
❶中華人民共和国　華東区福建省	❷XMN	❸1500マイル	❹14キロ
❺JL、NH、MF	❻成田、関西		
＜備考＞厦門航空が拠点にする空港。日本からは日系航空会社が2社乗り入れ、厦門航空は関西に乗り入れる			

青島（流亭）			
❶中華人民共和国　華東区山東省	❷TAO	❸1082マイル	❹32キロ
❺JL、NH、MU	❻成田、関西、福岡		
＜備考＞海上交通の要衝でもあり、下関、仁川へのフェリーも出る。ソウルとの結びつきが深く、青島～ソウル間は2社が毎日4便飛ぶ			

煙台			
❶中華人民共和国　華東区山東省	❷YNT	❸808マイル（関西から）	❹16キロ
❺MU	❻関西		
＜備考＞山東半島の先端近くにある。国際線は関西とソウル便のみが発着だが、ソウル便は1日2～3便飛ぶ			

武漢（天河）			
❶中華人民共和国　中南区湖北省	❷WUH	❸——	❹5キロ
❺現在はなし	❻現在はなし		
＜備考＞以前、中国東方航空が関西から、中国南方航空が福岡から直行便を運航していた			

広州（新白雲）			
❶中華人民共和国　中南区広東省	❷CAN	❸1804マイル	❹28キロ
❺JL、CZ、NW	❻成田、中部、関西、福岡		
＜備考＞中国南方航空が拠点にし、2004年に新空港になった。ＪＡＬも運航するが、この路線は旧日本エアシステムが開設しＪＡＬが受け継いだ路線だ			

広州（白雲、現在はなし）			
❶中華人民共和国　中南区広東省	❷――	❸――	❹――
❺現在はなし	❻現在はなし		
＜備考＞2004年に新白雲空港が開港するまでの広州空港だったが、新空港開業と同時に、すべての発着が新空港に移り廃止された			

海口（美蘭）			
❶中華人民共和国　中南区海南省	❷HAK	❸1830マイル（関西から）	❹市内にある
❺HU	❻関西		
＜備考＞海南島の都市、2004年に日本との直行便が開設された。リゾート島としての需要も高まってきている。関西以外ではバンコクへの国際線がある			

重慶（江北）			
❶中華人民共和国　西南区重慶市	❷CKG	❸――	❹23キロ
❺現在はなし	❻現在はなし		
＜備考＞以前は中国西南航空が日本との間に直行便を運航していたが、中国国際航空と統合されたことによって、直行便はなくなり北京乗り継ぎになった			

成都（双流）			
❶中華人民共和国　西南区四川省	❷CTU	❸――	❹17キロ
❺現在はなし	❻現在はなし		
＜備考＞チベット方面へのゲートウェイで、四川航空の拠点。以前は中国西南航空が直行便を運航していたが、中国国際航空と統合され、北京乗り継ぎになった			

昆明（巫家壩）			
❶中華人民共和国　西南区雲南省	❷KMG	❸――	❹8キロ
❺現在はなし	❻現在はなし		
＜備考＞以前、中国東方航空が関西からの直行便を運航していた少数民族地域へのゲートウェイ。以前は中国雲南航空の拠点だが中国東方航空との統合で、拠点機能は薄くなった。空港の海抜は1895メートル			

西安（咸陽）			
❶中華人民共和国　西北区陝西省	❷SIA（空港コードはXIY）	❸1744マイル	❹50キロ
❺JL	❻成田		
＜備考＞シルクロード観光のゲートウェイ。以前は中国西北航空の拠点だったが、中国東方航空との統合で、拠点機能は薄らいでいる			

桂林（両江）			
❶中華人民共和国　広西壮族自治区	❷KWL	❸――	❹12キロ
❺現在はなし	❻現在はなし		
＜備考＞以前、中国南方航空が福岡～桂林直行便を運航した時期があった			

香港（チェクラプコク）			
❶中華人民共和国　香港特別行政区	❷HKG	❸1790マイル	❹34キロ
❺JL、NH、CX、KA、AI、UA、NW	❻新千歳、成田、中部、関西、福岡		
＜備考＞1998年開港、ランタオ島北部を埋め立てた海上空港で滑走路は平行な2本、ターミナル内には新交通システムも行き来する。香港中心街とは高速鉄道で結ばれている			

香港（啓徳、現在はなし）			
❶中華人民共和国　香港特別行政区	❷――	❸――	❹――
❺現在はなし	❻現在はなし		
＜備考＞チェクラプコク空港が開港するまでの香港の玄関口で、市街地にあり、地形の関係で、航空機がカーブしながらビルをかすめて着陸する通称「香港カーブ」が有名だった			

台北（中正）			
❶ 台湾	❷ TPE	❸ 1309マイル	❹ 46キロ
❺ EG、EL、CI、BR、CX、UA、NW	❻ 新千歳、仙台、成田、中部、関西、広島、福岡、沖縄		
<備考> 2つのターミナルは新交通システムで結ばれている。滑走路は平行な3本、国際線専用空港で、国内線は1便も発着しない。桃園市にあることから桃園、また蒋介石空港とも呼ぶ			
高雄（小港）			
❶ 台湾	❷ KHH	❸ 1475マイル	❹ 11キロ
❺ EG（台北経由）	❻ 成田（台北経由）		
<備考> 滑走路を2本有し、国際線と国内線ターミナルが隣接する。以前は日本アジア航空やノースウエスト航空の直行便で結ばれていた時期もあったが、現在はすべて台北経由になった			
ウランバートル（ボヤントオハー）			
❶ モンゴル国	❷ ULN	❸ 1876マイル	❹ 15キロ
❺ OM	❻ 成田、関西		
<備考> 冬季は厳冬で需要が減るため、関西便が飛ぶのは夏季のみ、成田便も冬季は減便され、ソウルや北京経由で運航される。海抜は1330メートルある			
マニラ（ニノイアキノ）			
❶ フィリピン共和国　ルソン島	❷ MNL	❸ 1867マイル	❹ 12キロ
❺ JL、PR、TG、NW	❻ 成田、中部、関西、福岡、沖縄		
<備考> 2本の滑走路、国際線、国内線、そしてフィリピン航空専用（国際・国内とも）の3ターミナルがあり、それぞれは離れている。出稼ぎ需要のため香港便や中東便が多い			
セブ（マクタン）			
❶ フィリピン共和国　セブ島	❷ CEB	❸ 2014マイル	❹ 8キロ
❺ PR	❻ 成田		
<備考> セブ島の空港ながら、正確にはセブ本島脇にあるマクタン島にある。以前は関西からも直行便があったが、現在の日本からの便は成田からのみ			
バンダルスリブガワン			
❶ ブルネイダルサラーム国	❷ BWN	❸ ——	❹ 5キロ
❺ 現在はなし	❻ 現在はなし		
<備考> 以前は、関西へロイヤル・ブルネイ航空の直行便があったが、現在は日本との直行便はない。しかし同社はロンドンへ毎日便を飛ばすなど、国際線運航には積極的である			
ホーチミン（タンソンニエット）			
❶ ベトナム社会主義共和国	❷ SGN	❸ 2690マイル	❹ 7キロ
❺ JL、NH、VN	❻ 成田、関西、福岡		
<備考> 旧南ベトナムの都市で、サイゴンと呼ばれていることから3レターがSGN。滑走路は平行な2本。首都はハノイだが、国際線の多くはホーチミンから運航する			
ハノイ（ノイバイ）			
❶ ベトナム社会主義共和国	❷ HAN	❸ 2278マイル	❹ 45キロ
❺ JL、VN	❻ 成田、関西		
<備考> 旧北ベトナムの都市で、2001年に新ターミナルが完成した。ベトナムの空の玄関口はホーチミンだが、ホーチミン、ハノイ双方に運航する海外の航空会社が増えた			
ヤンゴン			
❶ ミャンマー連邦	❷ RGN	❸ ——	❹ 19キロ
❺ 現在はなし	❻ 現在はなし		
<備考> 以前、全日空が関西から直行便を運航していた時期がある。現在はタイ国際航空などを使ってバンコク乗り継ぎでアクセスするのが一般的である。3レターのＲＧＮはラングーンから。			
バンコク（ドンムアン）			
❶ タイ王国	❷ BKK	❸ 2849マイル	❹ 32キロ
❺ JL、JO、NH、TG、SQ、BG、AI、UA、NW	❻ 成田、中部、関西、福岡		
<備考> 平行滑走路2本、隣接した2つの国際線ターミナルと国内線ターミナルがある。鉄道駅もあるが本数が少なく不便。新空港を建設中で、完成すると空の玄関は新空港に移転する			

プーケット			
❶ タイ王国	❷ HKT	❸ 3228マイル	❹ 35キロ
❺ TG	❻ 成田、関西		
<備考>成田、関西からの直行便はあるが、日本へはバンコク経由。リゾート地として世界的に人気があり、ヨーロッパからのチャーター便も数多く運航される			
チェンマイ			
❶ タイ王国	❷ CNX	❸ 2737マイル	❹ 6キロ
❺ TG	❻ 成田		
<備考>成田からの直行便はあるが、成田へはバンコク経由。少数民族などが住むタイ北部へのゲートウェイになる			
クアラルンプール（セパン）			
❶ マレーシア　スランゴール州	❷ KUL	❸ 3308マイル	❹ 50キロ
❺ JL、MH	❻ 成田、中部、関西、福岡		
<備考>1998年開港、国内線と国際線サテライトは新交通システムが往復、平行滑走路2本で5本まで建設可能。国際線サテライト内に本格的ホテルもある。市内へは高速鉄道がある			
クアラルンプール（スバン）			
❶ マレーシア　スランゴール州	❷ SZB	❸ ――	❹ 22キロ
❺ 現在はなし	❻ 現在はなし		
<備考>セパン空港が開港するまではマレーシアの空の玄関口だった。その後一部の国内線が残ったが、現在は定期旅客便の発着はなく、主に軍が使用している			
ペナン			
❶ マレーシア　ペナン州	❷ PEN	❸ ――	❹ 21キロ
❺ 現在はなし	❻ 現在はなし		
<備考>以前はマレーシア航空に成田、中部、関西からの直行便があったが、現在はクアラルンプール直行になった。現在は乗り継ぎでしかアクセスできない			
ランカウイ（パダンマシラット）			
❶ マレーシア　プルリス州	❷ LGK	❸ ――	❹ 15キロ
❺ 現在はなし	❻ 現在はなし		
<備考>リゾート開発されている島にある。以前はマレーシア航空が関西からの直行便を運航していたが、現在はクアラルンプール乗り継ぎでのアクセスになる			
コタキナバル			
❶ マレーシア　サバ州	❷ BKI	❸ 2547マイル	❹ 7キロ
❺ MH	❻ 成田、関西		
<備考>ボルネオ島観光のゲートウェイになる。マレーシア航空のクアラルンプール行きの一部が寄港するスタイルで運航する			
クチン			
❶ マレーシア　サラワク州	❷ KCH	❸ ――	❹ 15キロ
❺ 現在はなし	❻ 現在はなし		
<備考>以前、マレーシア航空が成田から直行便を運航していたが、現在はコタキナバルかクアラルンプール乗り継ぎでのアクセスになる			
シンガポール（チャンギ）			
❶ シンガポール共和国	❷ SIN	❸ 3307マイル	❹ 20キロ
❺ JL、NH、SQ、UA、NW	❻ 成田、中部、関西、福岡		
<備考>空港内にプールや回転寿司があるなど人気が高い。2つのターミナルがあり、新交通システムで結ばれている。滑走路は平行な2本、地下鉄も乗り入れる			
ジャカルタ（チェンカレン）			
❶ インドネシア共和国　ジャワ島	❷ JKT（空港コードはCGK）	❸ 3593マイル	❹ 30キロ
❺ JL	❻ 成田、関西		
<備考>2本の平行滑走路、2つのターミナルを持つ。ターミナルは航空会社や方面などによって6つのセクションからなり、イスラム巡礼便専用の部分もある			

デンパサール（ウングラライ）			
❶インドネシア共和国　バリ島	❷DPS	❸3462マイル	❹13キロ
❺JL、GA、AD	❻成田、中部、関西、福岡（2005年3月より）		
＜備考＞国際線と国内線ターミナルが隣接、滑走路は海に突き出ている。日本からインドネシアへの渡航者の多くはバリ島へのリゾート客のため、首都ジャカルタへより直行便が多い			
グアム（アガナフィールド）			
❶アメリカ合衆国領グアム	❷GUM	❸1565マイル	❹5キロ
❺JO、NH、NW、CO	❻新千歳、仙台、成田、新潟、中部、関西、岡山、広島（2005年4月より）、福岡		
＜備考＞2本の平行滑走路があり、コンチネンタル航空のミクロネシア便が拠点にする。同社を使えばグアム乗り継ぎでデンパサールやケアンズへも便利である			
サイパン			
❶北マリアナ諸島	❷SPN	❸1466マイル	❹5キロ
❺JO、NW	❻成田、中部、関西		
＜備考＞ミクロネシア内のフライトを除くと、国際線で圧倒的な数を占めるのが日本便で、日本以外ではソウル、香港、マニラへの国際線がある			
ナウル			
❶ナウル共和国	❷INU	❸——	❹市内にある
❺現在はなし	❻現在はなし		
＜備考＞以前、ナウル航空がグアム経由で鹿児島と沖縄に乗り入れていたことがある。現在はグアムへも乗り入れておらず、国際線のメインはオーストラリア便である			
ナンディ			
❶フィジー諸島共和国	❷NAN	❸4438マイル	❹8キロ
❺FJ	❻成田		
＜備考＞首都はスバで、スバにも空港があるが、国際線の玄関はナンディになる。以前は関西からの直行便、ニュージーランド航空の日本便も寄港していた			
ヌーメア（トントゥータ）			
❶フランス領ニューカレドニア	❷NOU	❸4366マイル	❹48キロ
❺SB	❻成田、関西		
＜備考＞国際線専用の空港で、国内線は別の空港を発着する。南太平洋の島ではあるが、ヌーメアへ飛ぶ日本便は日本〜フランス間の協定による			
パペーテ（ファアア）			
❶フランス領ポリネシア　タヒチ島	❷PPT	❸5895マイル	❹6キロ
❺TN	❻成田、関西		
＜備考＞フランスへの便ということになり、日本〜ニューカレドニア間と同じ形態になる。本国フランスのパリへも多くのフライトがあるが、直行はできずロサンゼルスを経由する			
オークランド			
❶ニュージーランド　北島	❷AKL	❸5490マイル	❹22キロ
❺NZ	❻成田、中部、関西		
＜備考＞ニュージーランドへの国際線が最も多く乗り入れる。国際線と国内線ターミナルがあり、無料バスが結ぶ。以前は日本航空も乗り入れていた			
クライストチャーチ			
❶ニュージーランド　南島	❷CHC	❸5843マイル	❹10キロ
❺NZ	❻成田、関西		
＜備考＞ニュージーランドの観光地が南島に多いことから、日本からの直行便が多い。しかし日本への便はすべてオークランドを経由する。滑走路は2本、海抜1130メートル			
ポートモレスビー（ジャクソンズ）			
❶パプアニューギニア	❷POM	❸3154マイル	❹8キロ
❺PX	❻成田		
＜備考＞2本の平行滑走路を持つ。以前は関西からの便であったが、現在は成田からの週1便で結ばれている。国際線はマニラ、シンガポール、オーストラリアへ飛ぶ			

<table>
<tr><th colspan="4">シドニー（キングスフォードスミス）</th></tr>
<tr><td>❶ オーストラリア ニューサウスウエールズ州</td><td>❷ SYD</td><td>❸ 4864マイル</td><td>❹ 8キロ</td></tr>
<tr><td colspan="2">❺ JL、QF</td><td colspan="2">❻ 成田、関西</td></tr>
<tr><td colspan="4"><備考>国際線と国内線ターミナルが離れている。滑走路は3本で内2本は平行。国際線、国内線ターミナルともに鉄道でアクセスできる</td></tr>
<tr><th colspan="4">メルボルン（タラマリン）</th></tr>
<tr><td>❶ オーストラリア　ヴィクトリア州</td><td>❷ MEL</td><td>❸ 5081マイル</td><td>❹ 22キロ</td></tr>
<tr><td colspan="2">❺ QF</td><td colspan="2">❻ 成田</td></tr>
<tr><td colspan="4"><備考>オーストラリアの空港としては珍しく国際線と国内線が同じターミナルを発着、滑走路は2本、日本からのオーストラリア便はリゾート地へが多いが、メルボルンへはヨーロッパ系が多く乗り入れる</td></tr>
<tr><th colspan="4">ブリスベン</th></tr>
<tr><td>❶ オーストラリア　クイーンズランド州</td><td>❷ BNE</td><td>❸ 4442マイル</td><td>❹ 9キロ</td></tr>
<tr><td colspan="2">❺ JL</td><td colspan="2">❻ 成田、関西</td></tr>
<tr><td colspan="4"><備考>国際線と国内線ターミナルが別にある。滑走路は2本。市内やゴールドコーストから鉄道でアクセスできる</td></tr>
<tr><th colspan="4">ケアンズ</th></tr>
<tr><td>❶ オーストラリア クイーンズランド州</td><td>❷ CNS</td><td>❸ 3652マイル</td><td>❹ 4キロ</td></tr>
<tr><td colspan="2">❺ QF、AO</td><td colspan="2">❻ 新千歳、成田、中部、関西、福岡</td></tr>
<tr><td colspan="4"><備考>国内線と国際線ターミナルがある。日本からの直行便が多いが、ゲートウェイの役割を果たしており、ケアンズで乗り継いでオーストラリア各地に接続便が出る</td></tr>
<tr><th colspan="4">アデレード</th></tr>
<tr><td>❶ オーストラリア サウスオーストラリア州</td><td>❷ ADL</td><td>❸ ——</td><td>❹ 6キロ</td></tr>
<tr><td colspan="2">❺ 現在はなし</td><td colspan="2">❻ 現在はなし</td></tr>
<tr><td colspan="4"><備考>以前、カンタス航空に成田からの直行便があったが、現在の国際線は東南アジア方面だけになっている</td></tr>
<tr><th colspan="4">パース</th></tr>
<tr><td>❶ オーストラリア ウエストオーストラリア州</td><td>❷ PER</td><td>❸ 4918マイル</td><td>❹ 20キロ</td></tr>
<tr><td colspan="2">❺ QF</td><td colspan="2">❻ 成田</td></tr>
<tr><td colspan="4"><備考>国内線と国際線ターミナルがあり、滑走路は2本。日系航空会社の乗り入れはないが、東南アジアの航空会社はほとんどが乗り入れる</td></tr>
<tr><th colspan="4">ダーウィン</th></tr>
<tr><td>❶ オーストラリア　ノーステリトリー</td><td>❷ DRW</td><td>❸ ——</td><td>❹ 13キロ</td></tr>
<tr><td colspan="2">❺ 現在はなし</td><td colspan="2">❻ 現在はなし</td></tr>
<tr><td colspan="4"><備考>以前、カンタス航空に成田からの直行便があったが、現在のアクセス方法はケアンズで乗り継ぐか、インドネシアのバリ島で乗り継ぐなどの方法になった</td></tr>
<tr><th colspan="4">ダッカ（ツィア）</th></tr>
<tr><td>❶ バングラデシュ人民共和国</td><td>❷ DAC</td><td>❸ 4924マイル</td><td>❹ 20キロ</td></tr>
<tr><td colspan="2">❺ BG（バンコク経由）</td><td colspan="2">❻ 成田（バンコク経由）</td></tr>
<tr><td colspan="4"><備考>日本とは、成田からのビーマン・バングラデシュ航空が運航する週1便によって結ばれている。ダッカからの国際線は出稼ぎ需要の多いシンガポールや中東湾岸諸国へが多い</td></tr>
<tr><th colspan="4">カトマンズ（トリビューバン）</th></tr>
<tr><td>❶ ネパール王国</td><td>❷ KTM</td><td>❸ 2966マイル（関西から）</td><td>❹ 6キロ</td></tr>
<tr><td colspan="2">❺ RA（上海経由）</td><td colspan="2">❻ 関西（上海経由）</td></tr>
<tr><td colspan="4"><備考>海抜1338メートルにある。多くの便で乗り入れるのはタイ国際航空、インディアンエアラインズ、カタール航空などで、バンコク、デリー、ドーハには毎日便がある</td></tr>
<tr><th colspan="4">デリー（インディラガンジー）</th></tr>
<tr><td>❶ インド　ハリヤーナー州</td><td>❷ DEL</td><td>❸ 3635マイル</td><td>❹ 21キロ</td></tr>
<tr><td colspan="2">❺ JL、AI</td><td colspan="2">❻ 成田、関西（香港経由）</td></tr>
<tr><td colspan="4"><備考>国際線ターミナルと国内線ターミナルがあり、インディラガンジー空港と呼ぶのは国際線ターミナルで、国内線ターミナルはパーラム空港と呼ぶ。滑走路は平行な2本がある</td></tr>
</table>

ムンバイ（サハール）			
❶ インド　マハーラーシュトラ州	❷ BOM	❸ 4180マイル	❹ 37キロ
❺ AI（経由便）	❻ 成田（デリー、またはバンコク、デリー経由）、関西（香港、デリー経由）		
<備考>滑走路は2本、エア・インディアの拠点になる空港で、以前は全日空が日本から直行便を運航していた時期もある。3レターのBOMは、以前の「ボンベイ」から			
コルカタ（チャンドラボース）			
❶ インド　西ベンガル州	❷ CCU	❸ ——	❹ 27キロ
❺ 現在はなし	❻ 現在はなし		
<備考>2本の平行滑走路を持つ。以前はエア・インディアに成田発バンコク経由コルカタ便があったが、現在はムンバイ乗り継ぎ。3レターのCCUは、以前の「カルカッタ」から			
コロンボ（バンダラナイケ）			
❶ スリランカ民主社会主義共和国	❷ CMB	❸ 4259マイル	❹ 30キロ
❺ UL	❻ 成田		
<備考>スリランカには国内線がなく、発着するのはすべて国際便、ターミナルビルにはシャワー設備などもあるが、ボーディングブリッジはなく、すべてタラップを使う			
マーレ			
❶ モルディブ共和国	❷ MLE	❸ 4720マイル	❹ 2キロ
❺ UL	❻ 成田		
<備考>無数の小島からなるが、空港がある島は空港設備しかないという異色の空港。首都マーレの島やリゾートの島にも船でアクセスする。高級リゾートへはヘリコプターも飛ぶ			
カラチ（カエーデアザム）			
❶ パキスタンイスラム共和国	❷ KHI	❸ 4298マイル	❹ 16キロ
❺ PK（北京、イスラマバード経由）	❻ 成田（北京、イスラマバード経由）		
<備考>2本の平行滑走路を持ち、ターミナルは2つのサテライトがあり、国際線と国内線で使い分けている。パキスタン航空の拠点でもある			
イスラマバード			
❶ パキスタンイスラム共和国	❷ ISB	❸ 3713マイル	❹ 8キロ
❺ PK（北京経由）	❻ 成田（北京経由）		
<備考>パキスタン航空の拠点はカラチだが、首都へはイスラマバードが近く、北部の山岳観光客のゲートウェイになるのもイスラマバードで、日本からの便はまずここに到着する			
タシケント（ボストチニ）			
❶ ウズベキスタン共和国	❷ TAS	❸ 3724マイル	❹ 3キロ
❺ HY	❻ 成田、関西		
<備考>2本の平行滑走路を持ち、2本とも4000メートル級と長い。成田空港では短い滑走路からの離陸のため、往路は必ず関西経由にし、関西で燃料をたくさん積んで飛ぶ			
テヘラン（メフラバード）			
❶ イランイスラム共和国	❷ THR	❸ 4765マイル	❹ 11キロ
❺ IR（ソウルまたは北京経由）	❻ 成田（ソウル、または北京経由）		
<備考>海抜1210メートルにある。以前は成田からの直行便と北京経由便だったが、現在は北京かソウル経由で、直行便はなくなっている			
バグダッド			
❶ イラク共和国	❷ BGW	❸ ——	❹ 20キロ
❺ 現在はなし	❻ 現在はなし		
<備考>現在は機能していないが、2本の平行滑走路を持つ中東有数の空港だった。以前はイラク航空定期便が日本から飛び、サダムフセイン空港と呼び、空港コードもSDMだった			
クウェート			
❶ クウェート国	❷ KWI	❸ ——	❹ 22キロ
❺ 現在はなし	❻ 現在はなし		
<備考>2本の平行滑走路を持つ。以前、日本からヨーロッパへの南回り便があった頃、日本航空やスカンジナビア航空が寄港地にしていた			

ドバイ			
❶アラブ首長国連邦	❷DXB	❸4710マイル（関西から）	❹5キロ
❺EK	❻関西		
＜備考＞2本の平行滑走路を持つ。エミレーツ航空が日本に乗り入れたことで、日本からの中近東へのゲートウェイ空港の役割を果たす。免税店が充実していることでも有名である			

ドーハ			
❶カタール国	❷DOH	❸――	❹8キロ
❺QR（2005年4月から）	❻関西（2005年4月から）		
＜備考＞エミレーツ航空に続いて、中東湾岸諸国から2社目のカタール航空が日本に乗り入れる。これによりドバイに続いてドーハもこの地域のゲートウェイになる			

バーレーン			
❶バーレーン国	❷BAH	❸――	❹7キロ
❺現在はなし	❻現在はなし		
＜備考＞アラビア半島とは橋でつながった島国、以前日本航空に南回りヨーロッパ便があった頃、寄港地にしていた			

イスタンブール（アタチュルク）			
❶トルコ共和国	❷IST	❸5565マイル	❹24キロ
❺TK	❻成田		
＜備考＞国際線と国内線ターミナルは別。日本便の到着が夜なので同日接続はできないが、中近東、旧ソ連からの独立国などへのゲートウェイだ。空港には地下鉄が乗り入れる			

カイロ			
❶エジプトアラブ共和国	❷CAI	❸5932マイル	❹24キロ
❺MS	❻成田、関西		
＜備考＞エジプト航空は日本へ乗り入れるアフリカ唯一の航空会社。ターミナルは2つあり、航空会社によって異なる。滑走路は平行なものが2本ある			

ルクソール			
❶エジプトアラブ共和国	❷LXR	❸5880マイル	❹10キロ
❺MS	❻関西		
＜備考＞ナイル川上流の観光都市で、遺跡が多い。2004年から始まった路線で、復路はカイロから関西直行便になる			

ヨハネスブルク（ヤンスマッツ）			
❶南アフリカ共和国	❷JNB	❸――	❹22キロ
❺現在はなし	❻現在はなし		
＜備考＞滑走路3本、内2本が平行、海抜1694メートル。以前、南アフリカ航空が関西～バンコク～ヨハネスブルク便を運航していたが、現在は日本に近いところでは香港までの運航			

モスクワ（シェレメチェボ）			
❶ロシア連邦	❷MOW（空港コードはSVO）	❸4653マイル	❹26キロ
❺JL、SU	❻成田		
＜備考＞平行滑走路2本、ターミナルは国際線と国内線で分かれていて、滑走路を挟んで反対側。しかし旧ソ連からの独立国へのフライトも国内線ターミナルに発着する			

サンクトペテルブルク（プルコボ）			
❶ロシア連邦	❷LED	❸――	❹17キロ
❺現在はなし	❻現在はなし		
＜備考＞2本の平行滑走路を持つ。以前、アエロフロート・ロシア航空が成田からの直行便を運航していた時期があったが、現在はモスクワ乗り継ぎになる。3レターのLEDはレニングラードから			

ハバロフスク（ノブイ）			
❶ロシア連邦	❷KHV	❸757マイル（新潟から）	❹11キロ
❺H8	❻青森、新潟		
＜備考＞2本の平行滑走路を持つ。以前から新潟との間に定期便があり、日本航空も運航していた時期もある。しかし成田や関西へは定期便が飛んだことはない			

ウラジオストック			
❶ ロシア連邦	❷ VVO	❸ 523マイル（新潟から）	❹ 50キロ
❺ XF	❻ 新潟、富山、関西		
<備考>関西からの便があるのは夏季のみだが、新潟、富山へは通年運航している。極東ロシアの航空会社は、旧アエロフロート・ソ連航空から分社した形だ			

イルクーツク			
❶ ロシア連邦	❷ IKT	❸ 1940マイル（新潟から）	❹ 7キロ
❺ S7	❻ 新潟		
<備考>新潟～イルクーツク間は、以前はアエロフロート・ロシア航空が運航していたが運航休止。その後シベリア航空によって夏季のみ定期便が運航されるようになった			

ユジノサハリンスク			
❶ ロシア連邦	❷ UUS	❸ 366マイル（函館から）	❹ 10キロ
❺ HZ	❻ 新千歳、函館		
<備考>日本発着国際便で唯一のプロペラ機路線がユジノサハリンスク便だ。国際便といっても超ローカル線である			

アテネ（ヘリニコン、現在はなし）			
❶ ギリシャ共和国	❷ ——	❸ ——	❹ ——
❺ 現在はなし	❻ 現在はなし		
<備考>2001年にエレフテリオスヴェニゼロス空港が開港し、ヘリニコン空港は廃止されたが、当時はオリンピック航空が日本に乗り入れ、日本航空にもアテネ便があった			

ローマ（フィーミチーノ）			
❶ イタリア共和国	❷ ROM（空港コードはFCO）	❸ 6122マイル	❹ 36キロ
❺ JL、AZ	❻ 成田		
<備考>レオナルドダヴィンチ空港とも呼ぶ。滑走路は3本、内2本は平行、ターミナルは国際、シェンゲン各国、国内の3つ。鉄道も乗り入れる。しかし、アリタリア航空の拠点はミラノ			

ミラノ（マルペンサ）			
❶ イタリア共和国	❷ MIL（空港コードはMXP）	❸ 6034マイル	❹ 46キロ
❺ JL、AZ	❻ 成田、関西		
<備考>2本の平行滑走路を持つ。ローマを訪れる観光客の方が多いが、日本からの便は、接続便の多いミラノ行きの方が多く飛ぶ。鉄道も乗り入れる			

ウィーン（シュベヒャート）			
❶ オーストリア共和国	❷ VIE	❸ 5669マイル	❹ 18キロ
❺ OS	❻ 成田、関西		
<備考>滑走路は2本、乗り継ぎがスムーズで、オーストリア航空同士の乗り継ぎは25分でOK。東欧へのゲートウェイでもある。鉄道も乗り入れる			

チューリヒ（クローテン）			
❶ スイス連邦	❷ ZRH	❸ 5945マイル	❹ 13キロ
❺ JL、LX	❻ 成田		
<備考>滑走路は3本、ターミナルは航空会社によって3つある。展望デッキや空港内バスツアーにも人気がある。空港周辺の景色もいい。鉄道も乗り入れる			

ジュネーブ（コワントラン）			
❶ スイス連邦	❷ GVA	❸ ——	❹ 5キロ
❺ 現在はなし	❻ 現在はなし		
<備考>以前、スイス航空の日本便は、曜日によってチューリヒ行きとジュネーブ行きがあった。現在は全便をチューリヒ直行にし、接続便を充実させている。空港に鉄道も乗り入れる			

フランクフルト（マイン）			
❶ ドイツ連邦共和国	❷ FRA	❸ 5804マイル	❹ 12キロ
❺ JL、NH、LH	❻ 成田、中部、関西		
<備考>4000メートル滑走路が3本、内2本は平行。2つのターミナル間は新交通システムが往復、鉄道は市内行き郊外電車と長距離列車が発着するする2駅。展望デッキも人気			

ミュンヘン（ユーロ）			
❶ ドイツ連邦共和国	❷ MUC	❸ 5803マイル	❹ 37キロ
❺ LH	❻ 成田		
<備考>1992年開港の新しい空港で、2本の平行滑走路を持つ。ルフトハンザドイツ航空2番目のハブ空港を目指しているが、フランクフルトほどの便数はない。鉄道も乗り入れる			

ベルリン（シェーネフェルト）			
❶ ドイツ連邦共和国	❷ BER（空港コードはSXF）	❸ ——	❹ 8キロ
❺ 現在はなし	❻ 現在はなし		
<備考>ドイツが東西に分割されていた頃、東ドイツの玄関口で、統合後、日本航空が乗り入れていた時期があった。2本の平行滑走路があり、鉄道も乗り入れる			

デュッセルドルフ（ラインルール）			
❶ ドイツ連邦共和国	❷ DUS	❸ ——	❹ 9キロ
❺ 現在はなし	❻ 現在はなし		
<備考>2本の平行滑走路があり、鉄道も乗り入れる。展望デッキにも人気がある。日系企業が多いことから、以前日本航空が乗り入れていた時期がある			

ハンブルク（フールスブッテル）			
❶ ドイツ連邦共和国	❷ HAM	❸ ——	❹ 13キロ
❺ 現在はなし	❻ 現在はなし		
<備考>滑走路2本、ターミナルは航空会社別に2つ、展望デッキもある。以前ルフトハンザドイツ航空の日本便が北回りだった頃は、日本からハンブルクに直通していた			

ヘルシンキ（バンター）			
❶ フィンランド共和国	❷ HEL	❸ 4849マイル	❹ 18キロ
❺ AY	❻ 成田、関西		
<備考>滑走路3本、内2本は平行、国際線と国内線ターミナルがあるがつながっている。日本と最初に直行便で結ばれたヨーロッパで、他のヨーロッパ主要都市への接続も良好だ			

コペンハーゲン（カストラップ）			
❶ デンマーク王国	❷ CPH	❸ 5399マイル	❹ 8キロ
❺ SK	❻ 成田		
<備考>滑走路3本、内2本は平行、国際線と国内線ターミナルがあるがつながっている。鉄道も乗り入れる。以前は日本航空も乗り入れていた			

ストックホルム（アーランダ）			
❶ スウェーデン王国	❷ STO（空港コードはARN）	❸ ——	❹ 38キロ
❺ 現在はなし	❻ 現在はなし		
<備考>以前はスカンジナビア航空が成田、関西から直行便を運航していたが、同社のフライトはコペンハーゲン行きに統一された。滑走路は2本、鉄道も乗り入れる			

パリ（シャルルドゴール）			
❶ フランス共和国	❷ PAR（空港コードはCDG）	❸ 6032マイル	❹ 26キロ
❺ JL、NH、AF	❻ 成田、中部、関西		
<備考>滑走路は平行な4本、ターミナルは3つ。鉄道が乗り入れるほか、フランス版新幹線TGVの駅が別にある。当初は国際線専用だったが、現在は国内線も多く乗り入れる			

パリ（オルリー）			
❶ フランス共和国	❷ PAR（空港コードはORY）	❸ ——	❹ 14キロ
❺ 現在はなし	❻ 現在はなし		
<備考>滑走路は3本、シャルルドゴール空港開港まではパリの玄関口、日本からは以前AOMフランス航空が飛んでいた。地下鉄駅との間を新交通システムが結ぶ			

ブリュッセル（ナショナル）			
❶ ベルギー王国	❷ BRU	❸ ——	❹ 13キロ
❺ 現在はなし	❻ 現在はなし		
<備考>滑走路は3本、内2本は平行。以前、現在は倒産してしまったサベナ・ベルギー航空が成田〜ブリュッセル間直行便を運航、アフリカなどへの接続も良かった			

アムステルダム（スキポール）			
❶ オランダ王国	❷ AMS	❸ 5777マイル	❹ 14キロ
❺ JL、KL	❻ 成田、関西		
<備考>滑走路6本、内3本は平行。人気のシンガポール空港が手本にした機能的な空港、乗り継ぎのスムーズさ、乗り継ぎ客への設備が充実している。鉄道も乗り入れる			
マドリード（バラハス）			
❶ スペイン	❷ MAD	❸ ——	❹ 13キロ
❺ 現在はなし	❻ 現在はなし		
<備考>以前イベリア・スペイン航空が成田に、日本航空はマドリードに乗り入れていた。滑走路2本、国際線・国内線・バルセロナへのシャトル便と3つのターミナル。鉄道も乗り入れ			
バルセロナ（プラット）			
❶ スペイン	❷ BCN	❸ ——	❹ 13キロ
❺ 現在はなし	❻ 現在はなし		
<備考>以前イベリア・スペイン航空が成田から運航、曜日によってマドリード便がバルセロナに寄港していた。滑走路は2本、鉄道が乗り入れる			
ロンドン（ヒースロー）			
❶ イギリス	❷ LON（空港コードはLHR）	❸ 5938マイル	❹ 24キロ
❺ JL、NH、BA、VS	❻ 成田、関西		
<備考>滑走路は3本だが使われるのは平行な2本、方面によって4つのターミナルがあり、発着便が多いことから複雑なターミナル構成である。地下鉄とアクセス専用鉄道が乗り入れる			
ロンドン（ガトウィック）			
❶ イギリス	❷ LON（空港コードはLGW）	❸ ——	❹ 45キロ
❺ 現在はなし	❻ 現在はなし		
<備考>ロンドン第2の空港で、以前全日空、ブリティッシュカレドニアン航空、ヴァージンアトランティック航空の日本便が発着していた。市内から遠いが鉄道で結ばれている			
トロント（レスターBピアソン）			
❶ カナダ　オンタリオ州	❷ YTO（空港コードはYYZ）	❸ 6424マイル	❹ 29キロ
❺ AC	❻ 成田		
<備考>滑走路5本、内4本2組は平行。ターミナルは3つ。カナダ東海岸の玄関口になるが、セキュリティの厳しいアメリカを嫌って、中南米への中継地としても注目されている			
エドモントン			
❶ カナダ　アルバータ州	❷ YEG	❸ ——	❹ 34キロ
❺ 現在はなし	❻ 現在はなし		
<備考>滑走路は2本。現在はエア・カナダに買収されてしまったカナディアン航空が、以前成田からの直行便を運航していた時期がある			
カルガリー			
❶ カナダ　アルバータ州	❷ YYC	❸ ——	❹ 15キロ
❺ 現在はなし	❻ 現在はなし		
<備考>滑走路は3本、海抜1084メートルにあるカナディアンロッキーへのゲートウェイ。エア・カナダに買収されたカナディアン航空が、以前、成田からの直行便を運航していた			
バンクーバー			
❶ カナダ　ブリティシュコロンビア州	❷ YVR	❸ 4688マイル	❹ 15キロ
❺ JL、AC	❻ 成田、中部、関西		
<備考>滑走路は3本、内2本は平行。カナダ西海岸へのゲートウェイだが、アメリカへの便を利用する時はアメリカ入国手続きをカナダの空港で行うので、アメリカへの中継地としても便利だ			
ニューヨーク（ジョンFケネディ）			
❶ アメリカ合衆国　ニューヨーク州	❷ NYC（空港コードはJFK）	❸ 6733マイル	❹ 20キロ
❺ JL、NH、AA、UA、NW	❻ 成田		
<備考>滑走路は4本で2本ずつが平行。ターミナルは1から9まで、ターミナル間を結ぶ新交通システムがそのまま地下鉄駅まで行く。海外の航空会社の乗り入れが多い空港だ			

ニューアーク（リバティ）			
❶アメリカ合衆国　ニュージャージー州	❷NYC（空港コードはEWR）	❸6733マイル	❹26キロ
❺CO	❻成田		
＜備考＞コンチネンタル航空便が多い。滑走路は3本で内2本は平行。3つのターミナル間を結ぶモノレールは鉄道駅まで行く。州が異なるがニューヨークの空港として利用できる			

ワシントン（ダレス）			
❶アメリカ合衆国　バージニア州	❷WAS（空港コードはIAD）	❸6770マイル	❹42キロ
❺NH	❻成田		
＜備考＞滑走路は3本、内2本は平行。ターミナル建築が美しく、数々の映画にも登場する。ワシントンDCから40キロ以上離れているので、バージニア州にある			

デトロイト（メトロポリタン）			
❶アメリカ合衆国　ミシガン州	❷DTT（空港コードはDTW）	❸6402マイル	❹32キロ
❺NW	❻成田、中部、関西		
＜備考＞ノースウエスト航空のハブ、滑走路は4本、内3本が平行、ノースウエスト航空専用ターミナル内は新交通システムが走る。乗り継ぎが主になる空港			

アトランタ（ハーツフィールドジャクソン）			
❶アメリカ合衆国　ジョージア州	❷ATL	❸6856マイル	❹16キロ
❺DL	❻成田		
＜備考＞デルタ航空のハブ。4本の平行滑走路を持ち、ターミナルは6つに分かれ、地下を走る新交通システムで結ばれている。地下鉄も乗り入れる			

ミネアポリス（ミネアポリス／セントポール）			
❶アメリカ合衆国　ミネソタ州	❷MSP	❸5955マイル	❹21キロ
❺NW	❻成田		
＜備考＞ノースウエスト航空のハブ。滑走路は3本、内2本は平行。国際線はノースウエスト航空のみ、国内線も多くの部分をノースウエスト航空が占める			

シカゴ（オヘア）			
❶アメリカ合衆国　イリノイ州	❷CHI（空港コードはORD）	❸6294マイル	❹29キロ
❺JL、AA、UA	❻成田、中部（2005年4月より）、関西		
＜備考＞アメリカン航空とユナイテッド航空のハブ。滑走路は6本で2本ずつが平行、4つのターミナル間は新交通システムが結び、24時間運行の地下鉄が乗り入れる。世界一忙しい空港			

ダラス（ダラス／フォートワース）			
❶アメリカ合衆国　テキサス州	❷DFW	❸6455マイル	❹24キロ
❺AA	❻成田、関西（2005年11月より）		
＜備考＞アメリカン航空のハブ。滑走路は6本で4本と2本がそれぞれ平行。4つのターミナル間は新交通システムが結ぶ。アメリカでも典型的なハブ空港だ			

ヒューストン（ジョージブッシュ）			
❶アメリカ合衆国　テキサス州	❷HOU（空港コードはIAH）	❸6673マイル	❹36キロ
❺CO	❻成田		
＜備考＞コンチネンタル航空のハブ。滑走路は4本で2本ずつが平行、4つのターミナル間は新交通システムが結ぶ。コンチネンタル航空を使って中米便にも接続がいい			

ラスベガス（マッカレン）			
❶アメリカ合衆国　ネバダ州	❷LAS	❸5527マイル	❹10キロ
❺JL	❻成田		
＜備考＞4本の滑走路は2本ずつが平行、国際線と国内線ターミナルがあり、国内線ターミナルは広く、新交通システムも行き来する。ターミナル内にはスロットマシンが並ぶ			

シアトル（シアトル／タコマ）			
❶アメリカ合衆国　ワシントン州	❷SEA	❸4783マイル	❹20キロ
❺UA、NW	❻成田		
＜備考＞2本の平行滑走路を持ち、ターミナル内には地下を走る3本の新交通システムがある。現在は米系2社が運航するが、ＪＡＬやタイ国際航空が運航していた時期もある			

ポートランド			
❶ アメリカ合衆国　オレゴン州	❷ PDX	❸ 4837マイル	❹ 14キロ
❺ NW	❻ 成田		
<備考>滑走路は3本、内2本は平行。現在はノースウエスト航空が運航するが、当初はユナイテッド航空、後にデルタ航空と、運航する航空会社が変わった路線である			

サンフランシスコ			
❶ アメリカ合衆国　カリフォルニア州	❷ SFO	❸ 5132マイル	❹ 26キロ
❺ JL、NH、UA、NW	❻ 成田、中部（2005年6月より）、関西		
<備考>滑走路は4本で2本ずつが平行。ターミナルは円を描くように配置、ユナイテッド航空の便が多く、西海岸のゲートウェイ。地下鉄が乗り入れる			

サンノゼ			
❶ アメリカ合衆国　カリフォルニア州	❷ SJC	❸ 5172マイル	❹ 5キロ
❺ AA	❻ 成田		
<備考>アメリカン航空の便が多く、同社と他社でターミナルが分かれる。長距離国際線は成田便のみ、サンフランシスコ郊外の空港なので、サンフランシスコの空港としても使える			

ロサンゼルス			
❶ アメリカ合衆国　カリフォルニア州	❷ LAX	❸ 5468マイル	❹ 27キロ
❺ JL、NH、AA、UA、NW、KE、TG、SQ、RG	❻ 成田、関西		
<備考>滑走路は平行な4本、ターミナルは8つもあり、ターミナル間は無料連絡バスが循環している。成田からの便数も多く、アジア系やブラジルの航空会社など多くが飛ぶ			

アンカレッジ（テッドスティーブンス）			
❶ アメリカ合衆国　アラスカ州	❷ ANC	❸ ——	❹ 5キロ
❺ 現在はなし	❻ 現在はなし		
<備考>滑走路は3本で内2本は平行、以前は北回りヨーロッパ便が寄港したが、現在は日本からの旅客便はない。しかし貨物便は北太平洋便、ヨーロッパ便のほとんどが寄港する			

ホノルル			
❶ アメリカ合衆国　ハワイ州	❷ HNL	❸ 3844マイル	❹ 10キロ
❺ JL、JO、NH、UA、NW、CO、CI	❻ 成田、中部、関西、福岡		
<備考>滑走路は4本あり2本ずつが平行。ターミナルは国際線やアメリカ本土便が発着するメインのターミナルと、ハワイ州内の便が発着するアイランドターミナルがある			

コナ（ケアホレ）			
❶ アメリカ合衆国　ハワイ州	❷ KOA	❸ 4005マイル	❹ 13キロ
❺ JO	❻ 成田		
<備考>ハワイ島にある空港で（ホノルルがあるのはオアフ島）、成田から直行便が飛ぶが、成田へはホノルル経由になる			

メキシコシティ（ベニトファレス）			
❶ メキシコ合衆国	❷ MEX	❸ 7020マイル	❹ 13キロ
❺ JL（バンクーバー経由）	❻ 成田（バンクーバー経由）		
<備考>滑走路は平行な2本、海抜2235メートルにある。古くからＪＡＬが乗り入れているが、メキシコの航空会社が日本へ飛んだことはない。空港前に地下鉄駅がある			

リマ（ホルヘチャベス）			
❶ ペルー共和国	❷ LIM	❸ ——	❹ 16キロ
❺ 現在はなし	❻ 現在はなし		
<備考>日本の航空会社もペルーの航空会社も日本〜ペルー間を飛んだことはないが、ヴァリグ・ブラジル航空の日本便が以前リマに寄港していた時期がある			

サンパウロ（ギョアルーリス）			
❶ ブラジル連邦共和国	❷ SAO（空港コードはGRU）	❸ 11507マイル	❹ 32キロ
❺ JL（ニューヨーク経由）、RG（ロサンゼルス経由）	❻ 成田（ニューヨーク経由、ロサンゼルス経由）		
<備考>2本の平行滑走路を持ち、ターミナルは航空会社によって2つに分かれている。国内線もリオデジャネイロへのシャトル便以外はここを発着する			

サンパウロ（ヴィラコポス）			
❶ブラジル連邦共和国	❷SAO（空港コードはVCP）	❸——	❹97キロ
❺現在はなし	❻現在はなし		
<備考>ギョアルーリス空港開港前のサンパウロ国際空港で、現在は貨物便が発着。以前は日本航空も発着していた。カンピーナスという土地にあり、世界で最も市内から遠い空港だった			
リオデジャネイロ（ガレオン）			
❶ブラジル連邦共和国	❷RIO（空港コードはGIG）	❸11529マイル	❹20キロ
❺RG（ロサンゼルス、サンパウロ経由）	❻成田（ロサンゼルス、サンパウロ経由）		
<備考>滑走路は2本、ガレオ空港なので3レターがGIGだが、音楽家の名をとってアントニオカルロスジョビン空港とも呼ばれる。シャトル便以外の国内線も発着する			

日本および日本に乗り入れる航空会社コード(2レターコード)一覧(貨物会社を除く)

ＡＡ＝アメリカン航空（アメリカ　シカゴ、ダラス拠点）
ＡＣ＝エア・カナダ（カナダ）
ＡＤ＝エアーパラダイス国際航空（インドネシア）
ＡＤＫ＝エアー北海道（日本　ＡＮＡ系列）
ＡＦ＝エールフランス（フランス）
ＡＩ＝エア・インディア（インド）
ＡＯ＝オーストラリア航空（オーストラリア　カンタス航空グループ）
ＡＹ＝フィンランド航空（フィンランド）
ＡＺ＝アリタリア航空（イタリア）
ＢＡ＝ブリティッシュ・エアウェイズ（イギリス）
ＢＣ＝スカイマークエアラインズ（日本）
ＢＧ＝ビーマン・バングラデシュ航空（バングラデシュ）
ＢＲ＝エバー航空（台湾）
ＥＧ＝日本アジア航空（日本　ＪＡＬ系列）
ＥＨ＝エアーニッポンネットワーク（日本　ＡＮＡ系列）
ＣＡ＝中国国際航空（中国　北京拠点）
ＣＩ＝チャイナエアライン（台湾）
ＣＯ＝コンチネンタル航空（アメリカ　ニューアーク、ヒューストン拠点）
ＣＸ＝キャセイパシフィック航空（中国　香港拠点）
ＣＺ＝中国南方航空（中国　広州拠点）
ＤＬ＝デルタ航空（アメリカ　アトランタ拠点）
ＥＫ＝エミレーツ航空（アラブ首長国連邦）
ＥＬ＝エアーニッポン（日本　ＡＮＡ系列）
ＦＪ＝エアパシフィック（フィジー）
ＦＷ＝IBEXエアラインズ（日本　ＡＮＡと提携）
ＧＡ＝ガルーダ・インドネシア航空（インドネシア）
ＨＤ＝エア・ドゥ（日本　ＡＮＡと提携）
ＨＵ＝海南航空（中国　海口拠点）
ＨＹ＝ウズベキスタン航空（ウズベキスタン）
ＨＺ＝サハリン航空（ロシア　ユジノサハリンスク拠点）
Ｈ８＝ダリアビア（ロシア　ハバロフスク拠点）
ＩＲ＝イラン航空（イラン）

ＪＣ＝ＪＡＬエクスプレス（日本　ＪＡＬ系列）
ＪＬ＝ＪＡＬ（日本）
ＪＯ＝ＪＡＬウェイズ（日本　ＪＡＬ系列）
ＫＡ＝香港ドラゴン航空（中国　香港拠点）
ＫＥ＝大韓航空（韓国）
ＫＬ＝ＫＬＭオランダ航空（オランダ）
ＬＨ＝ルフトハンザドイツ航空（ドイツ）
ＬＸ＝スイスインターナショナルエアラインズ（スイス）
ＭＨ＝マレーシア航空（マレーシア）
ＭＳ＝エジプト航空（エジプト）
ＭＵ＝中国東方航空（中国　上海拠点）
ＮＧＫ＝オリエンタルエアブリッジ（日本）
ＮＨ＝ＡＮＡ（日本）
ＮＴＨ＝北海道エアシステム（日本　ＪＡＬ系列）
ＮＵ＝日本トランスオーシャン航空（日本　ＪＡＬ系列）
ＮＶ＝エアーセントラル（日本　ＡＮＡと提携）
ＮＷ＝ノースウエスト航空（アメリカ　デトロイト、ミネアポリス拠点）
ＮＺ＝ニュージーランド航空（ニュージーランド）
ＯＭ＝ミアットモンゴル航空（モンゴル）
ＯＳ＝オーストリア航空（オーストリア）
ＯＺ＝アシアナ航空（韓国）
ＰＫ＝パキスタン航空（パキスタン）
ＰＲ＝フィリピン航空（フィリピン）
ＰＸ＝ニューギニア航空（パプアニューギニア）
ＱＦ＝カンタス航空（オーストラリア）
ＱＲ＝カタール航空（カタール）
ＲＡ＝ロイヤル・ネパール航空（ネパール）
ＲＧ＝ヴァリグ・ブラジル航空（ブラジル）
ＳＢ＝エア・カレドニア・インターナショナル（フランス領ニューカレドニア）
ＳＦ＝上海航空（中国　上海拠点）
ＳＫ＝スカンジナビア航空（デンマーク、スウェーデン、ノルウェー）
ＳＱ＝シンガポール航空（シンガポール）
ＳＵ＝アエロフロート・ロシア航空（ロシア　モスクワ拠点）
Ｓ７＝シベリア航空（ロシア　イルクーツク拠点）
ＴＧ＝タイ国際航空（タイ）
ＴＫ＝トルコ航空（トルコ）
ＴＮ＝エア・タヒチ・ヌイ（フランス領タヒチ）
ＵＡ＝ユナイテッド航空（アメリカ　シカゴ　デンバー拠点）
ＵＬ＝スリランカ航空（スリランカ）
ＶＮ＝ベトナム航空（ベトナム）
ＶＳ＝ヴァージンアトランティック航空（イギリス）
ＸＦ＝ウラジオストック航空（ロシア　ウラジオストック拠点）
３Ｘ＝日本エアコミューター（日本　ＪＡＬ系列）
６Ｊ＝スカイネットアジア航空（日本）

著者略歴

谷川 一巳（たにがわ・ひとみ）

1958年（昭和33）、横浜市生まれ。日本大学卒業。旅行会社勤務を経て現在フリーランスライター。雑誌、書籍で世界の公共交通や旅行に関する執筆を行う。利用した航空会社は約90社、訪れた空港は200以上になる。著書に「最新鉄道利用術」（東京堂出版）、「日本の空港なるほど事情」「旅客機雑学のススメ」（いずれも山海堂）、「世界の『空港』物語」「世界の『航空会社』物語」（いずれも主婦の友社）、「ローカル線ひとり旅」（光文社）などがある。

旅客機・空港の謎と不思議

2005年２月15日 初版印刷
2005年２月25日 初版発行

著　　者　谷川 一巳
発 行 者　今泉 弘勝
発 行 所　**株式会社 東京堂出版**
〒101-0051 東京都千代田区神田神保町1-17
電話03-3233-3741
振替00130-7-270

印刷製本　　図書印刷株式会社

ISBN4-490-20538-4 C0065

Printed in Japan